普通高等院校"十三五"规划教材

创业经营管理

主　编　张志新　董婕妍
副主编　张进伟　欧丽萍

西南交通大学出版社
·成　都·

图书在版编目（CIP）数据

创业经营管理 / 张志新，董婕妍主编. —成都：
西南交通大学出版社，2019.1（2021.7 重印）
普通高等院校"十三五"规划教材
ISBN 978-7-5643-6721-3

Ⅰ. ①创… Ⅱ. ①张… ②董… Ⅲ. ①企业管理–高
等学校–教材 Ⅳ. ①F272

中国版本图书馆 CIP 数据核字（2019）第 015999 号

普通高等院校"十三五"规划教材
创业经营管理

主　　编 / 张志新　董婕妍	责任编辑 / 孟秀芝
	封面设计 / 何东琳设计工作室

西南交通大学出版社出版发行
（四川省成都市二环路北一段 111 号西南交通大学创新大厦 21 楼　610031）
发行部电话：028-87600564　028-87600533
网址：http://www.xnjdcbs.com
印刷：四川煤田地质制图印刷厂

成品尺寸　185 mm×260 mm
印张　14.5　　字数　364 千
版次　2019 年 1 月第 1 版　　印次　2021 年 7 月第 2 次

书号　ISBN 978-7-5643-6721-3
定价　38.00 元

课件咨询电话：028-81435775
图书如有印装质量问题　本社负责退换
版权所有　盗版必究　举报电话：028-87600562

前　言

　　创业，即创建一个企业或创立一项事业，是在经济社会发展中的伟大创举。创业之所以伟大，是因为在现当代，支撑整个经济社会发展的主体正是千千万万的企业和事业单位，也正是它们在源源不断地为人们提供日益丰富的商品和服务，为人们的生存供应最基本的生活资料和服务，为社会再生产供应必要的生产资料和服务，为人们生活质量的提升和人的全面自由发展提供日益增多的必要条件。

　　创业，就是以创新的精神去抓住机遇、整合资源，为经济社会创造价值或提供服务；创业，就是创业者努力去做以创新和服务社会为己任的企业家。创业者都是追梦者，都在为自己的梦想和理想而奋斗。

　　创业，是一个过程，一个创造经济和社会价值并融入社会经济体系的过程；创业是一种思维模式，一种敢于承担风险和责任的思维模式；创业是一种心态，一种苦中作乐，追求结果但更享受过程的心态；创业是一种意识，一种不断学习、锐意进取的意识。创业过程也是经营的过程、管理的过程。经营管理又称作运营管理，是企业在创立后对人、财、物、产、供、销等具体的经营或运营管理。

　　如果想成为一个创业者，那就需要问问自己这样几个问题：

　　1. 是否具备创业者的基本素质，是否具有创新精神即企业家精神？

　　2. 能否带领一支队伍，形成一个创业的团队，去攻坚克难？

　　3. 有没有恒心和毅力创造必要的条件把创业的各项事情做好？

　　4. 是否能专注于产品、服务与顾客的价值创造，打造出别具特色的品牌？

　　如果上述问题都有肯定的答案，那么，恭喜你，你可以着手去创业了。

　　目前，我国人民在以习近平同志为核心的党中央的领导下，正在进入"大众创业、万众创新"的新时期。在这个新时期，企业的管理流程、管理模式正在发生新的变化，新流程、新思想与新技术（人工智能、共享经济、移动互联、物联网、大数据、区块链和云计算）的融合，为打破组织内外边界、激活个体及多元创新和变革，提供了越来越多的新的可能性；新的商业模式和管理流程层出不穷，并已广泛渗入到从生产到消费的各个领域，有力地推进了产业创新、组织创新、产品创新和技术创新。在这个"互联网+"的时代，如何使大学生在学习中掌握创业创新、企业经营和经济管理的基本理论、知识和技能，并积极投入到创业创新的大潮中去，具有重要的战略意义。

这是由云南大学滇池学院会计学院的老师们，在多年教学经验的基础上，由张荐华院长指导，张志新老师和董婕妍老师组织编写的一部实践教学教材，主要用于"创业经营与工业沙盘"这门实践课程的教学。各章的编写人员具体为：前言由张荐华教授编写，第一章由欧丽萍老师编写，第二章由董婕妍老师编写，第三章由曹静老师编写，第四章由孙霄老师编写，第五章由张进伟老师编写，第六章由李思瑾老师编写，第七章由王婷婷老师编写，第八章由袁子舒老师编写，第九章由张志新老师编写，第十章由张画眉老师编写。在教材编写过程中，老师们参考了国内外多部教材及参考书的内容，结合自身在教学中取得的经验和遇到的问题，针对大学本科学生缺少实际工作经历、对企业和社会的实际情况不甚了解等情况，对创业及经营管理的基本理论加以论述，力求对相关的理论、理念、精神及经营管理的基本流程加以系统的梳理和阐释。

本教材从企业、企业家和企业家精神入手，进而概述创业计划书的内容和编制方法，对创业的关键环节——经营决策问题加以分析；通过研究企业的生产经营决策及风险防范、产品和服务设计、流程分析与生产能力设计、企业选址与设施布局、生产计划与库存管理、供应链管理与市场营销、物流管理、项目管理与质量管理、商业模式与财务计划等内容，使用大量的案例分析，力求阐释现代企业生产经营系统的框架、流程、运作方法和管理模式。期望通过本教材的使用，帮助大学生了解、认识企业家和企业家精神在创业经营及企业管理中的重要地位，并且能对现实生产流通和企业经营的基本过程，对创业需具备的条件、创业者需具备的素质和技能，对企业在运营过程中对产供销人财物的管理控制流程，以及如何通过运营管理提升企业核心竞争力等有一个总体的了解和认知。

由于编者水平和经验所限，本教材还存在不足之处，恭请读者和使用者不吝赐教，并给予批评指正。

编 者
2018 年 10 月

目 录

第一章 创业经营与企业家精神 ·· 1
   第一节 企业、企业家与创业经营 ·· 1
   第二节 企业经营管理的目标、内容和意义 ······································ 10
   第三节 创业与企业经营管理发展的历史 ·· 14
   第四节 现代企业创业经营的基本条件和企业创立 ································ 18

第二章 创业计划与经营决策 ·· 24
   第一节 创业计划的基本理论和方法 ·· 24
   第二节 如何撰写创业计划书 ·· 33
   第三节 企业经营决策的目标和类型 ·· 44
   第四节 企业经营决策的过程和方法 ·· 49

第三章 产品设计开发 ·· 62
   第一节 新产品设计开发的重要性及驱动力 ······································ 62
   第二节 新产品开发方式和开发步骤 ·· 65
   第三节 新产品设计的程序和内容 ·· 66
   第四节 产品设计开发的环境背景和发展方向 ···································· 71

第四章 生产流程与服务蓝图 ·· 75
   第一节 流程管理概述 ·· 75
   第二节 生产流程设计与选择 ·· 81
   第三节 生产能力设计 ·· 85
   第四节 服务设计 ·· 89

第五章 企业选址与设施布局 ·· 94
   第一节 企业选址 ·· 94
   第二节 设施布局 ·· 100

第六章 生产计划与库存管理 ... 107
第一节 生产计划概述 ... 107
第二节 主生产计划 ... 111
第三节 物料需求计划 ... 116
第四节 作业计划 ... 121
第五节 库存概述 ... 124
第六节 库存控制系统 ... 128
第七节 库存管理的方法 ... 130

第七章 供应链管理与市场营销 ... 138
第一节 供应链管理 ... 138
第二节 市场营销 ... 146

第八章 物流管理与准时制生产方式 ... 162
第一节 物流概述 ... 162
第二节 物流管理概述 ... 168
第三节 准时制生产方式 ... 172

第九章 项目管理与质量管理 ... 178
第一节 项目与项目管理 ... 178
第二节 网络计划模型 ... 187
第三节 质量管理 ... 194

第十章 商业模式与财务计划 ... 209
第一节 商业模式 ... 209
第二节 财务计划 ... 218

参考文献 ... 225

第一章 创业经营与企业家精神

> **学习目的**
> 1. 掌握市场经济中企业家的作用、企业家精神的体现
> 2. 了解和认识企业家和企业家精神在创业经营及企业管理中的主体地位,通过对创业和生产运营管理的历史、现状和企业家创业案例的学习了解创业的实质
> 3. 初步树立起以创业创新为核心的企业家精神

第一节 企业、企业家与创业经营

一、企业与创业经营

(一)企业、创业

进入21世纪后,现代市场经济飞速发展,企业已成为国民经济的基本细胞,承载着社会经济有序高效发展的使命。现代企业的发展和壮大直接推动着我国国民经济的不断增长和持续发展。在国家"大众创业、万众创新"的背景下,无数的新型企业诞生,为市场经济增添了新的活力。

1. 企业

传统经济学认为,企业是谋求产出最大化或利润最大化的经济组织,其功能仅仅是将投入生产中的各类生产要素如土地、劳动、资本等转化成一定产品或服务产出。企业的生产活动被简单地视为一个生产方程或者生产函数。

亚当·斯密(Adam Smith)在其代表作《国富论》中论证了分工协作可以大大改善劳动生产力,从而提高生产效率。从其论断中也可判断,分工创造的协作生产是工厂存在的原因之一。马克思(Karl Marks)在其《资本论》中明确指出,协作是最简单和最基本的内部分工形式,协作的产生也就是原始企业的产生。

在微观经济学后期,随着企业产量的增加、规模的扩大,许多学者从规模经济的角度来分析企业存在的必然性。规模经济致使那些实行劳动专业化分工、采用机器设备、推行先进管理技术、推行先进生产工艺的企业蓬勃发展,反之,企业则被淘汰。因此,只有把企业规模提高到一定水平的企业才能生存与发展。

20世纪30年代，科斯在《企业的本质》(The Nature of Firm)一文中提出"企业为何要存在"的论题，并认为交易费用的存在是企业产生和发展的根本原因。交易费用是市场交易过程导致的一系列费用，该理论认为，市场运行是有成本的。交易费用对于企业来说是一种外部成本。当交易费用大于企业组织成本时，企业组织就产生，即原来的市场交易双方合并成一个企业，外部成本内部化。

本书认为，企业是指从事生产、流通或服务等活动，为满足社会需要进行自主经营、自负盈亏、承担风险、实行独立核算、具有法人资格的基本经济单位。按此定义，企业可以分为工业企业和商业企业两大类。工业企业是从事工业性生产的经济组织，它利用科学技术、合适的设备将原材料进行加工，使其改变形状或性能，为社会提供需要的产品，同时获得利润。商业企业则是间接地向社会供应货物或劳务，以满足顾客的需要的单位。在法律范畴中，企业拥有一定法律形式下自主经营和发展所必需的各种权利。企业的法律形式有多种，主要有个体企业、合伙制企业、公司制企业。

作为一个企业，必须具备以下基本要素：① 拥有一定数量的资金和一定技术水平的生产设备；② 具有开展一定生产规模和经营活动的场所；③ 具有一定技能、一定数量的生产者和经营管理者；④ 从事社会商品的生产、流通等经济活动；⑤ 进行自产经营、独立核算，并具有法人地位；⑥ 生产经营活动的目的是获取利润。

企业是社会生产力发展到一定水平的结果，是商品生产与商品交换的产物。在资本主义社会以前，虽有一些手工作坊，但是它们并未形成社会的基本经济单位，尽管有些手工作坊具有一定的生产规模和一定量的劳动者，但是生产的产品只为部落、家庭、奴隶主和封建统治者享用，不是为了进行商品交换，不发生经营活动，严格来讲，它们不是真正的企业。只有到了资本主义社会，随着社会生产力的提高和商品生产的发展，社会的基本经济单位才发生根本的变化，才产生严格意义上的企业。

企业的初期形态，主要是由资本所有者雇佣较多工人，使用一定的生产手段，在分工协作的基础上从事商品的生产和商品的交换而形成的。由于企业这种组织形式能够较好地应用当时社会的科学技术（机器、设备），从而能够显著地提高劳动生产率，能够大幅度地降低生产成本而带来高额利润，能够集中、大量地生产商品，满足日益增长的社会需要，因而社会生产力才有了快速发展，企业也逐步发展为社会经济重要的组织单元。

2. 创业

创业是一项深刻的创造性艺术。创业家们从形成思想或者见解开始，突然变成了狂热的梦想追求者。他们的目标永远不会轻易实现，但他们宁愿承受创业过程的艰难困苦也不愿意轻易放弃自己的梦想。因此，创业和创业家，也就与企业家密切地联系在一起。凯蒙斯·威尔逊八年级时开始照顾因病而不能工作的母亲。威尔逊十几岁就开始了自己的创业历程。他用远期支票向厂家买下几台零售机，然后用出售花生的收入去偿还债务。为了支付这些债务，他每天从所有花生零售机中把所有的硬币都清倒出来，然后赶到银行去偿还欠款。在此过程中，他的家庭生活依然贫困不堪，母亲也因病去世，但是他并没有意志消沉，后来威尔逊创立了美国著名的"假日酒店"。我国企业家马云，曾在杭州电子工学院任英文及国际贸易讲师。不愿安于现状的他，于1992年成立海博翻译社，请退休老师做翻译，赚取了"人生第一桶金"。1994年年底，马云首次听说互联网；1995年年初，他偶然去美国，首次接触到互联网。对电脑一窍不通的马云，在朋友的帮助和介绍下开始认识互联网。1995年4月，马云和朋友凑了两万块钱，成立了专门给企业做主页的杭州海博网络公司，网站取名"中国黄页"，开启了互联网时代的先锋号角。1999年3月，马云以50万元人民币开始了新一轮创业，开发阿里巴巴网站。他意识到互联网产业界应重视和优先发展企业与企业间电子商务（B2B），而这种模式被称为"互联网的第四模式"。时至今日，阿里巴巴已经是中国企业利用互联网取得成功创业经验的典范。

（二）企业经营

经营是人类进行物质财务生产和分配的经济活动。企业经营则是企业达到预期目标的活动的总称。广义的经营包括企业人财物、产供销等全部活动，狭义的经营则是指对经营活动的管理。

1. 企业经营思想

企业经营思想是企业从事经营活动、解决各种经营问题的指导思想。经营思想的形成和发展与社会制度及经济发展状况密切相关。在资本主义社会里，由于私人占有生产资料，尽管其经营思想曾经历过生产、销售、市场观念的不同发展阶段，但资本主义经营思想的本质没有发生变化，仍然是把资本家的利益放在第一位，用各种手段、各种方式挤压工人福利，从而为资本家获得更多的利润；在社会主义社会里，以生产资料公有制为基础的企业的一切活动是为了满足消费者用户的需要，这是社会主义企业经营的基本指导思想。因此，企业应该树立以下经营思想：① 战略观念；② 竞争观念；③ 效益观念；④ 全局观念；⑤ 服务观念等。社会主义社会的企业应把人民利益及其体现的国家利益放在第一位，并且体现国家、人民、企业和职工根本利益的一致性。

2. 企业经营目标

企业经营目标是企业预计实现的经营结果，是在正确经营思想的指导下，通过对企业外部环境及企业内部条件的分析，在充分利用外部环境变化所带来的机会并努力发挥企业内部条件的优势的基础上制定的。因此，谋求企业外部环境、企业内部条件、企业经营目标三者的动态平衡，就是企业经营决策与经营计划工作的目的。

企业经营目标不是孤立的，是以经营目标体系存在的。经营目标体系是一系列相互联系的目标所构成的有机整体。它反映企业经营和经营过程中各方面的相互依存关系，主要包括以下内容：① 基本目标，即满足用户需求，为客户服务及环境保护等目标；② 发展目标，即开发新产品，发展新品种，提高质量和经营管理水平以及技术改造、人才开发、生产能力的提高等目标；③ 市场目标，即提高企业的竞争能力、适应能力，其中包括市场开拓、市场占有率等目标；④ 经济效益目标，主要包括利润、销售、资金利用等方面的目标。

二、企业家与企业家精神的形成和发展

（一）企业家

奥地利经济学家熊彼特在《经济发展理论》一书中率先提出，企业家（Entrepreneur）对

社会的重要意义，在于对资源进行新的组合来实现创新。企业家与一般厂长、经理等不同，与资本家、实业家也不同，主要表现就在于企业家敢于冒险、善于创新，以社会责任为己任。企业家代表一种素质、一种精神，而不是一种职务。总的来说，企业家是不断在经济结构内部进行"革命突变"，对旧的生产方式进行"创造性破坏"，实现生产要素重新组合的人。

美国管理大师彼得·德鲁克也认为，企业家是革新者，是勇于承担风险、有目的地寻找革新源泉、善于捕捉变化并把变化作为可供开发利用机会的人。总的来说，企业家体现了浓烈的企业家精神。

（二）企业家应具备的职业素质

企业家的学识、智慧、才能、经验、品格等内在要素在领导活动中常常起重要作用，且直接影响企业的生产发展。总的来说，企业家职业素质主要由高尚的道德素质、渊博的知识素质、深厚的能力素质、沉稳的心理素质等方面构成。

1. 道德素质

"德才兼备"是选拔人才的标准，古今中外概莫能外，所以企业家必须具备良好的道德品质。企业家职业道德水平对企业团队建设影响极大，因而企业家应当成为团队职业道德的榜样、团队成员效仿的楷模。企业的领导人在运用权力的同时，更要承担社会义务与企业责任，树立道德与社会责任感，做到明礼诚信，谦虚谨慎，实事求是，严以律己，宽以待人。

2. 知识素质

现代社会的企业家不能完全凭借经验主义进行管理，而是要跟随社会科技的发展不断更新知识储备、管理理念和理论方法论，只有具备了广博的知识，才能积极面对竞争激烈的市场，使企业具有持续生产力。

这里的知识素质包括：① 企业管理知识。企业家应该掌握企业管理的基本原理和方法及有关的专业知识，掌握经济学理论、市场营销理论，具有统计学、会计学、经济法、财政金融和国际贸易等方面的基本知识，了解国内外现代管理理论的基本原理和发展方法，能够对企业管理做到有效的组织、激励、领导和控制。并且这些知识不单单是理论方面，还应该同实践经验相结合，是社会实践的升华与贯通。② 所从事专业的深厚的业务知识。企业家应当是所在企业中具有较高专业水平的技术专家或者业务专家，精通本职业务工作，了解本产业的科研技术和业务发展趋势。

3. 能力素质

所谓能力素质，是指企业家胜任管理工作的各项能力，是领导者素质的核心素质。它主要有以下：① 决策能力；② 组织能力；③ 沟通协作能力；④ 用人及激励能力。

4. 心理素质

企业家应当具备强大成熟的心理素质，对于社会经济大潮的冲击以及市场竞争对手的打击能够从容应对，体现出其成熟稳重的心理状态。同时，企业家应当有坚韧不拔的意志，具备勇敢、坚毅、顽强、果断等性格特征。要获得这种良好的心理素质，就要培养企业家在工作中积极向上，不消极，不墨守成规，对生活、对未来尤其是对事业和工作总是充满激情，具有不骄不馁的坚强意志，能够充分利用自己的情商为工作提供有利契机。

5. 创新素质

创新素质是企业家的核心素质。它是指企业家能够适应内外部环境的变化，不断改造本企业的领导思想、发展方针、发展目标和管理方式等，调动组织和利用组织内外部有利的协调力量，不断开发新"产品"，提高领导和组织的整体效能与效率。随着全球经济复杂性和多样化发展及市场竞争的日趋激烈，具有创新精神已经成为企业领导者或者企业家成功的重要标准。创新不仅是企业增强活力的重要源泉，也是企业领导者取得优良业绩、实现自我价值的必然要求。创新，就是不断超越、永远进取、不断革新的道路。要理论创新，机制创新，科技创新，管理创新和技术创新。在瞬息万变的市场竞争中，企业只有不断创新，才能更好地生存与发展。企业家要善于在这种环境中创造新的要素、塑造新的精神，从而调动全体组织成员共同发挥集体的智慧和能力，使企业立于不败之地。

6. 学习素质

企业家应当具备强烈的学习欲望。谦虚地向先进的企业家学习是企业家再次获得竞争的一条捷径。优秀企业家的成功之路，闪烁着光辉的足迹，他们的奋斗历程凝聚着宝贵的经验，学习他们的管理之精华与成功之道，对提高企业家自身素质大有裨益。除此之外，企业家也应当向本企业的员工学习，学习优秀员工的工作方法和思路，认同他们的价值和作为。企业家还应当具备不断学习培训、更新知识的素质，避免盲目自大、停步不前，而是应将自己的能力与知识不断更新，做到与时俱进。

（三）企业家精神的形成

一个国家的创新文化和企业家精神创造经济的可持续增长。文化对促进国家的企业家精神形成至关重要。企业家精神也可以称得上企业经营活动的灵魂，是推动企业创立、成长的根本力量。

1. 企业家精神的含义

企业家精神是对企业家在市场上发现和利用机会，并以创新的形式承担风险并获取利润的综合特质的表述方式，它是一种重要而特殊的无形生产要素。从企业家精神这个术语的内涵上分析，企业家精神表明了企业家这个特殊群体所具有的共同特征，是对他们所具有的独特的个人素质、价值取向以及思维模式的抽象表达。人们常以此为标尺来识别、挑选和任用企业家。

企业家精神是企业在长期生产经营管理活动中逐渐形成发展、为职工所认同并作为规范而为之努力奋斗的企业的群体意识、共同心理定势和价值取向。

企业精神是企业文化的主要组成部分，也是企业价值观的重要组成部分。它的功能是导向功能、内聚功能、鼓励功能和教化功能。

综上，我们认为，企业家精神根源于企业家所具有的知识、对市场敏锐的洞察力、勇于承担风险和创新的精神，包括发现市场和识别市场机会的市场知识、开发新产品满足市场需求的科研开发能力，将企业家个人独创性的洞察力和创新整合到新产品中去的能力，将企业生产的知识产品推向市场、传播知识的能力，这些知识和创新精神的组合就构成了企业的核心能力，即企业家精神。

(四)企业家精神的演化与发展

1911 年,熊彼特第一次提出"企业家精神"理论,他认为,企业家是对生产要素的原有组合进行破坏的人,即进行创新的人。熊彼特是"创新理论"的鼻祖,也是提出"企业家精神"的第一人。

1985 年,德鲁克出版了《创新与企业家精神:实践与原则》(*Innovation and Entrepreneurship: Practices and Principle*)一书,他不仅继承了熊彼特关于创新的一系列理论和思想,还把创新与企业家精神相结合,认为创新是企业家精神思想最重要的体现,并且将创新发展作为企业家们可以学习、利用和实践的工具。德鲁克对熊彼特思想进行了延伸与发展。他认为,创新是可以由组织与管理推动的,并非完全由企业家个人推动的,提出了"创新型组织"的概念。德鲁克也对创新进行了明确的定义,认为创新不单纯是一个技术概念,而是一个经济和社会概念,是当社会、经济及技术方面发生变化时,对于这种变化所带来的机会的系统运用。德鲁克将创新与企业家精神视为一种实践、一门科学,并且探讨了具有创新意识的企业家精神的行动和行为。他认为,这种企业家精神是职业经理人获得成功的关键因素。企业家精神的本质就是对以前未被认识到的机会的敏感或警觉,用来反映企业家能否在复杂的市场经济环境下发现市场机会存在与否或者是否具有价值的能力。对市场机会的洞察能力主要取决于市场贴近的程度、过去积累的经验和对学习机制的自我强化效应,甚至可能与某种与生俱有的个人禀赋有极为密切的直接联系。这些资源的性质进一步说明,企业家发现能力是一种难以模仿的异质性资源,是某些企业具有竞争优势的根源。在德鲁克看来,这种创新为主的企业家精神是可以在企业经营实践中训练出来的。德鲁克的企业家精神的内生性质说明,企业家精神是一种新的知识能力或能力要素,是企业的一种动态能力建造机制,是一种隐性知识,具有不可模仿、不易转移的特征。这种新的知识能力包括两个方面:企业家现存的和独有的能力与更新现存能力的能力。它强调了企业家精神的内生性质,推动了动态能力理论和知识基础论的发展。

美国哈佛大学教授霍华德·斯蒂文森等(Stevenson, et al, 1990)认为,应当把企业家精神视为企业的创业过程,将其定义为整合资源以开发市场机会的行为过程,并不需要考虑目前所掌握的资源情况而对机会的追求。

德国管理学教授戈延格教授(2000)指出,企业家应具备 10 个方面的素质:① 要开阔视野,具有全球眼光;② 要向前看,改进战略性思想;③ 要将远见卓识和具体目标结合起来;④ 要有适应新的形势,不断变革的能力;⑤ 要具有较强的协调和沟通的能力和知识;⑥ 具有管理各种不同人物和各种不同资源的能力;⑦ 要不断改进质量、成本、生产程序和新品种;⑧ 要具有创造性管理的才能;⑨ 要善于掌握情况、各种信息,并通晓决策过程;⑩ 要具有准确的判断力,富于创新精神,并能造就社会新的变革。

欧雪银(2009)认为,创新精神是企业家精神最本质的特征。企业家精神代表着一种适应市场挑战、不断进行创新活动的品质,企业家成为技术创新和制度创新的载体,是推动社会进步的强大力量。创新,是企业家的灵魂。与一般的经营者相比,创新是企业家的主要特征。企业家的创新精神体现为一个成熟的企业家能够发现一般人所无法发现的机会,能够运用一般人不能运用的资源,找到一般人所无法想象的办法。企业家创新精神体现为:引入一种新的产品、提供一种产品的新质量、实行一种新的管理模型、采用一种新的生产方法、开辟一个新的市场。

钱颖一（2010）认为，企业家精神不是一种职业，也不是一种职务，而是一种取向、一种态度。并非所有管理者、创业者、企业家都具有企业家精神。企业家精神是一种时常以新方式整合资源以提高生产力的心态。

王丽敏、肖昆、项晶（2010）认为，冒险精神是企业家的基本素质。"企业家"一词的英译Entrepreneur即指风险承担者。一个企业经营者，要想获得成功，成为一名杰出的企业家，必须要有冒险精神。对一个企业和企业家来说，不敢冒险才是最大的风险。企业战略的制定与实施、企业生产能力的扩张和缩小、新技术的研发与运用、新市场的开辟和占领、生产品种的增加或淘汰、产品价格的提高或降低都可以体现企业家的冒险精神。

陈晶（2011）提出，企业家精神的基本要素都是一样的，就是要敢于冒险又不盲目承担风险，勇于创新，对事业执着追求，对外部信息反应极为敏锐等。同时，他提出宽容精神也是企业家精神的一个重要特征。宽容精神指企业家应具有宽容心，愿意与人友好相处、愿意与他人合作的态度和精神。要尊重同行和下属，能够聆听不同的声音和意见，尊重人才；善于使用人才，敢于起用人才。

方虹（2012）提出，企业家精神是指具有企业家素质的人或所属组织机构，基于一定的创新意识和进取态度，敢于承担风险和挑战不确定性，以其敏锐的洞察力发现投资机会，发挥个人特性或团队合作精神，为个人或组织机构获取竞争优势和实现效益最大化过程中不可或缺的要素。

（五）企业家精神的内容

（1）创新精神。企业家精神同创新联系在一起，这也是企业家与一般经营者的主要区别。企业家的创新精神体现为一个成熟的企业家能够发现一般人无法发现的机会，能够运用一般人不能运用的资源，能够找到一般人无法想象的办法。创新是企业家活动的典型特征，包括从产品创新到技术创新、市场创新、组织创新等。所以，具有创新精神的企业家更像一名充满激情的艺术家。

（2）冒险精神。没有甘愿冒风险和承担风险的魄力，就难以成为一个合格的企业家。企业创新，要么成功，要么失败，没有第三条道路。如我国的华为公司、阿里巴巴公司、海尔公司、联想公司等众多企业，虽然他们发展的背景不同、机遇不同，创始人的创业机缘也各不相同，但无一例外都是在条件极不成熟和环境极不明晰的情况下，敢为人先，敢冒风险。

（3）创业精神。创业精神指创业者具有的开创性思想、观念、个性、意志、品质和行为模式等。具有创业精神的企业家主动寻求变化、对变化做出迅速反应并视变化为机遇，克服艰辛与挫折，主动去创造具有更多价值的新事物；锐意进取，追求社会贡献与个人满足。这种创业精神是在各类社会中刺激经济增长和创造就业机会的一个必要因素。

（4）宽容精神。企业家的宽容精神是指企业家具有宽容心，愿意与人友好相处，愿意与他人合作。它主要体现为：尊重同行和下属，尊重人才；善于使用人才，敢于起用人才；虚怀若谷，善于听取别人意见，尤其是批评自己的意见；发扬民主精神，避免独断专行。

（5）敬业与奉献精神。从个人心理因素思考，纯粹的企业家不仅仅是追求利润最大化，更是出于对生活的热爱，达到对工作的热爱，表现出一种"敬业与奉献"精神。

（6）合作与竞争精神。合作是为了更好地竞争，竞争也是为了更好地合作，没有竞争就没有发展，没有合作就没有进步，只有把竞争与合作相互结合才能适应时代的发展，单有合作精神或单有竞争能力是不够的。因此，优秀的企业家必须要有竞争意识，要有合作意识，在竞争中合作，在合作中竞争，力求双赢和多赢。

（六）影响企业家精神的主要因素

影响企业家精神形成的因素有很多，有外在因素，如外部社会政治、文化经济、环境等因素，还有内在因素，如企业家个人的世界观、人生观、价值观、理想、追求、意识、思维、能力等。但在诸多因素中，以下因素尤为重要。

1. 人生观和价值观是影响企业家精神形成的首要因素

不同的人有不同的人生观和价值观，不同的人生观和价值观会产生不同的精神，企业家是极富自我实现精神的一类人。企业家人生的最大价值和意义，在于对社会所尽的责任和所做的贡献，在于努力实现企业家的人生目标，即创业、立业、兴业，其不断追求的是企业的成功，为了企业的成功，他们敢于开拓、创新，富于冒险，奋斗不息，他们的一生注定与企业的兴衰成败紧密相连，他们的所思所想、所作所为都是为了一个目标，即企业的可持续发展。所以，企业家的人生观和价值观是影响企业家精神形成的首要因素。

2. 追求卓越的目标是影响企业家精神形成的重要因素

企业家所追求的卓越目标是企业的可持续发展，为了实现可持续发展，企业家不仅需要带领企业创造利润，同时还需要带领企业承担相应的社会责任，得到社会的认可，实现企业的价值。只把追求眼前的利润作为企业唯一目标，而没有从长远的战略高度考虑企业的发展，鼠目寸光，急功近利，导致企业生命短暂的企业管理者，就不能称之为企业家，也就不可能具备企业家精神。所以，企业家追求卓越的目标是影响企业家精神形成的重要因素。

3. 正确敏锐的思维和意识是影响企业家精神形成的关键因素

企业家是否具有正确敏捷的思维和意识决定着企业的兴衰成败、大小强弱，也决定着企业家本身的境界、素养、韬略和能力的高低。实践证明，那些成功的企业家，像比尔·盖茨、张瑞敏、马云等都是头脑敏捷、思维正确、眼光长远、效率显著的人。

4. 综合能力是影响企业家精神形成的必备条件

一个企业家具备的能力是多方面的、全方位的，体现为一种综合的才能。企业家能力包括预见未来的能力、决策能力、用人能力、应变能力、沟通协调能力、控制能力等，企业家的这些能力在企业生存和发展过程中，有时可能是某一个或几个能力起主导作用，但更多的时候是这些能力的综合运用。如果一个企业的领导者不具备以上的综合能力，就不能称之为企业家，更谈不上具有企业家精神。所以，企业家的综合能力是影响企业家精神形成的必备条件。

（七）企业家精神发展趋势

当代中国正处在改革实践的深水期，企业家对社会经济以及市场的影响、地位与作用日趋重要，而以首创性、成功欲、敢于冒险、精明敏锐和强烈的事业心为特征的企业家精神则超越企业家个人的价值取向、性格、气质和作风的范畴，甚至超越经济组织，影响并渗透到社会各种组织当中，成为社会经济文化的重要组成部分，成为经济发展的动力源。对于进入市场经济体制的中国，如何培育企业家精神就具有重要意义。企业家精神对于我国新时期的改革与转型产生的巨大作用随处可见，一个企业带动了一个城市的发展，一个职业经理人的更换使得企业起死回生，中国的企业家在新时代将会引领着中国现代企业在经济全球化的背景下越走越远。

三、企业家在市场经济中的地位和作用

（一）企业家的地位

30多年来，我国企业家推动企业创新发展、促进企业变革、提升企业竞争力、推动企业国际化等方面的能力不断增强，企业家个人素质水平不断提升，企业家作用不断突显，企业家的地位和社会影响力也不断提高。企业家由"政府部门任命"的比例大幅下降，更多的是由董事会通过市场化机制选出或者企业家自己创业，职业经理人队伍发展迅速，企业家的职业化程度和市场化水平快速发展。具体来说，企业家在市场经济中的地位如下。

1. 企业家推动企业持续增长

企业家是特殊的人力资本，是更为可贵和稀缺的人力资源，具有实现边际报酬递增的异质性和打破均衡的缺乏程式性的特点。企业家人力资本的特点决定了企业家在新常态下推动经济转型、实现经济可持续发展中具有重要作用。企业获取持续竞争力优势的根本主要体现为：一是企业家具有发现机会的能力。企业家富有创新精神，乐于接受新事物，善于发展市场中的新机会，对新市场、新技术总是保持着敏锐的眼光，能够帮助企业抓住机遇，成功引领企业实现转型，从而推动国家经济转型升级；二是企业家具有强烈的担当意识，勇于决策，善于决策，在充满不确定的市场环境条件下找到发展的方向和路径，并且能够承担起企业发展方向上的各类风险，使企业不断发展。

2. 企业家精神引领创新发展

在经济新常态下，如何实现创新驱动发展，重点在企业，关键是要发挥企业家的创新精神。企业家是企业的主要负责人和决策者，是企业战略的制定者和推动者，他们在推动企业创新发展过程中一直处于引领者的地位，其地位和作用不可替代。冒险和创新精神是企业家精神的实质，企业家既有强烈的创新欲望也有强大的创新能力。创新在企业中的具体实施者主要就是企业家，因为企业家的职业就是创新，企业家就是作为市场均衡的创造性的破坏者而出现的，利润由于企业家具有创新能力"完成新的要素的组合"而得以实现。创新精神推动着企业家在企业经营发展过程中不断追求新的潜在盈利机会、重新组合生产要素、引进新的生产技术和方法、新的管理方式和新的商业模式等，以获取超额的市场利润。我国经济进入新常态，发展面临的形势发生重大变化，发展的条件和要求都有所不同。必须准确把握这种条件和要求，大力推进经济结构战略性调整。这一更为高级的发展过程，孕育着大量的新的发展机遇。积极发挥企业家的创新精神，建立企业家创新发展和分享机制，营造良好的创新氛围，鼓励企业家勇于创业创新，是抓住千载机遇、实现我国企业和经济创新发展的关键。

3. 企业家群体勇于推进体制改革

当前我国经济体制改革进入了深水区和关键期，加快改革进程，推动改革方案和措施落实，提高改革成效，促进经济持续平稳发展，是一项迫切而又艰巨的任务。企业是市场经济的主体，企业家作为企业的统帅和灵魂，对制约市场经济发展的体制机制和妨碍市场公平的壁垒有着切身感受。我国企业家队伍是随着市场经济的发展而成长壮大的，企业家是我国市场经济改革和企业改革的直接产物。当前我国企业家对进一步深化改革有着强烈期盼，对参与改革有着极大热情。企业家群体在改革实践中，能够结合企业实际提出具体可行建议，有利于政府制订科学合理的改革方案，有利于发挥市场在资源配置中的决定性作用。

（二）企业家的作用

企业家是任何企业所不能缺少的核心职能，领导于企业管理活动的整个过程中，其主要作用包括：制定并落实企业目标；指导企业设计并从事人员配备；保证企业维系与正常运作。企业家职能是其他管理职能的集中体现，其他职能能否有效实施的关键在于企业家是否发挥其应有价值和作用；企业家作为领导过程的实施者，是企业在整个企业经营管理过程中的主体。

第二节 企业经营管理的目标、内容和意义

一、企业经营管理目标

（一）经营管理

经营是人类进行物质财富生产和分配的经济活动。企业经营则是企业达到预期目标的活动的总称，广义的企业经营包括企业人财物、产供销等全部活动，狭义的经营是指对经营活动的管理。经营管理一般指狭义的企业经营。企业经营管理者通常肩负着经营体的最高机能，对经营体的创立和解体、最高人事的安排、最高经营方针的决定和下达都要负有重大责任，不仅如此，经营者还应在政治、社会、法律等方面负有责任。经营者通过计划、组织、指挥、控制进行经营管理活动。其中，计划是研究将来怎么样，从而制订以提高经济效益为中心的行动；组织是对业务进行分类，将工作分配给每一个职工，同时规定出该项工作的职权与责任，从而使全体职工为一个共同的目标而井然有序地进行行动；指挥是指上级领导人多方注意，领导每一个职工圆满完成委托给他的任务；控制是检验所有行动是否符合既定的工作目标和计划，从而保证计划得以有效完成。创新则是突破原有规则，以增添新的机会、新的效率、新的效果为目标进行的革新。经营管理从这五个方面可以共同引导企业实现既定目标和价值。

（二）企业经营管理目标

经营管理目标就是企业经营管理所要达到的预期结果。企业经营管理目标是在正确的经营思想指导下，通过甄别企业内外部各种环境的影响，建立起以经营管理目标体系表示的，

一系列相互联系的目标所构成的有机整体。它反映企业经营管理中各方面的相互依存关系，主要包括以下内容：

（1）基本目标，即满足用户需要，为客户服务以及环境保护等目标。

（2）发展目标，即开发新产品，发展新品种，提高质量和经营管理水平以及技术改造、人才开发、生产能力的提高等目标。

（3）市场目标，即提高企业的竞争能力、适应能力，其中包括市场开拓、市场渗透、市场占有率等目标。

（4）经济效益目标，主要包括利润、销售、资金利用等方面目标。

经营管理目标有长期和中短期之分。长期目标也称为战略目标，一般是五年以上的长远目标。长期目标应保证企业的生存和稳定的发展，制定长期目标必须高瞻远瞩，要从战略的高度提出战略目标和管理措施，长远地制定出企业的成长方向和获利能力。长期目标主要包括企业发展方向、市场定位、产品研究与开发、适应能力以及创新能力等。长期目标都是通过短期目标的实现得以完成的。中短期目标，一般是指 5 年以内的目标。因此，需要把长期目标分解为中短期目标，只有企业不断地实现中短期目标，才能保证长远目标的实现。为实现中短期目标，可以使用目标管理，以目标分解和连续的形式，将目标转换为组织或者个人的具体目标，再以经济责任加以保证，使目标落实并且逐步实现。

二、企业经营管理内容

（一）企业经营管理原理

1. 组织原理

组织就是根据一定的原则，对人和事进行有效的组合，建立起一个高效率的机构。它的三个环节就是对企业经营活动内容进行任务划分、任务部门化和授权。组织管理的三个基本原则是：① 整分合原则，即在总体经营规划下的分工，在分工基础上进行有效的整合；② 平衡原则，即管理运动中应及时发现问题，并调整平衡；③ 效率原则，即通过对各组织的活动分析进行评价，区分优劣，有效调整。

2. 分工合作原理

功效优化是管理的目的，而分工合作则是管理的基础。分工合作越是合理，功效优化程度便越高。分工应使一个独立的功能单位具有完全的管理权；合作应为一个共同的目标相互支持和帮助。分工必须科学，合作必须协调。

3. 制约适度原理

制约是指通过采取各种组织的、法律的、经济的途径和措施，保障经营管理工作能够符合目标地进行。管理中的制约有自然制约和人为制约两种。管理中的人为制约通常来自领导和管理人员，制约主要有权责制约、权力制约与奖惩制约。

4. 激励沟通原理

激励沟通原理旨在通过有效的沟通来调动员工的积极性。激励的基本动力有物质动力、精神动力以及信息动力。良好的沟通是有效激励的前提。能够充分调动员工的积极性也是企业经营活动的保障和基础。

5. 控制原理

控制，就是根据企业发展目标，随时跟踪企业经营管理活动过程中的各项数据，对有偏差的活动进行强有力的干预，以实现既定目标。控制原理的三个阶段包括：设立标准、衡量效果和纠正偏差。

6. 弹性原理

企业经营管理必须要保持充分的弹性，以适应内外部环境随时出现的各种可能性变化。例如，不管制订什么类型的计划都要留有余地，以防出现意外的因素时措手不及。在应用弹性原理时，要严格区分积极弹性和消极弹性。消极弹性是人为地留下不该留的余地，会致使系统效益降低。

对以上几个原理的综合运用，将会是推动现代管理迅速发展的强大动力。

（二）企业经营管理内容

企业日常活动主要是两大类，一类是生产管理活动，另一类是经营管理活动。生产管理活动主要包括企业主要产品设计研发、原材料采购、产品半产品生产管理、产品库存管理。企业经营管理活动的内容涉及企业经营活动的方方面面，如企业经营战略管理、企业信息管理、企业经营决策管理、企业经营计划制订、生产经营管理、市场营销管理、企业财务管理、企业人事管理、企业创新等内容。这些内容将会在后续章节详细介绍与说明。

（三）企业经营管理方法

科学的经营管理方法是一个有机的体系。它不仅包括分层次、分领域的具体方法，还包括指导人们研究和处理企业管理问题的方法论。例如，马克思主义的唯物辩证法是我们必须遵循的基本方法论。又如，近几十年形成和发展起来的系统论、信息论和控制论，作为研究和处理企业管理问题的科学方法论。

1. 经营管理的一般科学方法论

（1）系统论。企业就是一个人造系统，具有集合性、相关性、目的性和适应性等特点。其集合性、相关性的基本要素是：人、物、资金、信息、时间。在系统论的支持下，我们在企业经营管理活动中要着重强调整体性观点。在管理中，要把企业的内部条件和外部环境、局部利益和全局利益、眼前利益和长远利益结合起来，以更好地处理各种经营管理问题。

（2）控制论。控制论是研究各种控制系统的共同控制规律的科学。企业系统在运转中要实现其目标，必须根据已获得的有效信息，及时地对系统进行调节，这就是控制。在企业经营管理系统中，由反馈所建立的管理调节机构，其主要功能是对管理对象进行调查和测定，考察该管理对象表现的状态和输出的管理特定性，再与既定目标相比照，找出偏差及其原因并及时进行调整，以保证管理目标的实现。

（3）信息论。信息是企业的生命。在企业系统中，信息是企业制订计划决策的依据，是进行各项业务管理和指挥生产经营活动的依据，是控制生产流程的工具。因此，企业的信息必须完整、准确、及时、适用和具有经济性。

系统、信息、控制三者之间的关系是：系统是客观事物存在的实体，信息是实体的神经，控制是使实体按照预定目标运行的手段。

2. 经营管理的具体方法分类

（1）按照管理信息沟通特点分类：权威性的沟通、利益原则的沟通、真理性沟通。

（2）按照决策者分类：专制型决策者的管理方法、民主型决策者的管理方法、民主集中制的管理方法。

（3）按照精确的程度分类：定性的经营管理方法和定量的经营管理方法。

3. 经济类的管理方法

经济类的管理方法是指依靠经济组织，运用经济手段，按照客观经济规律的要求来管理经济的各种方法。所谓经济手段，是指利用价格、工资、利润、利息、税收、资金、罚款等经济杠杆和价值工具以及经济合同、经济责任制等，对国民经济进行宏观调控。经济类的管理方法的核心和实质是贯彻物质利益原则，从物质利益上来处理国家、企业、劳动者个人等各种经济关系，调动各方面的积极性。

4. 法律制度方法

法律方法即为法治，在企业中意味着各种关于生产经营与管理经营的各项制度、程序和流程，它是企业能够正常运行和实施的保障。制度是为了使企业这个系统更好地运转，从而实现更大的利益。制度在企业里必须具有强制性，是人人必须遵守的行为规则，对全体成员均具有约束性；此外，制度还必须具有规范性，规定人们在一定情况下可以做什么、应当做什么或者不应当做什么，同时又起到指引作用，作为评价行业正常与否的客观标准。

三、企业经营管理意义

在市场经济环境下，现代企业注重经营管理工作，无论对于企业本身还是对于社会，都具有十分重要的意义和价值。其具体价值和意义归纳为以下三个方面。

1. 注重企业经营管理是现代企业生存的基础

随着我国社会经济与世界逐步融合，现代企业的舞台更大，同时要求也更高，机遇和挑战并存。现代企业必须朝着科学化、规范化的发展方向去迈进，只有朝向规范化、科学化的方向去发展，才能让企业的各项工作更加规范化和标准化，才能更好地推动企业的管理工作，因此注重企业管理是现代企业生存的基础。

2. 注重企业经营管理是现代企业竞争力的原动力

现代企业只有积极加强自我管理工作，不断完善自我，才能更好地在竞争中保持活力，才能更好地生存和发展，才能够面对市场经济体制下的各种挑战。因此，注重企业经营管理可以说是现代企业市场竞争力的源泉，也是企业得以发展壮大的基础性保障。

3. 注重企业经营管理有助于提升企业员工的归属感

在市场经济条件下，一个企业注重自身的经营管理工作，注重经营管理工作的规范化、法制化和制度化，对于企业及企业员工都有十分重要的意义。它能够让企业员工具有归属感，能够促进企业员工感受到企业的正规性，对于企业员工的职业成长也有深远的意义和价值。

总的来说，企业经营管理对企业自身的影响主要体现在以下几点：① 企业经营管理可以增强企业的运作效率；② 可以使企业有明确的发展方向；③ 可以使每个员工都充分发挥他们的潜能；④ 可以使企业财务清晰，资本结构合理，投融资恰当；⑤ 可以向顾客提供满意的产品和服务；⑥ 可以更好地树立企业形象，为社会多做实际贡献。注重企业经营管理最终可以提高企业的经济效益。

第三节 创业与企业经营管理发展的历史

一、早期概念时期（1776—1880年）

中世纪的威尼斯兵工厂不再采用流水作业。1534年法国国王亨利三世访问这个工厂时，它的生产效率已经能达到一小时之内下水一艘大船的水平。这个兵工厂还建立了早期的成本会计制度，并且进行了管理上的分工：兵工厂的管理指挥领班和技术顾问，全权管理生产，而市议会通过一个委员会来干预工厂的计划、采购、财务事宜。

18世纪下半期，英国开始了产业革命，产生了工厂制度，发展了专业协作，生产的基本组织发生了变革。1776年，亚当·斯密（Adam Smith）在他的《国民财富的性质和原因的研究》一书中指出了分工与专业化的三个优越性：一是人们重复地完成单项作业时，劳动技能或熟练程度会得到提高；二是节约了通常由于工作变换而损失的时间；三是当人们将注意力集中在一种特定的对象上从事专业化生产时，有利于制造新工具和改进机器设备。在工厂制度下，由于很多人在一起从事共同劳动，必然出现劳动分工，而随着劳动分工的发展，协作越来越重要。亚当·斯密的这一理论成为生产运营管理发展的一个里程碑。

在亚当·斯密之后，英国的查尔斯·巴贝奇（Charles Babbage）进一步发展了亚当·斯密关于劳动分工的理论。他在《论机器和制造业的经济》一书中指出劳动分工能带来更高生产率，其原因是：

（1）节省了学习所需要的时间。因为生产中包含的不同工序越多，所需要的学习时间越长。如果一个工人不必做所有的工序，而只是做其中的少数工序甚至一道工序，就只需要少量的时间即可掌握。

（2）节省了学习中所耗费的材料。由于劳动分工，需要学习的内容和学习时间减少了，因此学习所需要耗费的材料也就相应减少了。

（3）节省了从一道工序转变到另一道工序所耗费的时间。

（4）节省了改变工具所耗费的时间。

（5）由于经常重复同一种工序的操作，技术更加熟练，从而大大提高了工作的速度和效率。

（6）劳动分工后，由于注意力集中在比较单纯的作业上，容易发现问题，有利于改进工具和机器，同时也容易设计出更加适用的工具和机器。

巴贝奇还指出，不仅一般劳动可以进行劳动分工，脑力劳动和体力劳动也可以进行劳动分工。

二、科学管理运动时期（1880—1910 年）

人们一般认为，科学管理运动的创始人是弗雷德里克·泰罗（Frederick W. Taylor），他也被广泛地誉为"科学管理之父"。1911 年，泰罗出版了《科学管理原理》一书，动摇了当时流行的企业管理组织方法（泰罗称之为"放任管理"）。他把"科学管理"称为一场"全面的智力革命"。他认为，在一切管理问题上都能够而且应该用科学方法，主张一切工作方法都应通过考察，由管理人员科学合理地决定。他把管理职能概括为以下四点：

（1）搜集、分析、整理企业的所有经验数据，以发展科学的方法。
（2）对工人进行严格挑选和培训，以发挥其最大潜能。
（3）在工人和管理人员之间培养合作精神，以保证工人按科学方法完成任务。
（4）在工人和管理人员之间进行明确、适当的分工，以保证管理任务的完成。

泰罗在管理领域里的很多工作是开拓性质的，对管理理论有较大的促进作用。泰罗及其合作者和追随者亨利·甘特（Henry L. Gantt）以及弗兰克·吉尔布雷斯（Frank Gilbreth）等在员工选择、生产计划、动作研究以及现在流行的人类工效学领域做出了巨大贡献，至今仍不失为生产运营管理科学的基础。

三、大量生产时期（1910—1980 年）

1913 年，亨利·福特（Henry Ford）和查尔斯·索伦森（Charles Sorensen）将零部件标准化和肉品包装与邮件分拣行业的标准装配线相结合，提出了工人站立不动而物料移动的装配线这一革命性概念。福特发明的流水生产线拉开了现代大工业生产的序幕。在福特的汽车厂采用流水生产以前（1913 年 8 月以前），每一辆汽车底盘由一名工人装配，大约需要 12.5 小时。8 个月后，在最后改进的装配线上，每个工人只需要做很少一部分工作，每辆底盘的平均作业时间只需要 93 分钟。这项管理技术的重大突破是在科学管理和劳动分工原理的指导下取得的，时至今日仍然有效。

生产管理在 20 世纪 30 年代得到了令人瞩目的发展：一是 1931 年美国的沃尔特·休哈特（Walter Shewhart）出版了《工业产品质量的经济控制》一书，运用概率论和数理统计学原理创立了控制图，将其用于生产过程中的产品质量控制，控制图后来被一些大公司广泛采用，质量控制被列为生产管理的一项重要内容；二是 1934 年英国的蒂皮特（L. H. C. Tipprtt）进行了工作抽样理论的研究，首先把统计抽样方法运用于工时调查。第二次世界大战后，基于特定的历史背景和经济发展形势的客观要求，朱兰（J. M. Juran）、戴明（W. E. Deming）和费根鲍姆（Feigenbaum）等人提出了全面质量管理的概念，全面质量管理是指为了能够在最经济的水平上以及充分满足用户要求的条件下进行市场研究、设计、生产和服务，而把企业内各部门研制质量、维持质量和提高质量的活动构成一体，形成一种有效的管理体系的活动。

从 20 世纪 40 年代开始，生产管理的一个重大发展是数学方法（特别是管理运筹学）被广泛应用在合理配料、搭配产品品种、任务分配、决定产品加工顺序、流水线上的工序、控制库存、配送物资、组织企业内部的物资流程、研究设备更新等方面，从而有了一种基本的数学工具，使生产系统有限资源的安排和分配方面的大量复杂问题有可能得到正确的处理和解决。

网络计划技术（CPM）是20世纪50年代在计划管理方法上的一个重大突破。1958年，美国海军武器规划局在研制北极星导弹系统时，研究提出了计划评审技术（PERT），应用效果良好。在此之前，美国杜邦化学公司研究并应用了一种新的计划管理方法（CPM），在应用的第一年就节约了100万美元，相当于该公司用于研究发展CPM所花费用的5倍以上。PERT和CPM是独立发展起来的计划方法。网络计划技术的基本原理是以网络图的形式，反映组成工程项目的各项活动（工序）的先后顺序及相互关系，并通过相应的计算，找出影响全局的关键活动和关键路线，以便对工程项目进行统筹安排，使在工期、成本、资源利用等方面都达到预期的目标。网络计划技术特别适用于一次性的大规模工程项目，如大型科研和新产品试制项目、设备大修、大型建筑工程项目等。

从20世纪60年代起，系统原理在生产管理中被广泛运用。它从系统的观点出发，去观察、思考、分析和解决问题，把企业生产过程中投入的各种要素及其活动作为一个系统，进行合理的组织和控制，进一步加强了生产的综合和协调，保证了复杂的生产任务如期完成，并取得最优的总体效果。

生产管理自20世纪70年代起的主要进展是计算机技术的应用。在制造业中，一项重大突破是物料需求计划（MRP）被用于生产计划与控制。这项技术可以把一个结构复杂的产品的全部零部件统一管理起来，也能使计划人员迅速地调整生产作业计划和库存采购计划以适应最终产品需求的变化。生产管理在MRP的基础上，又进一步发展为MRPⅡ、ERP。

四、精益生产时期

精益生产（LP）是美国麻省理工学院国际洗车计划组织（LMVP）的数位专家对日本"丰田JIT生产方式"的赞誉之称。精，即少而精，不投入多余的生产要素，只是在适当的时间生产必要数量的市场急需产品（或下道工序急需的产品）；益，即所有经营活动都要有益有效，具有经济性。精益生产是当前工业界公认最佳的一种生产组织体系和方式。

精准生产是战后日本汽车工业遭到的"资源稀缺"和"多品种、少批量"的市场制约的产物，它是从丰田相佐诘开始，经丰田喜一郎及大野耐一等人的共同努力直到20世纪60年代才逐步形成和完善的。

精益生产既是一种以最大限度地减少企业生产所占用的资源、降低企业管理和运营成本为主要目标的生产方式，同时又是一种理念、一种文化。实施精益生产就是决心追求完美的历程，也是追求卓越的过程。它是支撑个人与企业生命的一种精神力量，也是在永无止境的学习过程中获得自我满足的一种境界。其目标是精益求精、尽善尽美、永无止境地追求七个"零"的终极目标。

精益生产的关键是管理过程，包括人事组织管理的优化，大力精简中间管理层，进行组织扁平化改革，减少非直接生产人员；推进生产均衡化、同步化，实现"零"库存与柔性生产；推行全生产过程（包括整个供应链）的质量保证体系，实现"零"不良；减少和降低任何环节上的浪费，实现"零"浪费；最终实现拉动式准时生产方式。

精益生产的特点是消除一切浪费、追求精益求精和不断改善，去掉生产环节中一切无用的东西，每个工人及其岗位的安排原则是必须增值，撤除一切不增值的岗位。精简是它的核心，精简产品开发设计、生产、管理中一切不产生附加值的工作，旨在以最优品质、最低成本和最高效率对市场需求作出最迅速的响应。

五、大规模定制时期

大规模定制方式将两种传统管理理论（大规模生产和个性化定制生产）以不能同时采用的系统合二为一。国内学者祈国宁教授认为，大规模定制（MC）是一种集企业、客户、供应商、员工和环境于一体，在系统思想指导下，用整体优化的观点，充分利用企业已有的各种资源，在标准化技术、信息技术和先进制造技术的支持下，根据客户的个性化需求，以大批量生产的低成本、高质量和高效率提供定制产品和服务的生产方式。

在新的市场环境下企业迫切需要一种新的生产模式，大规模定制由此而生。1970年美国未来学家阿尔文·托夫在 *Future Shock* 一书中提出了一种全新的生产方式的设想：以类似于标准化和大规模生产的成本的时间，提供客户特定需求的产品和服务。1987年，斯坦·戴维斯在该书中首次将这种生产方式称为 Mass Customzation，即大规模定制。大规模定制的核心是产品品种的多样化和定制化急剧增加，而不相应增加成本；其范畴是个性化定制产品的大规模生产；其最大优点是提供战略优势和经济价值。

大规模定制（MC）的基本思路是基于产品零部件和产品结构的相似性、通用性，利用标准化、模块化等方法降低产品的内部多样性，增加顾客可感知的外部多样性，通过产品和过程重组将产品定制生产转化或部分转化为零部件的批量生产，从而迅速向顾客提供低成本、高质量的定制产品。大规模定制的基本思想在于通过产品结构和制造流程的重构，运用现代化的信息技术、新材料技术、柔性制造技术等一系列高新技术，把产品的定制生产问题全部或者部分转化为批量生产，以大规模生产的成本和速度，为单个客户或小批量多品种市场定制任意数量的产品。

六、现代企业经营发展趋势

现代企业生产运营管理的范围有了更大的扩展，已经不仅局限于制造企业的制造过程而是扩大到服务业企业。其涉猎内容也不再局限于生产过程的计划、组织与控制，而是形成自生产运营战略、新产品开发、产品设计、采购供应、生产制造、产品配送直至售后服务的一条完整的"价值链"。它在以下很多方面都有了新发展：①生产运营管理的范围不断扩展。②多品种中小批量生产成为主流生产方式。③信息技术和现代管理理论在生产运营管理中得到综合应用。除此之外，现代管理理论如组织行为学、管理运筹学等也在生产运营管理中得到综合运用。通过灵活运用这些理论，生产运营管理的视野变得更为广阔，解决问题的方法和手段也更为丰富。

第四节　现代企业创业经营的基本条件和企业创立

一、现代企业创业经营的条件

现代企业创业经营的环境是指企业的创业者或者创业团队所面临的各种条件,包括来自周围的外部条件(称为外部环境)和自己的内部条件(称为内部环境)。内外部环境之间有密切的联系,一方面,外部环境为创业企业提供创业机会和起到制约作用;另一方面,改善创业企业的内部条件,增强企业实力,又将反作用于外部环境,两者是相互作用的。

一般来说,外部环境具有多变性,是不可控因素;内部环境具有个性特点,一般是可控因素。创业者通过自己的努力,可以提高对外部环境的适应性和影响力。

(一)企业创业经营外部环境

企业创业经营外部环境主要从以下五个方面进行分析:

1. 政治条件

一国的政治气候对企业创业经营有重要影响。政治环境引导着企业经营活动的方向,也给企业创造一个稳定的外部氛围。其中的法律环境将对跨国创业公司的战略管理产生重大影响,需要创业者认真分析和掌握。

2. 经济条件

创业企业所在国和所在地区的经济形势,属于高速发展还是低速发展,或者整个经济处于停顿或倒退状态,这些问题要在创业初期分析清楚。当宏观经济形势较好时,市场需求量增长越快,企业发展机会就越多。除此之外,还要分析中央银行的利率水平、劳动力供给状况、消费者收入水平、通货膨胀等,这些因素将影响创业企业的投资决策以及人员录用政策等。

3. 技术因素

创业者要密切关注引起时代革命性变化的新发明、新技术、新工艺、新材料等,关注技术发展的新趋势和应用前景。技术的变革会为创新型企业带来机遇,会给反应迟钝的企业造成威胁。此外,还应及时了解国家对科技开发的投资和重点支持领域的研究及相关政策的分析。

4. 社会因素

社会因素包括社会文化、社会习俗、社会道德观念、公众的价值观、社会消费者的购买习惯以及人口统计特征等。这些因素直接影响着人们的婚姻、家庭、教育、生活、习惯、购买偏好、人口质量与数量,对社会因素的分析便于创业者把握市场机会和制订正确的战略计划。

5. 自然环境分析

主要分析创业企业所处的地理位置和气候条件、道路交通及资源存储状况等自然因素,以便于企业趋利避害。

（二）创业的行业环境分析

创业企业的行业环境分析主要是指行业市场的需求状况、产品价格变化和竞争对手等客观条件。

1. 行业市场需求状况分析

主要调查市场中居民的收入水平，以及收入高、中、低的结构比例关系；市场的现实需求量和潜在需求量；顾客的消费习惯和偏好以及价值观，以考察创业者进入该市场的未来前景。

2. 行业市场上可能面临的竞争对手分析

根据波特五力模型，创业公司的竞争对手有五类：现实的竞争对手、潜在的竞争对手、替代品生产者、供应商和顾客。

（1）现实竞争对手分析。首先，要分析现有竞争对手的基本情况，包括竞争对手的数量、地域分布、各自的规模、资金、技术力量、市场占有率等，从中识别出哪些对手对自己的威胁较大，找出主要竞争对手，进而对它们的竞争实力做进一步的详细分析，弄清它们的优势是在技术方面，还是在资金、营销或其他方面，以便本公司制定战略对策。

（2）潜在竞争对手分析。潜在竞争对手，就是在将来有可能要进入本行业的同类产品生产者。它们的进入，如果以一种创新的大规模业务方式或充足的资金作资本，会引致行业内竞争更加激烈，可能造成产品价格下降，利润降低。因此，创业企业要注意收集行业信息，充分估计潜在竞争者对本公司可能造成的威胁。

3. 替代品生产者分析

产品都具有一定的使用功能和价值，而使用功能的实现方式、方法、原理、结构，可能会随时代的变化而不断被革新，因此存在着各种可能的替代品。企业创新经营过程中要深入对替代品的分析，研究可能面临的挑战。

4. 顾客的讨价还价能力分析

顾客对产品的总需求量决定了行业市场的潜力，从而影响着行业内所有企业的发展边界，顾客对商品的讨价还价能力，诱发企业间的价格竞争，从而影响企业的利润空间。所以，创业企业必须对顾客进行分析研究。顾客的讨价还价能力一般受下列因素的影响：一是购买数量；二是替代品的价格情况；三是产品形象，是否是品牌产品；四是顾客对该商品的急用程度；五是顾客对商品信息的掌握程度；六是顾客的购买经验程度等。

5. 供应商的讨价还价能力分析

供应商能否按质、按时、按量供应原材料，直接影响创业企业生产规模的维持与扩大；供应商供货的价格水平又直接影响企业的成本和利润。因此，对供应商的分析也十分必要。

（三）企业创业经营内部条件

企业创业经营内部条件包括创业资金数量、生产技术条件、厂房及机器设备、人力资源状况、信息资源等。

1. 创业资金

创业资金的多少，决定了创业企业的规模。创业企业的融资能力大小，一方面取决于创业者的资信度和过去的经营状况，另一方面取决于创业人员与银行的沟通情况。公司生产经营规模扩大，有利于降低产品成本，公司在市场上的竞争能力会因为规模经济而得以提高。

2. 生产技术水平

技术水平的高低，决定了产品和服务质量的好坏。产品和服务的质量高，显然是公司参与竞争的有利条件。具有进入某个市场的特定技术与产品，特别是具有独立知识产权的专有垄断技术，就将会使得进入该市场更加有利。

3. 人力资源

主要分析本公司的人员结构，技术人员、管理人员、技术工人、销售队伍等的业务能力与水平。杰出的职业经理人与优秀的员工是带给企业创新性发展的核心资源。

4. 信息资源

现代企业的任何决策与行动都离不开信息资源作为支撑。利用现代化的管理信息系统，对生产经营管理各类信息资源进行集成化处理，并且将其传递给企业的领导层，为企业生产经营决策提供可靠依据，让企业的创业经营管理有的放矢。

5. 合作伙伴资源

在企业创立初期，需要找到能够互赢、取得合作关系的伙伴资源。例如相关企业的公司经理、销售人员及技术服务人群，这些合作伙伴资源优势能够发展为互相帮助的受益群体，相互支持与合作，实现互惠共赢。

对创业公司自身条件的分析，目的是真正理清公司的优势是什么，劣势是什么，以便选好创业方向，避免创业在战略上的失误。

二、现代企业创业经营的内容与发展趋势

（一）现代企业创业经营管理的主要内容

1. 创业机会的发现、辨识、把握与坚持

作为具有敏锐判断力的企业家，需要从众多商业机会中去寻找符合自身条件、拥有竞争优势的创业机会。对于吻合的机遇要果断把握并且持之以恒地追求与坚守。

2. 创业风险的评估

任何选择都有机会成本，也有失败的风险。因此，企业创业经营初期的关键工作是要提前预估风险，提前制定好各种风险出现后的应对策略和措施。

3. 创业行动的策划

创业经营策划主要指面对各种可以利用的内外部机会，创业者要制订出一整套切实可行的行动方案，不能盲目行动。根据战略规划制订具体的操作方案，形成创业的策略群。

4. 创业的商业计划的编制

商业计划是对创业战略和策划的系统性、详细性的描述。有了合理、周密的商业计划，才能组织创业团队，明确创业经营方向，吸引各类创业资源，打通后续环节，甚至获得政府支持。

5. 创业经营团队的建立

绝大多数创业活动都不可能由某一个人来完全推动和实施，而需要一个团队的努力。因此，对于创业初期的经营管理活动，团队的组建与成立是关键。

6. 创业资源要素的组合

创业者不可能自身拥有所需的全部创业资源。这就需要借助适当关系的市场联系和利益链条，赢得合作伙伴的支持，以获得更多的资源，从而让创业实现有更高的可能性。

7. 创业企业经营发展战略

新企业创立初期，奠定了发展的战略。在经营过程中，企业的进一步成长也需要有一定的路径即成长模式分析。在竞争中成长壮大的企业也要有一套与竞争环境相适应的成长战略。

8. 创业经营中的法律问题

在企业创业初期有很多具体的法务事务需要完成，因此创业者要熟知经济领域的相关法律，规避法律风险，实现有效创业。

（二）现代企业创业经营管理的发展趋势

进入网络信息新时代，企业也与时俱进，不断更新创业经营管理的理念、方法和思路，总的来说包括以下几个方面：

从创业经营管理方法看，数学方法、系统论、控制论、信息论、运筹学等现代自然科学的最新成果在经营管理中被广泛应用。为科学与自然科学方法相结合，使得经营管理工作水平大大提高。企业经营管理方法的现代化，是指总结和继承传统的行之有效的管理经验和方法的基础上，积极推广先进的管理方法，如目标管理、市场预测、价值工程、统筹法、优选法、ABC 管理法、决策技术、量本利分析、滚动计划、线性规划、看板管理等，并注意在管理实践中，创造、总结和创新出新的经营管理方法。

从创业经营管理手段看，电子计算机、现代通信技术等现代化工具得到了广泛应用。管理手段的现代化，是指在企业管理中积极采用包括电子计算机、现代信息技术在内的各种先进管理手段。计算机网络作为一种先进的管理手段和工具已被我国企业广泛应用，并且还建立了一系列以计算机为基础的经营管理系统，以提供完整、准确的信息，提高管理工作的效率和决策水平，减少管理中的失误，使生产经营取得最佳的经济效益。

从创业经营管理人员看，管理者的素质大大提高，他们不仅具有丰富的实践经验，还具有创业经营管理的相关理论知识。企业的创业经营管理人员是一支专业化的队伍。管理人员不仅拥有现代企业经营管理的基本理论和广博的管理知识，而且实践经验丰富；不仅对企业忠心、敬业、勤业，而且勇于进取，不断创新；不仅思维敏锐，还具有较高的洞察、分析问题的能力和战胜困难的执着精神。

总的来说，现代企业创业经营管理活动更趋向于理性、人性和追求综合性的观点。在创业经营的策略决定、创业路径的选择、创业经营的发展思想等方面更趋于理性；在人力资源管理中更趋于以人为本、人性化管理；在追求企业的价值观的道路上既考虑企业的发展壮大，同时也考虑对合作伙伴、对企业员工、对顾客的关怀，以及对社区反哺和对环境的和谐，体现了企业追逐价值方面的综合性。

本章小结

通过本章的学习，理解企业创业、企业经营概述，理解企业家及企业家对市场经济的作用，掌握企业经营管理的价值与意义，了解企业经营管理的重大历史阶段，理解企业家精神的内容创新。

思考练习题

1. 什么是企业家？什么是企业家精神？
2. 生产系统有哪些类型？
3. 试比较订货型生产与存货型生产的区别。
4. 概述企业家精神的内容和实质。

案例分析

企业家精神

在当下互联网、物联网、大数据时代，各类企业家们致力于打造出"我国全面深化改革，就要激发市场蕴藏的活力。市场活力来自人，特别是来自企业家，来自企业家精神"。

——2014年11月9日，在亚太经合组织工商领导人峰会上，面对来自数十个国家和地区的1500多位工商界代表，国家主席习近平特别提及企业家精神。

"企业家是经济活动的重要主体，要深度挖掘优秀企业家精神特质和典型案例，弘扬企业家精神，发挥企业家示范作用，造就优秀企业家队伍。"

——2017年4月18日，中央全面深化改革领导小组第三十四次会议上，国家主席习近平指出企业家精神对社会经济的重要作用。

案例来源：中国政府网。

问题：

1. 什么是企业家精神？
2. 企业家精神与创新的关系是什么？

实训设计

结合本章知识，收集资料，结合企业的发展历程，分享这家企业的企业家在这个发展历程中的成长，归纳总结企业家精神。制作 10 分钟左右的 PPT 并进行演讲。

第二章　创业计划与经营决策

> **学习目的**
> 1. 理解计划、决策的含义和作用
> 2. 理解计划的过程
> 3. 了解商业计划的基本格式和规范
> 4. 掌握商业计划书的组成部分、撰写的基本技巧
> 5. 理解决策的类型
> 6. 掌握定量决策方法及其适用范围

第一节　创业计划的基本理论和方法

一、计划的特点与作用

（一）计划的概念

对"计划"一词的含义，可以从不同角度来解释。作为名词，计划是指通过文字或数字指标表示出来的工作或行动的具体内容和步骤；作为动词，计划是指事前拟订计划的工作过程。在管理学中，计划是指为了实现组织目标而事先制订工作的步骤和内容。一项完整的计划通常包括做什么、为什么做、何时做、何地做、谁去做和怎么做等方面的内容，如表 2-1 所示。

表2-1　计划的内容

项　目	具体内容
做什么（What）	即需要完成的任务是什么。这是要明确所进行的活动及其要求，如企业生产计划就要明确所生产产品的品种、数量、进度、费用等，以保证充分利用企业的生产能力，按质、按量、按期完成生产计划，并为考核提供依据
为什么做（Why）	即为什么要做这件事。这是要明确计划的目的和原因，使计划执行者了解、接受和支持这项计划，把"要我做"变为"我要做"，充分发挥下属的主观能动性，实现预期目标
何时做（When）	即这项工作的时间规划。这是要规定计划中各项工作的开始和结束时间，以便进行有效的控制，并对组织内的有限资源进行平衡

续表

项　目	具体内容
何地做（Where）	即在什么地点做这件事。这是要确定计划的实施地点或场所，了解计划实施的环境条件及限制因素，以便合理地安排计划实施的空间
谁去做（Who）	即谁应该为这件事负责。这需要划分各部门和组织单位的任务，规定由哪些部门和人员负责实施计划，包括每一阶段的责任者、协助者，各阶段交接时由谁鉴定、审核等
怎么做（How）	即如何行动。这是要制订实施计划的步骤以及相应的政策、规则，对资源进行合理分配和使用，同时要预估可能出现的各种情况以做好防范应对等

（二）计划的特点

1. 目标导向性

计划的制订和执行是为了让组织以最少的消耗实现预定的目标。明确的计划可以帮助组织成员了解组织的目标及自己的职责，同时计划所规定的工作任务和衡量标准也为控制活动提供依据。所以，计划可以为员工指明方向，使整个组织的活动有序、高效，减少资源浪费，有利于组织目标的实现。

2. 基础性

就管理的各项职能而言，计划是首要职能，是其他各项职能的基础和依据。管理者在确定目标、拟订计划后，才能确定合适的组织架构，才能知道组织在何时需要什么样的人才，才能明确员工的责权利以及有效的领导和激励手段，才能控制组织和个人的行为不偏离计划。所以说，计划是管理者行使管理职能的起步和基础。

3. 普遍性

一个组织中的管理人员层次高低不同、部门职能不一，但每一位管理人员的工作都少不了计划职能，各层次的管理活动都需要进行计划，并持续推进。例如，高层管理者要制定战略规划，中层管理者要确定施政计划，基层管理者要制订作业计划，因此，计划是各级管理人员的基本职能，具有普遍性。

3. 综合性

计划本身是一个结构化的过程，需要系统分析管理者的目标，根据目标确定可行的行动方案，进而在不同的部门、层级、人员之间分配工作职责，同时根据职责分工和实施进展确定可供控制的标准。因此，计划的编制涉及战略规划、组织资源调配、人员配置与管理等不同环节和内容，综合性非常强。

4. 前瞻性

计划是面向未来的，而未来是不可预知的，通常会面临新的机遇或挑战。因为计划是在掌握了过去和现在的基础上通过预测未来而做出的工作安排，所以计划中关于组织未来的行动方案和建议说明具有一定的前瞻性。

（三）计划的作用

1. 明确组织的发展方向

计划首先是系统地分析组织所拥有的内外部资源，明确组织的优劣势的过程。在计划的制订过程中，管理者需要判断哪些资源和行动有利于最终目标的实现，哪些资源和行动与最终目标的实现毫不相干，从而针对所要实现的目标设计出一种能够自始至终协调一致的工作程序和结构框架，用共同的目标、明确的方向来代替不协调的、分散的活动，使所有成员的行动保持一致，保证计划按部就班地顺利进行。

2. 发现机会与威胁

由于未来充满了不确定性，计划的期限越长，不确定因素就越多。但是，计划的制订和实施过程可以让计划制订者摆脱日常事务的干扰，致力于未来不确定因素的分析和研究，及时预见未来可能出现的机会或威胁。就像微信的开发者张小龙所说的："我每天都会去谷歌阅读助手（Google Reader）之类的阅读空间，看看消费者在关心什么，互联网领域又有什么新鲜东西诞生了。"对于管理者来说这非常重要，应考虑未来环境变化的冲击，及早制订适应变化的方案或相应的补救措施，降低未来的不确定性的负面影响。

3. 促进各层次管理者的沟通协作

计划的制订和实施是全员参与的过程，也是各部门、各层次管理者就目标制定和实施过程进行沟通交流、团结协作的过程。在这种环境中，各层次管理者并不是被动的任务接受者，他们充分参与计划的制订过程，开诚布公地沟通交流，了解计划的来龙去脉，可以有效地避免计划实施过程中的扯皮现象，有利于提高各层次管理者对计划的接受程度，提高计划实施的效率。

4. 提供控制标准

计划和控制似乎是一枚硬币的两面，如果计划是根，那么控制就是果。未经计划的活动是无法控制的。管理者通过计划环节设立了组织的目标，而在控制过程中，管理者就可以将计划的实际执行情况与组织目标进行比较，以及时发现偏差，采取必要的校正措施，通过纠正脱离计划的偏差使活动保持既定的方向。因此，没有计划，控制活动的任何设想都是毫无意义的。如果没有计划设定的目标作为控制与考核的标准，管理者就无法检查其下属完成工作的情况，所以说，计划为控制活动提供了标准。

二、计划的类型

计划是管理的首要职能，它将各种资源预先在时间和空间上进行合理的配置，以实现组织的目标。因此，可以根据实施计划的组织层级、计划实施的时间长短、计划明确性的程度以及计划的使用频率等对计划进行分类（如表2-2所示）。

表 2-2 计划的类型

分类标准	类型
管理者层次	战略计划、业务计划、单元计划
实施的时间长短	长期计划、中期计划、短期计划
明确性	指导性计划、具体计划
使用频率	常规计划、一次性计划

（一）战略计划、业务计划和单元计划

根据管理者所处层次的不同，计划可以分为战略计划、业务计划和单元计划。

1. 战略计划

战略计划是企业在战略层面的计划，特别集中在公司战略层面，体现了组织在未来一段时间内总的战略构想和总的发展目标及其实施的途径。战略计划主要围绕企业的总体战略目标，并且根据目标制订企业的战略方案，依托该方案配置企业的各项资源，从而保证战略的顺利进行。因此，战略计划具有长远性、全局性、指导性等特征，在战略计划中必须明确企业的总体发展方向和行动方案。这意味着战略计划不能局限于企业内部的某些枝节性事务，不能仅仅就某一部门的经营重点和目标进行事先的设定。战略计划决定了在相当长的时间内组织资源的配置方向，涉及组织的各个方面，并在较长时间内发挥指导作用。

2. 业务计划

业务计划是针对企业业务部门制订的，需要与业务部门的发展目标和可控资源相衔接，不同的业务部门有不同的关注重点。例如，营销部门的业务计划面向企业的市场销售工作，需要指出企业未来的销售目标以及为实现这一目标所必须采取的行动；生产部门的业务计划面向企业的生产运作活动，需要指出企业未来的生产目标以及相应的资源分配等具体工作方案。尽管如此，这些业务部门的计划都要服从企业的总体战略计划，它们的大致规划在战略计划中已经有初步的设定。因此，业务计划不仅服务于业务部门的工作，同时也要保证彼此之间的协同，以推进企业的整体发展。

3. 单元计划

单元计划是业务部门内部具体的业务单元的计划。一般而言，企业业务部门的全体人员不可能统一行动，他们总是要分为不同的工作单元或工作小组，针对不同的业务范围开展工作，形成针对不同产品的销售行为，或针对不同订单的生产行为。因此，针对不同的业务单元就需要有相应的计划，这些计划为各个业务单元的经营目标和经营行动设定了大致的范围，可以用于指导和控制业务单元的工作状况。同时，单元计划也是服务于业务计划的，各个单元的计划要依据整个业务部门的计划而设定，并且反映总体的协同效应。

（二）长期计划、中期计划和短期计划

根据计划实施时间长短的不同，计划可以分为长期计划、中期计划和短期计划。

1. 长期计划

长期计划通常又称为远景规划，是为实现组织的长期目标服务，具有战略性、纲领性、

指导性、综合性的发展规划。它是组织在相当长时期内（通常是五年以上）整体活动的指导性文件，主要规定组织的长远目标、关键行动步骤、分期目标和重大战略举措等。这类计划往往要对组织发展的整体进程进行长期的构想，其应用对象一般是规模较大的组织。

2. 中期计划

中期计划是根据长期计划提出的战略目标和要求，并结合计划期内组织外部环境和组织自身情况制订的计划，时间跨度通常是一到五年。这类计划一般涉及企业战略计划或业务计划，并需要经由一定时间才能检验计划方案的实施效果。中期计划也是企业内部常见的计划形式。因为长期计划有其自身的局限性，不能精准地确定企业的业务方案，能够应用长期计划的业务往往也较少；短期计划又往往流于琐碎，无法涵盖企业的一些重要问题，所以中期计划应用范围最广，也最值得管理者关注。中期计划是长期计划的具体化，同时又是短期计划的依据。

3. 短期计划

短期计划往往是一年以内的计划，这主要是单元层面的计划。在各个业务单元中，管理者需要根据各项具体管理任务制订相应的计划。这些管理任务的目标、运作流程、实施标准往往较为明确，因此其计划内容可以非常具体详细。它是最接近实施的行动计划，其内容更加具体、详尽，是为实现组织的短期目标服务的。它是对长期计划和中期计划的具体落实，同时又对中期计划起着反馈作用，其执行情况是修订中期计划的依据。

（三）指导性计划和具体计划

根据计划明确性的程度，计划可以分为指导性计划和具体计划。

1. 指导性计划

指导性计划只规定一般的方针，指出重点，但不为管理者设定具体的目标或特定的行动方案，赋予管理者更大的决策权限。例如，某企业利润增长的指导性计划可表示为，在未来的一年里，利润增加 5%~8%，这表明指导性计划具有一定的灵活性。

2. 具体计划

具体计划是具有明确规定的目标，没有模棱两可的、容易引起误解的问题的计划。例如，某企业利润增长的具体计划可表示为，在未来的一年里，成本要降低 5%，营业收入要增加 6%，这说明具体计划规定了为实现目标而进行的各项活动及其进度安排。

（四）常规计划和一次性计划

根据计划的使用频率，计划可以分为常规计划和一次性计划。

1. 常规计划

常规计划针对的是企业内部的日常事务性工作。企业大部分业务都可以纳入这一范畴——不论是企业战略层面的长期计划，还是业务层面和单元层面的中短期计划。因此，常规计划往往是企业内部的常态。对于这类计划，企业通常拥有一套完整的体系来确保计划在可控的范围内制订和实施。例如，在大型企业内部，一般有专门的战略部门负责战略规划的制订工作；

在各个业务部门内，也有常规性的组织会议和程序服务于计划职能。

2. 一次性计划

一次性计划是针对偶发事件或例外事件而制订的计划，如企业的突发性危机、出售事宜、破产清算等。当事件结束之后，计划也随之执行完毕。对于一次性计划，企业没有必要为之专门设定独立的部门或使之常规化，但是仍有必要在这些非常规事件发生时成立临时的项目小组来承担相应的组织或协调等管理事务，负责计划的落实和事件的处理。

三、计划过程与计划的有效性

（一）计划过程

计划过程是一个复杂的、有组织的过程。计划的种类很多，不同类型的计划，虽然制订过程不尽相同，但是一般来说，计划的编制要经过一些必要的环节或步骤，如图2-1所示。

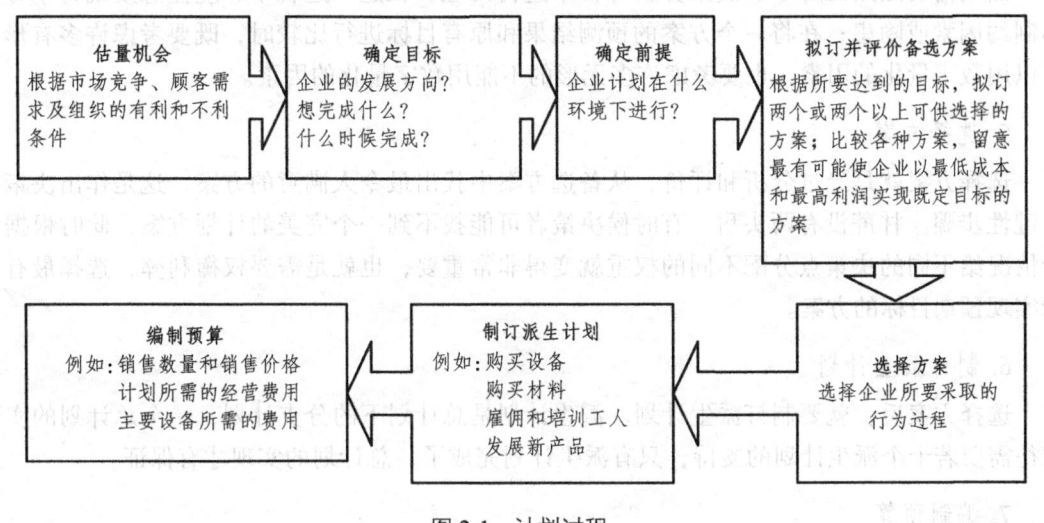

图2-1 计划过程

1. 估量机会

估量机会是计划工作的起点。其主要内容包括：广泛收集信息资料，在调查研究和社会需求分析的基础上，对组织将要面临的机会和威胁、获得成功需要具备的内外部条件、成功的可能性等进行分析和估计，比较本组织的有利条件和不利条件，弄清楚目前所处的地位及面临的不确定因素，并对未来可能取得的成果进行展望。一个组织能否把切实可行的目标确定下来，关键就在于能否准确地估量机会。

2. 确定目标

对机会和威胁进行准确估量之后，就需要确定组织未来的具体行动目标，包括总体目标的设定、目标的分解、目标结构等，以指明将要做的工作及其重点。因此，在计划管理过程中，不仅要将目标转换为手段，同时还要把总体目标细分为更具体的目标。可以说，确定目标贯穿整个计划工作过程。

3. 确定前提

计划工作的前提就是计划工作的假定条件,也就是预期的执行计划时组织所面临的环境和组织内部条件,这需要组织进行预测。作为长期计划的基础,科学预测能大大降低不确定性的负面影响。由于计划的未来情况非常复杂,所以计划前提的预测要比通常的基本预测复杂,但要想对每个细节都提出假设是不现实的,也是不经济的。因此,计划前提的确定应该选择那些对计划工作而言关键性的、有战略意义的、对计划情况影响最大的因素。

4. 拟订并评价备选方案

由于一个计划往往同时存在许多可供选择的方案,计划制订者的初步工作就是考查大量可供选择的方案,排除完成预期目标希望渺茫的方案,选择有成功希望的几个方案,减少可供选择方案的数目,以便集中精力和时间对希望最大的方案进行充分的分析论证。但在排除希望渺茫的方案时应十分谨慎,因为有时不太引人注意的方案反而是最好的方案。

评价方案时,往往会发现几个可供选择的方案各有利弊,且都存在大量的变量和约束条件,因而需要运用运筹学、决策分析等技术进行处理。在这一过程中,应注意发现每个方案的制约因素或隐患;在将一个方案的预测结果和原有目标进行比较时,既要考虑许多有形的可以用数字量化的因素,也要考虑许多无形的不能用数字量化的因素。

5. 选择方案

选择方案就是经过分析和评价,从备选方案中找出最令人满意的方案,这是作出决策的关键性步骤。甘蔗没有两头甜,有时候决策者可能找不到一个完美的计划方案,此时根据自身情况给不同的决策点分配不同的权重就变得非常重要,也就是需要权衡利弊,选择最有可能实现预期目标的方案。

6. 制订派生计划

选择方案后,就要制订派生计划。派生计划是总计划下的分支计划,一个总计划的实现往往需要若干个派生计划的支持,只有派生计划完成了,总计划的实现才有保证。

7. 编制预算

最后要把决策和计划转化为预算。预算是组织资源的分配计划,用来帮助协调和控制给定时期内资源的获得、配置和使用。预算作为一种数量化的详细计划,是对未来活动的细致、周密安排,是未来经营活动的依据。数量化和可执行性是预算最主要的特征。因此,预算是一种可以据以执行和控制经济活动的最为具体的计划,是对目标的具体化,是将企业活动导向预定目标的有力工具。它一方面为汇总和综合平衡各类计划提供有力的工具,使计划的指标体系更加明确;另一方面也为衡量计划完成进度提供了重要标准,便于对计划的执行过程进行控制和约束。

(二) 计划的有效性

毫无疑问,作为管理活动的重要职能之一,计划对于组织活动和组织目标的实现非常重要,但前提条件是计划必须是有效的计划,而不是管理者随心所欲炮制出来的半成品。为了制订一个有效的计划,需要关注以下几个方面。

1. 业务的背景

计划服务于业务的开展，有效的计划必须立足业务的背景信息。从业务背景中提炼出来的思想和观点将促进管理者深刻理解业务的发展特征和趋势，从而制订一份真正可行的计划。缺乏这些信息，计划将失去其实践指导意义。如果是企业战略层面的计划，则需要识别企业的经营环境，找到企业区别于其他企业的竞争优势，从而为战略计划的设定奠定必要的分析基础。如果是业务部门或工作单元层面的计划，则需要就业务发生的背景、可能出现的不确定因素进行系统分析，这样才能制订出一份有效的业务计划或单元计划。

业务背景的了解需要依托详尽的调查工作，而不是凭借管理者的经验或想象。一般来说，较低管理层级的计划，其针对对象的不确定性往往较小，有经验的管理者能够依靠自身判断和简单的调查获得有关业务背景的知识。当计划涉及管理层级较高时，尤其是在制订面向企业外部市场环境和消费人群特征的工作计划时，管理者一般无法掌握与业务相关的所有知识，市场也是千变万化的，无法准确预测，此时更需要实施广泛而深入的调查，以保证计划的客观性和可行性。

2. 业务的目标

目标设定是计划方案的重要内容。计划方案中所涉及的其他行动都从属于这一目标。目标是关于行动的未来的实施效果，也就是管理者预期在计划期末所能够达到的经营效果。目标合理性是计划合理性的必要条件。具体而言，目标合理性反映在以下三个方面。

（1）目标必须是关于当前经营活动的最主要环节。

当然，企业可以在业务执行过程中追求多样化的目标，如客户的满意度、销售额、员工的业绩等，但是，有效计划强调的是在计划方案中必须区分目标的主次，不能将所有的目标放在同一个重要级别上。这就要求管理者积极分析业务的发展走势以及组织的当前特征，寻找最有价值的突破点，将其作为主要目标。

（2）目标必须清晰。

目标用于指导企业的经营活动，必须是清晰的。员工必须知道自己在经营期末需要完成多少业绩指标，客户代表也必须知道自己需要完成多少销售额。太过宽泛或含糊的目标虽然可能在激励方面起到一定的作用，但是无助于企业业务层面的管理和监控。当然，考虑到企业发展的不确定性，应当在精确的目标之外留有一定的余地。

（3）目标必须兼具挑战性和可行性。

目标必须具有一定的超前性，必须超越已有的经营水平，这样可以激励员工探求既有经营模式的改进方案，适度的压力也可以保证员工拥有必要的工作动力。同时，目标不能太高，不能大大超出现实的可行性，否则只能导致组织的凝聚力变弱。

3. 业务的执行方案

业务的执行方案对于组织实践的指导作用是最为直接的。管理者所设定的各项目标，总是要转化为具体的执行方案才能用于管理活动。应当注意到，在不同的管理层级，业务执行方案的要求有所不同。在较高层级上，业务的执行方案更侧重整体上的指导性，而不是偏重每个具体业务环节的实施步骤。管理层级越接近基层，执行方案越具体，越注重细节，越要强调计划方案可为员工直接采纳。

业务的执行方案与资源的配置密切相关。一份详尽的计划必然要限定不同工作岗位、工作层级上的人员和资源配置，同时明确各个人员的权限，避免在操作过程中发生争执和推诿，影响工作绩效。

4. 业务的监督和检查

这一环节实际上已经涉及管理的控制职能。在计划中，为将来的监督和检查留有余地是必要的。计划并非一经推出就是固定不变的，需要根据执行环节出现的问题反复调整，因此计划的有效性还取决于是否拥有一整套完整的监督和检查体系。作为事先设定的行动指南，大部分计划在实施过程中总会出现与事先预料相左的情况，完全严格遵照计划设定的流程开展业务的概率非常小。此时，有效的监督和检查体系能够帮助管理者分析管理活动中的偏差来源。如果是由于最初设定的计划不符合业务发展的客观情况，就需要对计划进行适度调整，以满足业务推进的要求。

四、计划过程中可能存在的陷阱

（一）过于集权的计划

计划是由管理者来实施的管理职能，计划本身就是高层级管理者对于低层级人员的业务设定和指导。这种自上而下的模式使得计划的主要权限处于更高的管理层级上。在实践中，有些企业计划职能的实施过于集权化，也就是说高层级管理者将计划的所有相关工作全部掌控在自己手中，低层级人员无法参与其中，只能被动接受来自上级的命令。这样的计划模式风险非常大。虽然高层级管理者接收到的信息一般要多于低层级人员，其管理经验通常也较低层级人员丰富，但是由于组织活动的复杂性，他们并不能完全掌控一切与计划相关的信息，特别是当计划职能涉及与基层员工的工作、激励、控制等活动相关的管理要素时，来自高层级管理者的智慧并非总是能够畅行无阻。此时，过于集权的计划可能会导致企业经营中出现问题。

消除计划过于集权的现象就是要在计划制订的各个环节积极吸纳来自下级的信息、知识和智慧。这就需要在组织内部形成一套有效的计划制订机制，将部分权限下放，并且积极开发多层次的沟通渠道，在计划的实施过程中不断完善和修正计划。

（二）过于大胆或过于谨慎的计划

计划建立在对未来的假设基础之上。常见的问题是，这些假设有时候可能过于大胆或过于乐观，有时候又可能过于谨慎。例如，营销部门在制订销售计划时，可能过于乐观地判断市场需求将进入超常规井喷时期，也可能过于小心地坚信未来市场一片低迷。过于大胆或过于谨慎对于计划的制订都是不利的。过于大胆的假设将会使管理者制订过高的目标，并且为未来迅速拓展的业务配置过多的资源，如果业务的未来发展并没有达到这些水准，就会造成各项投入的浪费，而且员工难以完成事先设定的业绩标准，也会对他们的工作造成负面的激励效果。过于谨慎的假设将会使管理者在计划制订中尽可能压低各项指标，业务的开展也会趋于保守，这就使得企业难以及时抓住转瞬即逝的市场机会，并且可能在市场竞争中处于下风。

避免计划过于大胆或过于谨慎的关键在于，计划制订过程中需要加强对业务情境的深入分析，用客观准确的数据作为计划的支撑要素，而不是仅仅依靠经验或者某些管理者的主观臆断。

（三）关注自我的计划

计划是对组织自身未来经营行为的设定。在这一过程中，一个常见的问题是管理者过于关注自我，而忽视了在更大范围内的外部环境要素，特别是竞争对手的情况。组织的计划往往重点阐述自身的人员构成、资源禀赋和组织流程，较少涉及竞争对手的经营重点、发展方向和竞争优势等。这就降低了计划的实践指导价值，因为计划无法告诉组织成员如何应对外部竞争。在快速变化的市场环境中，这一类型的计划陷阱更为致命，因为在组织自身迅速成长壮大的同时，竞争对手也在发生各种变化，对竞争对手分析的缺乏造成的后果往往十分严重。

避免此类陷阱的主要措施在于提高对外部竞争态势的警惕性，不要将计划仅仅看作汇聚人员、配置资源、设计流程的有力工具，更要把它看作协调企业内外环境、整合各种资源、提升企业竞争力的重要支撑。

第二节 如何撰写创业计划书

一、创业计划书的目的和用途

不少创业者创业时并没有一份规范的、几十页的创业计划书，有时计划或筹划只是在头脑中，但非正式的计划可能比正式的计划还有效。那么，为什么还要撰写正式的创业计划呢？

创业计划是一份全面说明创业构想以及如何实施创业构想的文件，是描述所要创立的企业是什么以及将成为什么的"故事"。

（一）创业计划的目的

撰写创业计划主要有两个目的：迫使创业者系统思考创业和向其他个人或组织介绍创业项目。

首先，撰写创业计划可以迫使创业者系统地思考新创企业的各个要素，在创立企业之前梳理自己的思路，迫使创业团队一起努力工作，全力以赴地解决创业过程中的各个细节问题。许多人都会有这样的感受，自认为想清楚了，写出来不一定清楚；觉得写清楚了，讲给别人听别人不一定清楚。创业也是这样，一旦将计划写到纸上，那些希望改变世界的天真想法就会变得实实在在且冲突不断。计划本身远不如形成这个文件的过程重要。所以，即使并不试图去创业，也应准备一份商业计划。当创业者决定把自己的创业想法或技术通过创办企业实现商业化后，一般都会进入编写创业计划的工作阶段。

其次，创业计划是企业的推销性文本，可以为企业向潜在的投资者、供应商、重要的职位候选人和其他人介绍创业项目和新创企业提供一种方法。这和宣传手册、公司介绍、网站等的作用是相似的。

在实践中，创业者会更加重视创业计划的推销目的，结果经常是为了获得一份漂亮的创业计划书而撰写创业计划，自己并不用。这是本末倒置的行为，也容易产生欺骗。这样做即使能够募集到资金，也难以很好地利用资金，从而对创业不利。创业面对大量不确定性，内外部环境可能经常发生快速变化，不能因为变化而不制订或不需要计划，相反，越是处于快速变化的环境，越需要认真计划，越需要依据客观事实周密分析。当然，要注意计划的弹性，避免僵化、刻板的计划。

撰写创业计划不能保证创业一定成功，但的确可以提高成功的概率。创业是一个旅程，一个不熟悉且充满风险的旅程；创业计划则像是一个路线图，当然这个路线图必须是正确的。

（二）创业计划的用途

创业计划最明显的用途是募集外部资金。创业活动起始于创意而不是资源，这也是它与传统商业活动的最大区别。正因为此，某人拥有了创意后却决定要成为一名创业者，却不具备相应的资源，也就成为一种常态。撰写一份简明易懂，又能够准确表述市场潜在价值和创业激情的创业计划十分必要。这是外部投资者，尤其是风险投资家了解这一项目的第一途径。实际情况是，现在越来越多的高校或其他社会团体主办的商业孵化机构要求获选企业撰写创业计划。如小餐馆、女性服装专卖店、私人教育培训等项目，利用创业计划来募集亲戚朋友等的外部资金，也是个好办法。

创业计划的另一种用途是向潜在员工、现有员工、资助组织、服务商等传播和沟通企业的愿景和使命。创业计划重在研究和介绍如何把具有可行性的市场机会转换成盈利的产品和服务，包括产品开发、营销和企业发展战略的各个层面的计划。这样，在企业创办以前，通过撰写创业计划向准员工及相关组织传达企业的经营理念和发展思路，是一种有益的做法。

为了实现这些目标，作为一个创业者，在撰写创业计划的过程中需要认真、全面地处理许多复杂问题，这些问题围绕如何把创意和愿景转化为现实的过程而展开，如产品如何生产，产品以何种价格出售，产品如何营销以及销售给哪些人，企业如何与现存的及潜在的竞争对手展开竞争，需要何种融资，来源何处，资金如何使用，这些事情由谁负责，等等。可见，对创业者来说，认真准备一份论证合理的创业计划，是一次很好地了解、学习市场的机会，对于确定业务概念、提出企业发展目标都很有帮助。

总体来看，创业计划的主要用途包括：①寻求外部投资；②确保整个团队（包括新的、潜在的成员）明确组织目标；③理清业务概念、近期目标和所提议的战略。

越是精心准备的创业计划，越能够说明新企业尽力想完成什么目标，以及达到这些目标将如何去做。创业计划是一种书面文件，它解释了创业者的愿景，以及愿景如何被转变为一家盈利的、可行的企业。这些信息正是风险投资家和其他可能支持新企业的人所要搜寻的。因而，创业者撰写创业计划，不仅仅是为了说服别人给他们的新企业投资，也是为了让自己能更清晰地了解向前进步的最佳方式，其所包含的这些信息异常宝贵。

为了有序、简洁、具有说服力地解决以上提到的创业发展问题，准备一份有效的商业计划并不是一蹴而就的事情，这个工作往往需要花费 200~300 小时。如果把工作只留在晚上和周末来做，这一过程将持续 3~12 个月。创业计划的撰写尤其需要清晰明确，论之有据。比如，为了筛选创业机会和想法，只要指出某新产品的目标市场规模为 3 000 万元~6 000 万元，市场成长率为 10% 左右就可以了。但是，编写创业计划要求对市场的了解更加细化，需要说明 10% 的市场成长率的持续时间，明确说明实际成长率是多少，并解释该成长率的形成原因。

另外，新市场的快速变化，也会使创业计划相关信息的获取表现为一种动态过程。因为无法预知你的创业企业将如何发展，人们在做计划时会受到一定的限制。对于新型技术和市场的开发，这一问题尤为突出。实际上，这时创业者的计划只是使企业先创办起来，再利用从实际经营企业过程中收集的信息，来修改他们的计划：先制订一个基本的、简单的创业计划，然后开办企业，接着获得来自创建、经营企业的实际信息，并使用它们去修改创业计划，必要时使用这些信息获取融资支持。

二、编制创业计划的基本要求

创业计划形成了相对固定的格式、规范，同时也形成了广为采用的基本内容框架。

（一）创业计划的基本结构

1. 创业计划的一般格式及编写规范

首先，创业计划应按照如下顺序及格式来编排：① 封面页（包括公司名称、地址以及主要联系人姓名、联系方式等）；② 目录表（概括了创业计划的各主要部分）；③ 概要及计划书的各个主要部分（每个部分都应清楚地列示标题并要易于识别）；④ 附录（如详细的财务计划、公司创建人和核心员工的完整简历，附在正文后面，经常是分开单独装订）。

其次，一份有效的创业计划，应该尽可能地简短明了。创业计划一般不要超过50页，而且越短越好。创业计划的主要目标是，以清楚的方式解答新技术或产品开发的相关问题。那些阅读创业计划的人，工作繁忙并且经验丰富，很清楚如何识别创业计划所涉及的核心问题。

应该说，整个创业计划看上去像一份规范的商业文件，而不应使用太过艳丽的图例，或过分夸张的文学描述。创业计划是创业者留给风险投资家、银行家，以及其他有可能给予创业企业支持的人的第一印象，应该以十分认真的态度来撰写，同时要睿智地展示创业企业的价值和优势。

2. 创业计划的基本要素

创业计划的主要内容随撰写人不同或行业不同而有很大差异。尽管如此，人们普遍认为，创业计划必须包含一些基本要素，以便于投资人及其他相关人员了解企业的关键问题。即：

（1）新产品或服务的基本价值是什么？即为什么这是一个有价值的创业机会？

（2）新产品或服务要卖给谁？

（3）如何开发、生产、销售新产品或服务？应对现存和未来竞争的总体计划是什么？

（4）创业者是谁？他们拥有经营企业所需的知识、经验和技能吗？

（5）如果创业计划是为了筹资，那么需要筹集多少资金，需要何种融资方式，资金如何使用，创业者和投资人如何实现投资收益呢？

这些问题都是投资人感兴趣的核心问题，也是创业者在创业过程中必须直面的。一份精心准备的创业计划要回答所有这些问题，而且要以有序、简明、具有说服力的方式回答这些问题。要知道，风险投资人每年要看成百上千份创业计划，但绝大多数创业计划在几分钟之内，就被那些经验丰富的风险投资人给拒绝了。作为一个创业者，要尽全力做好这些最重要的事情，以确保你的创业计划成为能得到风险投资人眷顾的少数计划之一。

（二）创业计划的核心内容

创业计划撰写中应如何组织与上文提到的关键问题相关的所有信息呢？对此，目前还没有一个通用的内容结构。可以说，创业计划各主要部分的顺序安排及具体内容，应该由创意的性质、创业者想在计划中尽力传达的信息来决定。这里提供一个被许多创业企业采用的基本框架，它具有较强的逻辑性：

（1）执行摘要：应对新企业的总体情况做出简短、清楚、具有说服力的概括。

（2）愿景、使命与核心价值观：陈述创业的动机，企业要做什么，以及所期望的宏伟蓝图。

（3）新创意及产品的形成背景和预期目标：描述你的创意和产品能解决的核心问题、给顾客带来的价值以及预期能实现的目标。

（4）市场营销分析：描述谁打算使用或购买你的产品或服务，顾客为什么想使用或购买它。

（5）竞争者、竞争环境和竞争优势分析：描述有关现有竞争与如何应对竞争的信息、定价以及其他相关事项（这部分内容有时是单独分开描述的，有时也被包含在市场营销部分）。

（6）开发、生产和选址：描述产品或服务所处的开发阶段，如何开始实际生产并提供产品或服务，以及有关企业坐落于何地的信息。如果企业运营的有关信息对于理解企业做什么以及它为什么有巨大的经济潜力来说是重要因素，那么它也可能被包含在本部分。

（7）管理团队描述：描述企业管理团队的经验、技能和知识，有关当前所有权的信息也应包括在这个部分。

（8）财务部分：提供有关企业当前财务状况的信息，并预期未来需求、收入和其他财务指标，以及所需资金数量，这些资金什么时候需要，它们要被如何使用、现金流、盈亏平衡分析等。

（9）风险因素：讨论企业将面临的各种风险，管理团队防范风险所采取的措施和步骤。

（10）收获或退出：如果企业获得成功，投资者将如何取得收益（如，企业何时以何种方式公开上市）。

（11）时间表和里程碑：包括有关企业的每个阶段将在何时完成的信息（如，开始生产、初次销售、突破盈亏平衡点等）。本部分可以是独立的，在适当的情况下，也可以包含在其他部分。

（12）附录：应提供详细的财务信息以及高层管理团队成员的个人简历。

接下来将逐一介绍每一项内容的写作目的，并向初次撰写创业计划的创业者提供一些具体的写作建议。每一份创业计划都是唯一的，关键在于把"故事"讲明白，即认真睿智地描述创新产品的新颖性和价值，以及创业团队的商业化热情。

1. 执行摘要

执行摘要是一种简短而热情洋溢的陈述，人们把它的作用比拟为"电梯推销"，即要求在很短的时间内激起别人的兴趣，并使他们的兴趣足够浓厚以致想知道更多的信息。也就是说，摘要应该对上述所有列出的关键问题给予简短回答，即说明解决了哪些未解决的问题，或者机会的优势在哪，以及本企业为什么可能会成功。篇幅一般控制在1~2页。

执行摘要这一部分内容，要撰写得非常仔细和深思熟虑，其中的每句话甚至每个词都不仅要传达丰富的信息，也要传递创业者的兴奋与激情。既要介绍足够多的信息以对新企业有一个清晰的图景，又要十分简洁。优秀的执行摘要能在第一时间吸引住别人的眼球，而粗糙的执行摘要一般很难简洁地说明企业的价值。

2. 愿景、使命和核心价值观

创业计划要面对大量的不确定性，要克服很多困难，要争取多方面的支持和帮助，如利益相关者会关心具体的创业项目和团队，也会关心创业者的理想和抱负，关心企业能做出什么样的经济和社会贡献。愿景和使命是创业者的内在动力，会反映出企业的核心价值观，对企业文化的形成也会起到决定性的作用。

愿景（Vision）指企业长期的发展方向、目标、目的、自我设定的社会责任和义务，明确界定公司在未来社会里是什么样子，这里"样子"的描述主要是从企业对社会的影响力、贡献力、在市场或行业中的排位（如世界500强）、与企业关联群体（客户、股东、员工、环境）之间的经济关系来表述。愿景由愿和景组成，"愿"是发自内心的愿望；"景"是实现组织方向和目标时的状态，愿由景生。愿景是蓝图，是方向，甚至可以说是"信仰"。

使命（Mision）是指企业在社会经济发展中所应担当的角色和责任，即企业的根本性质和存在的理由，说明企业的经营领域、经营思想，为企业目标的确立与战略的制定提供依据。使命更多的是责任。

企业核心价值观指企业在长期的生产经营活动中逐渐形成的、组织成员或群体成员分享的同一价值观念。核心价值观是企业文化的精髓，表现为企业对企业宗旨、企业精神、经营理念、人员价值等的价值判断，是解决企业在发展中如何处理内外矛盾的一系列准则，如企业对市场、对客户、对员工等的看法或态度，是企业表明企业如何生存的主张。企业常常通过谚语、口号、隐喻或其他形式的语言向企业成员传递这些价值观念。

3. 新创意及产品的形成背景和预期目标

这部分内容应该解释新产品提供了什么，即它为什么是独特的和有价值的，将来是否具有产生利润的潜力。这经常需要讨论你的企业所在行业的环境，正是这些环境条件显示出你现在正努力开发的创意的体现。比如，某创业者开发了一种新材料，比当前市面上出售的任何材料都更加环保和实惠。那么就需要回答，这种材料为什么是有用的，在当前低碳经济时期，为什么市场空间大？谁想要使用这种新材料？是家庭装饰，还是其他商业用途？如果你的创意是一种用于制造家用地毯的低碳新材料，那么就应该具体说明它的独特性，使得准投资者相信投资这种产品会得到潜在收益。

这一部分，还应该包括企业的基本信息，即企业的法律形式、当前的所有权结构、目前的财务状况等。毕竟，没有人愿意向一个存在所有权纠纷或过高企业管理费用的企业投资。

本部分应该说明企业希望完成什么目标，回答前面所描述的地毯用新材料的例子。本部分应该阐明，这种材料是对所有地毯普遍有用，还是只对某些种类的地毯有用（如家用），以及使用新材料将带来哪些利益。在这种情况下，这些潜在收益应该与企业成功获得的财务收益一起被提及。

4. 市场营销分析

这部分内容应该包括：

（1）解释企业解决了什么问题，或者实现了哪些未被满足的需求。比如设计一种供老年人使用的简单手机，有较大的按键，而且有快捷键可直接拨给其他人。很明显，清晰和简洁并非不好,但根据经验,投资者更偏好具体化。

(2)说明存在适宜的目标市场。这不同于行业介绍,而是本企业预期选择的目标市场。就上面的例子而言,只表述手机的市场规模是不充分的,还应该包括老人对手机的特有需求、社会老龄化状况等方面。

(3)说明现实顾客很可能花钱买这种产品或服务。

(4)设定基本的销售预期。多数情况下,创业计划应该说明潜在的销售收入,这取决于详细的财务预算、竞争者分析,以及获取潜在顾客的相关信息。

创业计划的这部分内容应该表明,创业者已经为他们的产品或服务认真地调查过潜在市场,并且有证据显示,当这种产品上市时,会有消费者或其他企业打算购买它。当然,市场预期总是不确定的,甚至没有人确切地知道,消费者如何对新产品做出反应。但创业者至少应该尽最大努力来查明人们为什么想购买或使用他们的产品。如果创业计划只是假定新产品或服务非常好,人们会排着长队竞相购买它,那么,对经验丰富的投资者来说,这是一个响亮的报警,他们会很快失去兴趣。

5. 竞争者、竞争环境和竞争优势分析

一般地,这一部分应提供如下内容:

(1)通过识别当前竞争者、潜在进入者和评价竞争强度,来构建竞争优势。

(2)通过解释新产品和技术的竞争地位与当前市场动态的匹配性,来展示管理团队的能力和知识。在这一过程中,存在两方面的挑战:一是创业计划必须说明企业在潜在顾客并未真正买单的情况下,如何有效竞争;二是在现有企业用现有产品构筑竞争屏障的情况下,如何参与竞争。

(3)说明此类机会足以创造近期或长期优势的核心特征。

总之,基于上一部分的市场营销分析,这一部分需要说明本企业与现有解决方案存在的差异。如果本行业存在大量的竞争者,可以运用简单的列表比较产品和技术之间的不同。但是,分析必须是客观的,包括准确评价企业的技术和运营能力的优势与不足。否则,对关键的竞争者和竞争技术进行简要描述更能说明问题。

6. 开发、生产和选址

在任何有效的创业计划中,创业者必须认真解决的另一问题是产品开发和生产。企业的产品或服务处于该过程的哪个阶段:仍处于待开发阶段,还是已被充分开发,正准备生产?如果正准备生产,那么预期成本以及制造产品或提供服务的时间表是什么?

有时新产品的开发过程可能需要数月的时间和可观的费用。对于这些问题,企业进展得越深入,它对潜在投资者就越有吸引力。这不仅仅是因为企业的发展已经跨越了最初的开办阶段,还因为这表明企业的运营方式有效率并且合理。如果企业每件事都处于合理状态,可以确保企业快速向前发展。当然,只有时间才能具体回答这些问题。不管怎样,投资者一般都会在企业的创业计划中寻找有关这些问题的信息,如果此类信息没有被包括在创业计划中,或因范围太宽泛而没有信息价值,那么投资者将失去投资该企业的热情。

另外,如果企业的选址对于企业的生存和竞争有重要影响,那么也应该提供相关信息。比如餐饮等服务行业的选址就很重要。

7. 管理团队描述

管理团队描述包括团队能力的优势与不足。研究指出，许多投资人一般首先阅读创业计划的这一部分。甚至有投资人说，"宁愿投资于具有二流创意的一流团队，也不愿投资于具有一流创意的二流团队"。尽管这有点夸张，风险投资人和其他投资人实际上要关注许多不同问题，但上述陈述在很大程度上是真实的。实质上，投资人的意思是，创业企业中能干的、有经验的、上进心强的高层管理人员对于企业的成功极其重要。也就是说，管理团队是影响投资决策的首要因素。

具体来说，本部分应该包括以下内容：

（1）确定高层管理者和核心顾问。这部分内容应该包括相关人员的简要经历及其证明。在很多情况下，要以附录的形式提供1~2页的个人简历。

（2）识别管理团队能力的不足。这部分内容应该包括企业是否希望通过增加新员工来弥补这些不足的有关信息。

（3）确定董事会成员（如果有的话），并提供相关个人背景。

（4）确定积极支持企业发展的顾问。

需要指出的是，对大多数技术型创业企业来说，这一部分是对现实状况的直接描述。它的管理团队一般由创建者、一二个顾问构成，有时还包括第一批员工。这样做没有实质性的错误，但是需要注意的是，技术型企业的优秀高层管理团队的特征应该是：具备创业经验（最好是成功创业）、专职工作、具备处理特定行业市场和顾客事务的经验。

8. 财务部分

创业计划的财务部分应该为潜在投资者提供一份清晰的规划蓝图，即新企业将如何使用它已经拥有的、持续经营所得的以及投资者所提供的资源，向财务目标迈进。

首先，财务部分应该提供新企业拥有的资产和负债等方面的估价。这些信息概括在预编资产负债表中，以表明未来不同时期的企业财务状况。在最初三年内，这些信息应按半年进行预期。预编资产负债表可以显示权益负债率、营运资金、存货周转率和其他财务指标是否在可接受范围内，还可以证明对企业的初始和未来投资是不是合理的。

其次，预编收入表说明基于损益的预期运营成果。这张预编收入表记录销售额、销货成本、费用、利润或亏损，并应该考虑到销售预测、生产成本、广告成本、分销和储存成本与管理费用。简而言之，它应该提供运营结果的合理规划。

再次，现金流量表也应按未来一定年限来编制，它表明预期现金流入流出的数量和时间量安排。通过突出某一特定时期的预期销售额和资本费用，这种现金流预测强调了进一步融资的需求和时机以及对营运资金的需求。

最后，盈亏平衡分析表明所有成本所需要的销售水平。这应该包括随生产量变化的成本（如制造、劳动力、原材料、销售额等），以及不随生产量变化的成本（如利息、工资、租金等）。

多数情况下，开发以上财务数据报表能帮助管理者思考影响销售和成本的关键要素。需要指出的是，对于多数早期发展阶段的企业来说，详细的资金预算也许比形式上的财务计划更有价值，因为它们揭露了业务发展的现金需要（对于处于研发阶段的业务来说，现金需要取决于关键事件），而不是预测业务的营利性（这也许是极度乐观的）。由于现金流分析更多反映的是现金周期的波动（取决于销售及其运营），而不是开发周期的波动（取决于研发及其运营），所以现金流分析对于早期发展阶段的企业并不是很适用。另外，现金流分析还可能造成对现金需要的保守估计，因为创业者一般都会低估成本而高估收入。

对种子期高科技新企业来说，更是如此。当一家拥有技术许可和一些初始创意的创业企业在寻求资金支持时，多数投资人不需要、也不评价它的用来说明未来 3 年营业收入的财务计划。此时最重要的财务要素是：做出未来（通常 8~16 个月）实现两三项关键指标的预算，如果业务成功，估计长期潜在的收入。这些数据反映了种子期投资人所关注的核心问题，也就是保证企业存活下来直至创造价值需要投入多少资金，因承担风险将获得多大的利益回报。

9. 关键风险

创业计划除了预测企业的良好发展，还要充分考虑发展的不利因素，或是新产品开发中容易发生错误的地方，如表 2-3 所示。实质上，当危机真正出现时，承认危机是面对问题并勇敢解决问题的第一步。

表 2-3　创业企业面对的潜在风险

1	不愿向创业企业"俯首称臣"的竞争对手所进行的削价
2	使创业企业产品或服务的吸引力降低或销售减少的不能预见的产业动向
3	由于各种原因没有完成销售计划，因而减少了现金流量
4	超过预期的设计、制造或运输成本
5	产品开发或生产进度安排没能按期完成
6	由于高层管理团队缺乏经验而引起的问题（如，缺乏与供应商或顾客进行合同谈判以争取有利条款）
7	在获取零件或原材料方面，比预期的前置时间长
8	获得额外且必需的融资方面发生困难
9	不可预测的政治、经济、社会或技术趋势或发展（如新的政府立法或严重经济萧条的突然降临）

10. 收获或退出

任何创业企业发展到一定阶段，都存在创业者与投资人的退出及投资回报问题。这一部分需要描述创业者如何被取代，以及投资者退出战略，即他们如何收获资助创业企业所带来的利益。例如，出售业务、与其他企业的合并、IPO，或者其他的重新募集资金的事件，使得其所有者和投资人有机会套现先前的投资。

11. 时间表和里程碑

创业计划正文的最后部分应该说明：主要活动何时实施、关键里程碑何时达到。从投资者观点看，这个部分表明创业者的确仔细关注了企业的运营，并且已经为企业的未来发展制订了清晰的计划。

里程碑具体如下：①新企业的正式组建（如果这还没有发生）；②完成产品或服务设计；③完成产品原型；④雇用最初的员工（销售人员或其他）；⑤在贸易展览会上做产品展示；⑥与分销商和供应商达成协议；⑦进入实际生产；⑧收到初次订单；⑨初次销售与交付；⑩盈利。

当然，这个列表只是创业企业可以包括在创业计划内的众多里程碑的很小部分。重要的是，要选择那些无论是从企业资源还是从所在产业的角度看都有意义的里程碑。

12. 附录

创业计划的正文应该相对简短，只需提供所有重要信息即可，许多项目的信息最好包含在单独的附录部分。附录中，典型项目的信息有详细的财务规划以及创建者与高层管理团队其他成员的完整简历等。

需要说明的是，为了节省时间和金钱，成功的创业者会尽量减少在创业计划上的资源投入。睿智的创业者通常对完整性不感兴趣，他们明白，额外分析的回报将很快消失。他们避免使用电子表格软件对盈亏平衡点、资金需求、回收期、净现值进行详细但缺乏远见的分析。在决定有限的分析对象时，创业者必须意识到，即使有更多的研究也无法解决某些关键的不确定因素。比如，深度访谈及调研在预测全新产品需求时的作用往往不大。创业者同样也要避免实施那些自己根本无法依照其结果行动的调研。

三、创业计划的撰写原则与技巧

一份优秀的创业计划的确需要花费创业者很多时间和精力。但它是潜在投资人接触创业项目的第一步，因而值得努力去做好。

（一）撰写原则——风险投资家的视角

针对不同的读者对象，创业计划应有所不同。创业计划的一个重要目的是募集风险投资，下面从风险投资家的视角分析撰写创业计划应注意的问题。

1. 创业计划必须一开始就吸引人

风险投资家富有远见又经验丰富，往往迅速做出投资决策，而且一旦决策很少出现逆转的情况。这意味着，提供给他们的创业计划必须一开始就吸引他们，并且能一直吸引住他们。

创业计划从摘要开始，摘要是创业计划的第一个主要部分，某种程度上说，也是创业计划最重要的部分。摘要必须能简洁而又睿智地说明企业的价值（即解决了哪些未被解决的问题，或者机会的优势在哪），以及本企业为什么可能会成功（即独特资源将创造竞争优势）等问题。具体来说，这一部分既能传达创业者高涨的创业热情，又能充分展现新企业创业的价值以及有效整合开发创意的创业团队。

2. 管理团队和市场机会的价值是两项关键的投资要素

调查表明，风险投资家和天使投资人都认为管理团队和及市场机会是两项关键的投资目标。这并不是说产品特征、财务预期不重要，而是在评审创业计划的过程中，投资人注重对各种要素间的复杂作用关系进行考察。有时候，甚至在对产品和技术本身进行评价之前，由于管理团队或市场机会存在明显问题，因而停止某项投资交易是很有可能的。

归根结底，创意的质量以及整合创意的人或人们的素养才是至关重要的。如果创意不合理或没有经济上的潜力，那么不管创业计划表面看来写得多精彩、多有说服力，有经验的投资者都会立刻识别出它。所以，在决定投入大量时间和精力，去准备一份令人印象深刻的创业计划之前，创业者首先必须获得有关创意的反馈。如果创意本身价值不大，创业者应立即停下来，因为继续下去基本上是在浪费时间。同样重要的是，本创意及其开发必须与创业者或创业团队的追求和能力相互匹配。

3. 创业计划要体现真实性

创业计划本质上是创业者对如何将创业意愿及创意转化为一种盈利事业的一种规划。不可否认，人们本来就不可能完全预知未来，而且快速变化、不确定性很强的新奇技术和市场预测会更加受到信息获取的限制。事实上，即使创业活动面临很大的不确定性，创业者也应该努力确保创业计划信息的相对真实性。否则，潜在投资人怎么会把自己的真金白银投给你呢？

所谓真实性，是指市场预测必须建立在对目标市场的现有信息进行分析的基础上。当然，现实情况是许多早期发展阶段的技术型企业最终定位于完全不同的市场。但是，我们需要把当前能够获得的真实信息记录下来，同时时刻保持对环境变革的警觉。如果目标市场非常不确定，创业者应该直接说明这一不确定性。这就是投资家总是更愿意投资于可靠的、具有竞争力的团队的原因，因为他们能够及时识别正确市场中的正确产品，不管计划书中事先是如何写的。具体来说，创业计划真实性表现在以下方面：

（1）顾客分析的真实性。

创业者应尽力根据潜在顾客反馈的信息来撰写创业计划。一家创业企业还没有确定目标顾客，并没有什么；而如果企业从未尝试获取潜在顾客（不管是终端用户、分销商还是中介）的信息反馈，则是不应该的。人们往往把这一过程混淆于"市场研究"。市场研究是指对市场规模大小的分析，而顾客研究则是对真正的顾客需求是什么以及特定的产品或服务能否满足这些需求的分析。

研究认为，创业者应该至少与10位潜在顾客进行沟通，他们或许是企业与终端用户之间的个人和组织，这样才能提出相对可信的收入模式。当然，具体访谈人数会因行业不同而有所差异（尤其是在行业细分的情况下）。一般来说，10位潜在顾客基本上能够满足了解顾客如何应用新技术的需要。在访谈中涉及的问题主要有：① 你们在生产产品或提供服务的过程中，尚未解决的最大问题是什么？② 你们现在使用的技术是否限制性很大？③ 如果你们拥有这种新技术，将会如何使用它？④ 什么样的技术创新能够满足你们的价值需要？

（2）市场分析的真实性。

对一项新颖、具有市场变革意义的新技术来说，进行市场分析存在极大的难度。创业者往往相信未经证明的市场，投资家却确信创业者容易对事情过度乐观。持有怀疑态度的投资家从来都不会相信创业者对市场的预测，无论提供多少研究细节。现实性市场分析应该恰当描述市场规模，以帮助投资家个人进行相关决策。

一些公开的市场调研信息以及网络搜索都能够提供这种快速的市场规模评价。例如，我们发现，通过搜索恰当的关键词（××"十亿"），能够很快获取相关行业的统计信息。与行业人士以及顾客就真正的目标市场进行讨论的时候，我们需要集中在目标市场的特征方面，如这种技术的具体应用是什么？能为使用者创造什么价值？依据这些方面的信息，基本可以推断出市场的规模。

（3）竞争者分析的真实性。

竞争者分析一般会面临这样的困境：一是现有竞争者不可能与新技术进行竞争；二是由于保密或规避竞争等，真正的竞争者不可能很容易地被识别出来。可是，优秀的创业计划既要识别明显的竞争者，又要识别潜在的竞争者。这样做的好处在于：提醒创业者不应该开发存在过度竞争的市场，同时使得投资者相信创业者为评估竞争环境做出了相应努力。

快速识别竞争者的过程如下：① 在百度或其他网站搜索特定产品或服务关键词。② 利用国家专利数据库搜索相关专利（及其应用）。③ 与著名的行业专家进行探讨。

（4）收入计划的真实性。

在创业计划中，经常会发现这样的描述："根据××，××市场规模是××元。如果我们能够捕捉到5%的市场，那么我们的年收入将是××元。"

这种分析不仅忽视了把技术投放市场的定价因素，同时还回避了顾客购买决策是如何做出的，以及为什么5%的顾客会转向接受新技术等重要问题。带来的问题是，如果创业企业的技术比其他现有技术更有优势，那么企业为什么不努力拥有50%或者75%的市场份额呢？

一种更有效的评估需求的方法称"自下而上"的方法。这种方法首先识别具体的可能接受新奇技术的顾客，叫作"早期接受者"。一些情况下，可以给出基于当前市场评估的价格范围和顾客目标数量。可见，研究顾客（而不是市场研究）是合理信息的起点。建立在潜在顾客信息基础上的收入计划要优于基于市场的分析计划。了解顾客如何购买产品是进行合理收入规划的第一步。

（二）撰写技巧

根据以上撰写原则，为了使创业计划书脱颖而出，并最终获得风险投资家的青睐，创业者应认真做到：① 确保创意的价值性，并拥有高素质的管理团队；② 认真负责、睿智地按适当的商务格式进行编排和准备计划；③ 执行摘要简洁，论之有据。创业计划书既要充分描述创业热情又不失规划的真实性。这具体表现在以下两方面。

1. 结构体例方面

多年来，创业计划的结构和体例相对固定下来。尽管对此没有硬性规定，但创业者不要单纯为了创新而过于偏离一般结构和格式。同时，又不能直接套用一些创业计划软件包所提供的样板文件。即便这样的确能够使计划变得更加专业化，但是计划必须基于特定市场调研数据和事实来编写，以充分表明创业企业的可预测性以及创业者的激情。

创业计划的体例也需要努力做到更好。一方面看上去比较讲究，另一方面又不能给人浮华浪费的印象。可以采用透明的封面和封底来包装计划书，不要过度使用文字处理工具，如粗体字、斜体字、字体大小和颜色等，否则会使得创业计划显得不够专业。然而一些体例上的用心可以显示你的细心。例如，如果企业有设计精美的徽标（Logo），应该把它放在计划书封面页和每一页的眉题上，一些图表颜色与徽标的匹配设计，也会充分显示你的用心，同时容易吸引人的眼球，给人留下深刻印象。

按照上文提到的创业计划一般格式逐项检查，不能有任何遗漏和错误。如有些创业计划竟然在封面上漏掉了联系方式，缺封面页，或有明显的排印错误等。这样一些小疏漏，会使得投资人认为准创业者是粗心的，不负责任的，准备不充分的，进而影响其投资决策。

2. 内容设计与组织方面

根据前面提到的真实性撰写原则，创业计划的内容应建立在市场调研或其他间接来源的真实数据的基础上。因而在编写正文过程中，可以先组织撰写"顾客和市场分析"这一部分，再结合企业发展目标编写产品开发以及财务等信息。实践中,创业者经常对财务部分花费大量时间,描述详细的财务计划,恰恰忽略了市场调研,这是不可取的。

创业计划的内容撰写体现为一种过程,随着撰写工作的深入,创业者能够获取的新市场、潜在顾客等相关信息越来越多,或越来越具体,这时候的创业计划也要做出相应调整。甚至随着掌握的相关信息越来越多,创业者的个人目标和追求也会随之改变,这些都会影响到企业所有权方式、销售预期、盈利预期以及融资方式等方面的决策。所以创业计划的内容设计是动态的过程,随时都需要进行调整。因此,在这一过程中,需要以坦诚的态度、开放的心态,不断修改、完善创业计划。

创业计划相关信息的获取有很多方式,如市场调研、行业数据、专家咨询等。根据技术和市场的新颖性,采用的具体方式有所差异,比如针对新市场和技术,没有现成的行业信息,这时就需要花费精力和时间进行市场调研。

内容设计与信息组织过程中需要更多考虑准投资人的看法与感受。毕竟创业计划在反映实际情况的同时,还需要说服别人。尤其是高科技企业编写财务计划时要表达一种"有益于投资人"的良好态度,即表明企业理论上具有创造十倍回报的潜力。比如,内部投资报酬率分析表明,国外风险投资一般寻求的是4~6年成长为年收入5 000万美元的投资机会。因此,许多国外创业计划一般都标明第5年的营业收入将达到5 000万美元~1亿美元。

最后,创业计划的内容需要尽全力规避不该有的错误,如表2-4所示。

表2-4 创业计划不应有的错误及解释

错误	解释
概要太长而且松散,未能抓住要点	简明扼要又全面,具体见文中案例
没有清楚回答"人们为什么想购买这种产品"	只说产品有价值,却忽视了潜在顾客的调研
没有对管理团队资格给予清晰的陈述	管理团队的个人简历需用附录具体说明,否则准投资人会认为管理团队没有经验
过于乐观的财务预期	盲目乐观会失去可信度,需根据实际调研做出合理预期
界定的市场规模过于宽泛	企业的市场规模应是目标市场,而不是产业市场
隐藏和回避不足与风险	准投资人会认为计划不够深入
没有清晰回答产品所处的阶段	说明产品开发工作没有真正开展或不具有合理性
认为没有竞争者	说明缺乏深入、认真的市场调研
任何形式上的错误	排版、语句错误,以及资产负债表的不平衡等

无论创业计划的其他部分有多好,都必须严格避免这些使创业计划注定被拒绝的错误。哪怕你只犯了其中一个错误,都会使你从老练的投资者那里获得帮助的可能性降到最低。

第三节 企业经营决策的目标和类型

决策是管理的基础,也是管理的核心。虽然管理者要做的事情很多,但决策确实是最重要、最费时、最困难的,也是最冒风险的事情。从某种意义上讲,整个管理过程都是围绕着决策的制定和组织实施而展开的。计划、组织、领导和控制都涉及决策问题。采用哪种组织结构,选择哪种计划方案,都属于企业经营的决策问题。

一、决策理论

决策就是人们为了达到一定的目标,在掌握充分的信息和对有关情况进行深刻分析的基础上,用科学的方法拟订并评估各种方案,从中选出合理方案的过程。合理的决策必须具备3个条件:① 目标合理;② 决策结果满足预定目标的要求;③ 决策本身符合效率、满意、有限合理、经济性原则。

决策在本质上更是一个系统的过程,而不是一个"瞬间"做出的决定。理论上可以想象,所有可能的方案都已被设计好,决策者的工作就是从这些备选方案中挑选最好的。但事实上,决策者需要做大量的调查、分析和预测工作,然后确定行动目标,找出可行方案,并进行判断、权衡、选择,最后结合起来组成一个完成的决策过程。在这个过程中每一阶段互相影响,一项选择在决策的某一阶段是最好的,有可能会被接下去的选择所影响。因此,良好的决策活动必须依赖整个管理系统的辅助才能完成。

二、决策的作用

决策是管理者从事管理工作的基础,是衡量管理者水平高低的重要标志之一,它在管理活动中具有十分重要的作用(如表 2-5 所示)。

表 2-5 决策与管理职能

管理职能	管理职能中的决策
计划	组织的长远目标是什么? 什么战略能够最好地实现这些目标? 通过哪些途径实现组织的长远目标? 每个目标的困难程度有多少? 通过哪些方法控制计划实施的偏差
组织	直接向管理者报告的下属是多少人? 组织中的集中程度应多大? 如何设计公司的组织结构? 组织何时应实施改组
领导	管理者应当如何对待缺乏积极性的雇员? 在特定的环境中,哪一种领导方式最有效? 怎样与下属就产品质量问题进行沟通? 何时是处理冲突的最恰当时机
控制	组织中的哪些活动需要控制? 如何控制这些活动? 绩效偏差达到什么程度才算严重? 组织应建立哪种类型的管理信息系统

（一）决策是管理者的主要职责

管理者及其管理技能在组织管理活动中起决定性作用，管理者主要通过协调和监督其他人的工作来完成组织活动的目标，管理者承担着组织的决策，决策是管理者的主要职责。

不同层次的管理者面临的决策问题是不一样的。一般而言，组织的高层管理者面对的更多是组织的重大战略决策，决策的是组织面临的重大问题；基层管理者需要解决的是生产经营活动中的具体问题。例如，华为公司实行董事会领导下的轮值 CEO 制度，轮值 CEO 在轮值期间作为公司经营管理和危机管理的最高责任人，对公司生存发展负责；CEO 作为企业最高行政首长，以高层管理团队轮流坐庄的方式产生，对企业战略策划和制度建设短期负责，而企业的日常经营管理工作，则由高层管理团队的成员分头负责。

（二）决策是管理的核心，贯穿整个管理活动

管理是在特定的环境下，管理者通过计划、组织、领导和控制职能，整合其所掌握的各种资源，实现组织既定目标的活动过程。决策贯穿计划、组织、领导和控制等管理活动，是管理的核心。首先，计划工作的每一个环节都涉及决策，如计划目标的确立、预测方法和分析方法的选取、行动方案的选择等都离不开决策。其次，组织、领导、控制等管理职能的发挥也离不开决策，如组织结构形式、领导方式的选取、控制方法的选择等，都需要通过管理者的决策来解决。

（三）决策决定组织绩效，关系组织的生存与发展

组织层面的重大决策涉及组织发展的方向性问题，直接影响组织绩效和组织发展。决策规定了组织在未来一定时期内的活动方向和方式，是任何行动发生之前必不可少的一步，它提供了组织各种资源配置的依据，在组织活动尚未开始之前决策就已经在一定程度上决定了组织的活动效率。组织行动的成败得失与决策是否正确密切相关，每一项成功的重大决策可能使组织转败为胜，而一项错误的决策也可能使组织陷入困境。因此，决策的正确性、合理性对组织的生存和发展至关重要。2004 年，急欲"走出去"的上海汽车集团收购了韩国双龙汽车公司，但由于整合不当，双方磨合了长达 4 年之久，最终以失败告终，上海汽车集团耗资 5 亿美元仅仅买了一个跨国并购的教训。

三、决策的分类

根据不同的标准，可以将决策划分成很多的类型，了解各种类型的决策及其特点，有助于管理者进行合理决策。

（一）战略决策、战术决策和业务决策

根据决策的作用范围，决策可以划分为战略决策、战术决策和业务决策。

1. 战略决策

战略决策是对涉及组织目标、组织战略规划等重大事项进行的决策活动，是对有关组织全局性的、长期性的、关系到组织生存和发展的根本问题进行的决策，具有全局性、长期性

和战略性的特征。例如，确定或改变企业的经营方向和经营目标、开发新产品、企业上市融资、兼并重组、海外市场开拓、高管层的变动等，都是企业的战略决策。一般而言，战略决策面临的问题非常复杂，决策过程需要考虑环境的复杂多变，决策方案的设计、研究、分析和最后选择，都需要决策者具有非常强的概念思维能力和决策判断能力。因此，这类决策一般是由公司的高层管理者负责。

2. 战术决策

战术决策又称为管理决策，是为了实现战略目标而作出的局部性决策，它直接关系着为实现战略决策所需要的资源的合理配置和利用。战术决策必须纳入战略决策的轨道，为组织实现战略目标服务。例如，机构重组、人事调整、资金的分配、市场营销的策划、人力资源的配置等，都属于战术决策的范畴。战术决策虽然不直接影响或仅在短期内影响组织的生存和发展，但对整个组织的运行起到重要作用，一般由公司的中层管理者负责。

3. 业务决策

业务决策是组织为了解决日常工作和业务活动中的问题而做的具体决策，具有烦琐性、短期性和日常性的特点。它是针对短期目标，考虑当前条件而作出的决定，大部分属于影响范围较小的常规性、技术性的决策，直接关系到组织的生产经营效率和工作效率的提高，如设备的维修、产品的售后服务、文件归档整理等。业务决策是组织所有决策的基础，也是组织运行的基础。这类决策一般由组织的基层管理者负责。

（二）程序化决策和非程序化决策

根据决策问题的重复程度，决策可以划分为程序化决策和非程序化决策。

1. 程序化决策

程序化决策指对常规的、经常重复发生的问题的决策。虽然组织运行中面临的问题极其繁杂，但是很多问题是管理者在日常管理工作中经常遇到的。在处理这类问题时，管理者凭借以往的经验就能找出问题的症结，并提出解决问题的方法。组织会将这类问题的解决过程和解决方法用制度、程序和规范等形式进行规定，作为以后处理类似问题的依据和准则。决策的程序化可以使决策问题的处理更加简化，降低管理成本，缩短决策时间，也使决策方案的执行较为容易。对组织来说，应尽可能运用程序化决策方法解决重复性问题，以提高管理效率。

2. 非程序化决策

非程序化决策是指对不经常发生的问题所做的决策。这种决策不是经常反复进行的，要解决的多为偶然发生或首次出现而又非常重要的问题，缺乏准确可靠的统计数据、资料和信息，没有先例，无章可循。例如，企业兼并、资产剥离、设立海外分公司等都属于非程序化决策的范畴。较低层次的管理者主要处理日常熟悉的、重复发生的问题，往往根据管理制度和标准操作流程就能进行决策。较高层次的管理者面临的问题极可能是突发性的、偶然性的或一次性的，由于解决这类问题没有经验可以借鉴，在很大程度上依赖决策者的知识、经验、洞察力和逻辑思维。一般来说，高层管理者所做的决策多属于非程序化决策。

当然，程序化决策和非程序化决策的划分并不是绝对的，两者之间没有严格的界限。在特定的条件下，两者还可以相互转化。比如，企业的一个关于产品定价的程序化决策，可能因为竞争对手定价策略的改变而转化为非程序化决策；同样，某项资源分配的非程序化决策可能因为企业资源计划系统（ERP）的采用而转换成程序化决策。非程序化决策问题的转化是突出例外管理、提升管理水平的重要手段。如果能够注重非程序化决策经验的总结，就可以在一定程度上减少这类决策中的非结构化成分。

（三）确定型决策、风险型决策和不确定型决策

根据决策问题所处的环境条件，决策可以划分为确定型决策、风险型决策和不确定型决策。

1. 确定型决策

确定型决策是指各方案实施后只有一种自然状态的决策。在这类决策中，各种可供选择方案的条件都是已知的、确定的，而且各种方案未来的预期结果也是非常明确的。因此，决策者只要比较各个不同方案的结果，就可以选择出满意的方案。例如，企业的总经理办公室采购电脑，只要明确采购电脑的性能标准和品牌范围，根据价格就能够作出满意的决策。一般来说，确定型决策可以用数学模式求解，如成本—利润—产销量的决策等。

2. 风险型决策

风险型决策的各种备选方案都存在两种以上的自然状态（各种可行方案可能遇到的客观情况和状态），不能肯定哪种自然状态会发生，但可以预测各种自然状态发生的概率。对于这类决策，决策者面临明确的问题，解决问题的方法是可行的，但决策者无法肯定判断未来的情况，无论选择哪种方案，风险都是不可避免的。例如，一些汽车企业为应对能源危机，想要开发电动汽车，根据判断如能有很广的销路，那么就可以在投入市场几年之后收回投资并获得较大利润，这是成功的估计。如果因这种汽车造价高，使用不便，市场需求较小，就会估计失败。对这两种可能性如何判断，怎样作出选择，就属于风险性决策的范畴。

3. 不确定型决策

不确定型决策是指各种备选方案都存在两种以上可能出现的自然状态，而且不能确定每种自然状态出现的概率的决策。在这类决策过程中，存在许多不可控的因素，决策者不能确认每个方案的执行后果，在掌握有关信息资料的基础上主要凭决策者个人的经验、直觉进行决策。

（四）个体决策和群体决策

根据决策主体，决策可以划分为个体决策和群体决策。

1. 个体决策

个体决策是指决策整个过程由一个人完成的决策。个体决策具有决策效率高、决策责任明确的优点，但个体决策完全依赖决策个人的知识、经验、能力，具有比较高的风险。

2. 群体决策

随着外部环境的变化，组织的重大决策越来越多地采取群体决策。群体决策是指由两个

人以上的群体完成整个决策过程的决策。在很多组织中,许多决策都是通过委员会、团队、任务小组或其他群体的形式完成的,决策者通常会在群体会议上为那些高度不确定性的非程序化决策寻求解决办法。相对于个人决策,群体决策具有以下优势:① 提供更完整的信息。由多人组成的群体会将多种决策经验、决策观点集合在一起,决策者得到的信息较多。② 可以产生更多的备选方案。决策群体拥有大量的信息和专业知识,能制订更多的备选方案。③ 提高对决策方案的认可程度。一般来说,人们是不愿意违背自己曾参与制定的决策的。因此,如果让受决策影响或实施决策的人参与决策的制定,不仅他们自己能够接受决策,而且会说服他人也接受决策,这无疑将提高决策的认可度。通常,群体会感觉到由群体制定的决策比个人制定的决策更为合理。

当然,群体决策也存在一些缺陷:① 决策效率低。组成一个群体必然要花费时间,而且群体形成后,其成员之间的相互影响也会导致效率降低。因此,群体决策要比个人决策花更多的时间。② 少数人统治。群体中的成员在组织中的职位不同,每个人的经验、知识、语言技巧、性格特点等各不相同,因此群体成员之间不可能是绝对平等的,再加上"从众效应",这就会导致少数人驾驭群体,影响最终决策。③ 群体思维导致决策质量下降。群体思维是指在群体中人们的思维要屈从于社会压力,因而不同的观点或新观点不能表露出来,最终会取得表面上的一致。这种群体思维会导致决策质量的下降。④ 责任不清。群体决策由群体成员共同担责,往往会出现责任不清、相互推诿的情况。

第四节 企业经营决策的过程和方法

一、决策流程

管理者为提高决策水平、避免冒险性的决策,需要根据决策流程进行有效决策。决策是一个系统的动态过程。不同学者描述的决策流程略有差异。西蒙将决策流程分为情报活动、设计活动、抉择活动和审查活动四个主要阶段。其中,情报活动阶段主要是探查环境,找出决策的理由,寻找决策的条件;设计活动阶段主要是制订和分析各个可供选择的行动方案;抉择活动阶段主要是从诸多备选方案中选择一个特定的行动方案;审查活动阶段主要是在实施决策后对以前的选择进行审查评价。史蒂芬·P. 罗宾斯将决策流程(Decision-making Process)划分为八个步骤:识别问题,确定标准,分配权重,拟订方案,分析方案,选择方案,实施方案和评价决策效果。

一般来说,决策流程(如图 2-2 所示)包括五个步骤:识别问题,确定目标,拟订备选方案,评价选择方案,方案实施与监督。决策实际上是一个"决策→实施→再决策→再实施"的连续不断的循环过程,如此往复贯穿管理活动的始终。

(一)识别问题

识别问题是一项决策流程的开始,以后各个阶段的活动都围绕所识别的问题进行。识别问题包括两个方面的工作:一是确定需要解决的问题。如果识别的问题不清晰,作出的决策将无助于解决真正的问题，因而直接影响决策效果。识别问题的目的是鉴别出那些与预期结果产生偏差的问题，也就是说要确定需要决策的对象。管理者需要解决的问题是多种多样的，有危机型问题（需要立即采取行动的重大问题）、非危机型问题（需要解决但并没有危机型那么重要和紧迫）、机会型问题（如果采取行动就能为组织提供获利的机会）。二是诊断问题出现的根源。仅仅识别问题并不是目的，关键还要根据各种现象诊断出问题产生的根源。这需要收集信息、诊断问题、发现问题出现的原因并分清主次。

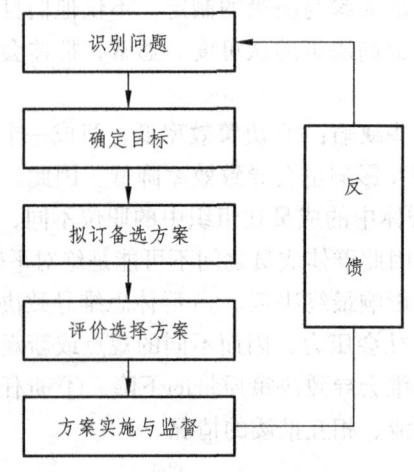

图 2-2　决策流程

由于客观事物的复杂性和主观认知的局限性，识别问题往往并不是轻而易举的。尽管很多人主张识别问题常常是非正式的或依靠直觉，但一些信号的出现将有助于决策者准确地识别问题。

1. 偏离既定的计划

组织运行与既定的计划发生了偏离，或组织实际运行并没有达到计划制订的预期目标。例如，新产品推出后没有达到预期的市场占有率，营销费用大大超出了预算金额，利润水平低于计划要求等。

2. 偏离过去的绩效或经验

如果组织活动突然出现异常变化，偏离过去的经验或绩效模式，这暗示组织可能出现了问题，决策者需要对异常现象进行分析，找出问题的症结。例如，员工离职率飙升、销售额大幅下降、成本费用突然上升等。

3. 组织环境的变化

一个在正常环境条件下常规运行的组织，在环境发生显著变化时，往往会出现很多新问题，比如当一个企业突然面临激烈的竞争时，很可能会有一些不适应竞争环境的异常表现。因此，必须对环境变化进行分析，这样不仅有利于及时发现组织存在的关键问题，而且可以直接发现一些诸如竞争对手的新举措、市场价格的波动等需要进行决策的问题，也可能会发现一些行业的新机会等。

4. 组织管理工作受到了批评

批评意见可以来自组织内部，也可以来自组织外部。如果顾客投诉率飙升，员工或顾客对组织及其管理工作提出了批评意见或表露出不满情绪，就说明组织的活动可能出现了一些需要解决的问题。

（二）确定目标

决策者在找到问题及其原因之后，应该进一步分析问题的各个构成要素，明确各构成要素的相互关系并确定重点，以找到本次决策所要达到的目的，即确定目标。决策目标是指在一定的环境和条件下，根据预测所希望得到的结果。目标的确定十分重要，同样的问题由于目标不同，可采用的决策方案也会不尽相同。

决策目标的内容应当明确、具体，不能含糊不清。任何一项决策必须是可行的，而要保证决策的可行性，必须分析组织现有的人力、物力、财力、科学技术水平等客观条件，分析事物发展过程中可能发生的各种变化，分析决策实施后可能产生的各种影响，经过慎重、全面、科学的论证与审定、评估，作出可行性分析，确定可行性的程度，在此基础上作出的决策才是科学的。

（三）拟订备选方案

这一阶段是根据所识别的问题和确定的目标，在决策者面临众多的约束条件时，拟订多个可行的行动方案，并对每个行动方案的潜在结果进行预测。方案的产生过程是在环境研究、发现差异的基础上，根据组织任务和消除差异的目标，提出改变设想开始的，然后对提出的各种改进设想进行集中、整理、归类，形成多种不同的初步方案，继而再对这些初步方案进行筛选、补充和修改，最后进一步完善剩下的方案，并预计执行结果，由此便形成了一系列不同的可行方案（如图 2-3 所示）。

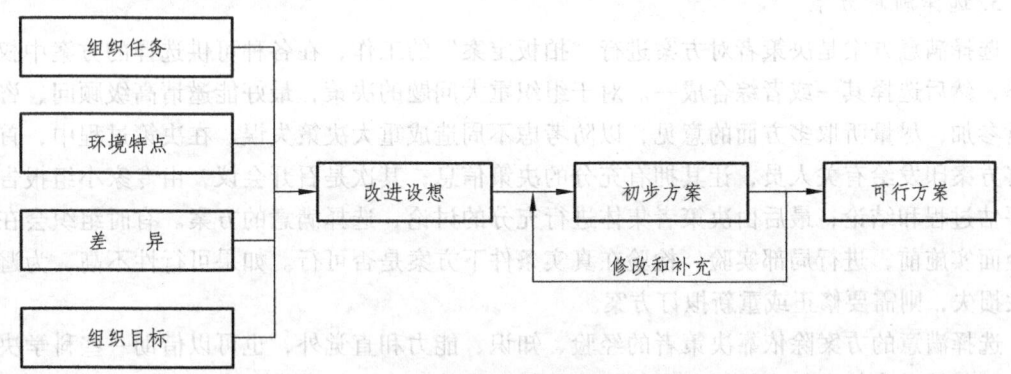

图 2-3 可行方案演进流程

拟订备选方案的过程是发挥决策者创造性的过程，在实施的过程中要注意三个方面的问题：① 至少要拟订两个备选方案。一般来说，该阶段决策者要尽可能拟订一切可行性的方案，这样才能保证在众多的备选方案中选择出满意的方案。由于备选方案要解决同一问题，它们之间可能存在一定程度的互补，而且各有利弊。因此，在实践中，往往是对众多方案进行取长补短的重新组合，形成比较完善的备选方案。② 明确列出个方案的影响因素。决策的过程就是不断地寻找与方案相关的影响因素的过程，影响因素越明确，越容易进行备选方案的比较。③ 备选方案的制订要鼓励创新。制订备选方案时，决策者要鼓励创新，听取不同的意见和建议，尽可能拟订一些比较新颖的解决方案。当然，提出创新性的备选方案并不容易，这需要参与决策的人具有广博的知识、敏锐的洞察力、敢于创新的精神以及较强的概念思维能力。

（四）评价和选择方案

在这个阶段，决策者必须针对每个备选方案提出一个关键问题，即"它是在所有已知约束条件下最好的方案吗"。为了回答该问题，决策者应预测和合理估计每种备选方案结果可能发生的概率，分析各个方案可能发生的潜在后果。在此基础上，对各备选方案的积极结果和消极结果进行比较。

1. 预测各备选方案的效果

备选方案是面向未来的，它的效果要经过一定时间后才能显现，通过预测才能了解方案的效果。要预测方案的效果，就要预测客观环境可能的变化，认真考虑对决策影响较大、决定组织命运的客观因素，使组织决策者在选择方案时做到心中有数。

2. 确定决策方案的评价标准

没有标准，就没有判断好坏的尺度。要选择满意的方案，必须有科学的评价标准。一般来说，人们常常把目标或目标具体化之后的指标作为评价标准。决策者通常可以从以下两个方面评价备选方案：第一，方案的可行性。备选方案是否符合组织的发展战略，组织是否拥有尝试这一方案所需要的资金和其他资源等。第二，方案的有效性和满意度。备选方案能在多大程度上满足决策目标。需要强调的是，某一方案在实现预期目标时可能会对其他目标产生积极或消极影响。因此，目标多样性在一定程度上增加了决策的难度，也反映了决策者分清决策目标主次的重要性。

3. 选择满意方案

选择满意方案是决策者对方案进行"拍板定案"的工作，在各种可供选择的方案中权衡利弊，然后选择其一或者综合成一。对于组织重大问题的决策，最好能邀请高级顾问、咨询人员参加，尽量听取多方面的意见，以防考虑不周造成重大决策失误。在决策过程中，首先要将方案印发给有关人员，让其拥有充分的决策信息；其次是召开会议，由专家小组报告方案评估过程和结论；最后由决策者集体进行充分的讨论，选择满意的方案。有时组织会在方案全面实施前，进行局部实验，检验在真实条件下方案是否可行。如果可行性不高，为避免重大损失，则需要修正或重新拟订方案。

选择满意的方案除依靠决策者的经验、知识、能力和直觉外，也可以借助一些科学决策方法进行辅助决策，如决策树、决策矩阵法等。另外，在选择满意方案的同时，还需要制订备用方案。在选择方案时，要预计方案执行过程中可能发生的问题，针对这些问题，准备好未来环境发生预料到的变化时可以启用的备用方案。备用方案的确定旨在对可预测到的未来变化准备充分的必要措施，以避免临时应变可能造成的混乱。

（五）方案实施与监督

只有有效地实施决策，才有可能实现决策目标。一项科学的决策很有可能由于实施方面的问题而无法达到预期的目标，甚至归于失败。决策工作不仅是制订并选择满意的方案，而且必须将其转化成实际行动，并制定能够衡量其进展状况的检测指标。

首先，决策者必须宣布决策并为其拟订将采取的行动计划，编制预算。

其次，决策者必须与参加决策实施的管理人员沟通，对实施决策过程所包含的具体任务进行分配。

再次，决策者必须对决策实施的有关人员进行恰当的培训和激励。即使是一项科学的决策，如果得不到组织成员的理解和支持，也将成为无效决策。

最后，决策者必须对决策实施的情况进行监督，掌握决策方案的实施情况，尤其是在关键阶段、关键时点要加强控制和监督。如果决策执行结果没有实现预期目标，或决策所执行的环境发生了剧烈变化，就需要在实施阶段调整方案或者修改设定的目标，从而全部或部分重复执行以上决策过程，这实质上是开始了新一轮的决策过程。

二、决策方法

（一）定性决策方法

定性决策方法是一种直接利用决策者本人或有关专家的智慧、经验进行决策的方法，即决策者根据所掌握的信息，通过对事物运动规律的分析，在把握事物内在本质联系的基础上进行决策的方法，是企业界决策采用的主要方法。这种方法灵活简便，决策成本低，有利于利用专家的经验和智慧，适用于受经济社会因素影响较大、因素错综复杂以及涉及社会心理因素较多的综合性战略问题决策。但是，定性决策建立在决策者主观认知的基础上，缺乏严格的论证，主观性较强，有时还会因决策参与者知识或经验的限制而导致决策意见有很大的倾向性。

常用的定性决策方法包括征询法、头脑风暴法和德尔菲法等，这些都是群体决策常用的方法。

1. 征询法

征询法是指把被征询意见的人编入一个小组，但他们彼此间互不相知，即使见了面，也不面对面谈问题。在这种互不接触、互无影响的条件下，首先让他们分别用书面方式提问题、提建议或回答所提的问题；然后，由组织者把每个人的书面材料合并成一份汇编材料，将汇编结果公布给决策参与者，但不公布这些问题、建议或答案是由谁提出的；最后，对汇编结果进行讨论，并形成统一的意见。该过程可以使每个决策参与者在讨论时，没有顾虑地充分发表自己的意见，有时甚至可能出现否定自己的意见而支持他人意见的情形，这有利于将好的意见进行汇总和归纳，形成统一的决策方案。

2. 头脑风暴法

头脑风暴法可以克服阻碍创造性方法的遵从压力，是一种相对简单的方法。它利用一种思想产生过程，鼓励提出任何种类的方法设计思想，同时禁止对各种方案的任何批评。具体的做法是：群体领导者以一种明确的方式向所有参与者阐明问题，然后成员在一定的时间内"自由"提出尽可能多的方案，不允许任何批评，并且所有的方案都当场进行记录，供后续进行讨论和分析。通过面对面的交流，引起思维共振，进行创造性的思维，可以在较短的时间内形成解决问题的决策方案。

头脑风暴法也存在一些不足之处，比如，受决策参与者人数的限制，可能代表性不够充分；受个人语言表达能力的限制；受群体思维的影响，随大流或受权威所左右等。因此，采用头脑风暴法时，对决策参与者的选择和对会议的精心组织非常重要。

3. 德尔菲法

德尔菲法是由美国著名的兰德公司首创并用于预测和决策的方法。具体做法是：就所要决策的问题以匿名方式通过几轮函询征求专家的意见，组织预测小组对每一轮的意见进行汇总整理后再发各位专家参考，供他们分析判断，以提出新的意见。这样经几轮反复后，专家意见渐趋一致，最后供决策者进行决策。该方法的不足之处是耗时长，费用比较高。

（二）定量决策方法

定量决策方法常用于数量化决策，应用数学模型和公式来解决一些决策问题，即运用数学工具建立反映各种因素及其关系的数学模型，并通过对这种数学模型的计算和求解选择最佳的决策方案。对决策问题进行定量分析，可以提高常规决策的时效性和决策的准确性。运用定量决策方法进行决策也是决策方法科学化的重要标志。

1. 确定型决策方法

判定确定型决策的标准是：存在一个明确的决策目标；存在两个以上可供选择的决策方案；每个方案实施后只有一种自然状态；可以计算各方案在确定的自然状态下的损益值。确定型决策的方法有损益平衡点法和量本利法。

（1）损益平衡点法。

损益平衡点法是当企业可以用几种不同方案生产某产品时，通过分析比较产品产量与成本的关系而进行决策的方法，如图2-4所示。

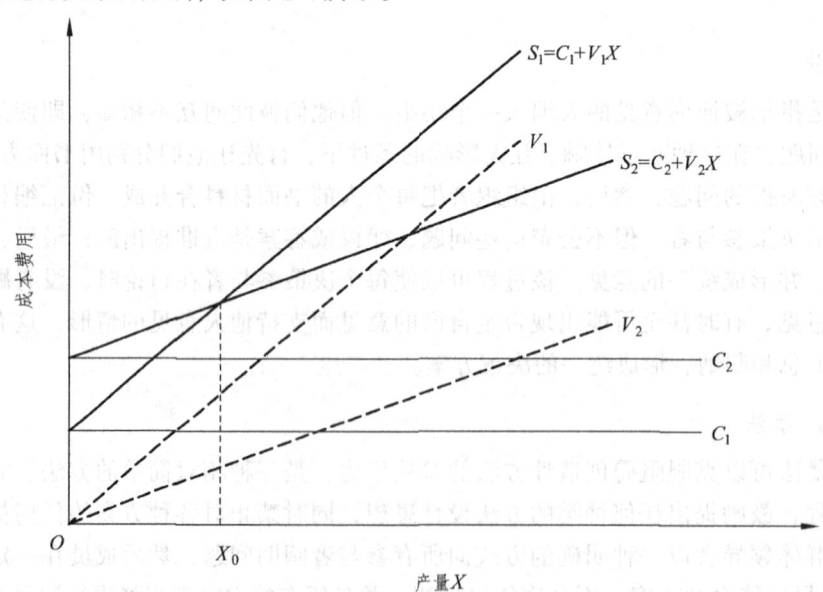

图2-4 损益平衡点法

图中：S_1 和 S_2 分别代表两个方案的总成本；C_1 和 C_2 分别代表两个方案的固定成本；V_1 和 V_2 分别代表两个方案的单位变动成本；X_0 代表临界产量。

当产品产量 $X=X_0$ 时，
$$S_1=S_2，即 C_1+V_1X_0=C_2+V_2X_0$$

由此可得
$$X_0 = \frac{C_2 - C_1}{V_2 - V_1}$$

当产品产量 $X<X_0$ 时，第一个方案的总成本 S_1 低于第二个方案的总成本 S_2，故应采用第一个方案；相反，当产品产量 $X>X_0$ 时，第一个方案的总成本高于第二个方案的总成本，故应选用第二个方案。

（2）量本利法。

量本利法是通过揭示产销量、成本（包括固定成本和变动成本）、价格和利润之间的内在联系，进行决策分析的一种方法，如图 2-5 所示。

量、本、利的基本关系是

$$利润=收入-成本$$

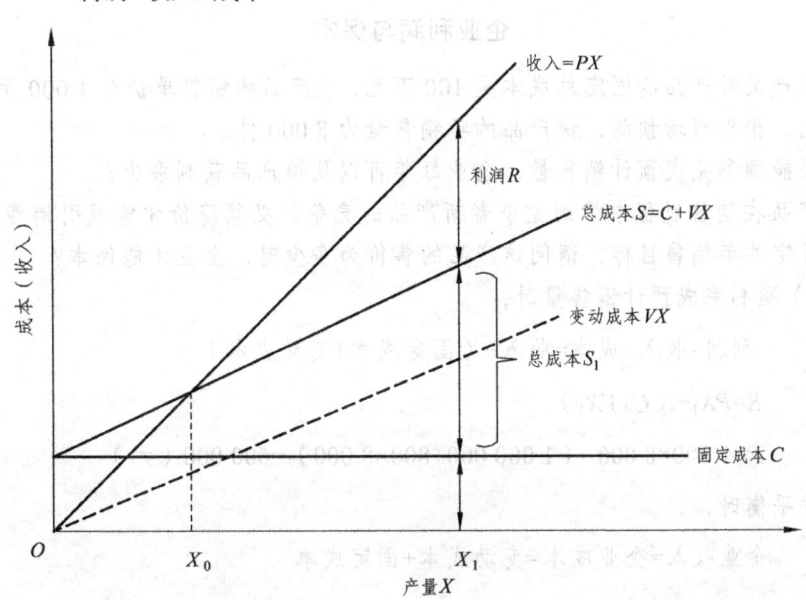

注：P 代表单位价格；R 代表目标利润。

图 2-5 量本利法

当产量为 X_0 时，不存在利润，则
$$收入=成本$$
即
$$PX_0=C+VX_0$$
由此可以推出
$$X_0 = \frac{C}{P-V}$$

即当不存在利润，盈亏平衡时，

$$\text{保本点产量} = \frac{\text{固定成本单价}}{\text{单位} - \text{变动成本}}$$

当产量为 X_1 时，则

利润=收入-成本

即 $R = PX_1 - (C + VX_1)$

由此可以推出

$$X_1 = \frac{C + R}{P - V}$$

即当存在目标利润时，实现目标利润的产销量计算公式为

$$\text{保本点产销量} = \frac{\text{固定成本} + \text{目标利润}}{\text{单位价格} - \text{单位变动成本}}$$

案例 2-1

企业利润与保本

某企业生产某种产品的固定总成本是 100 万元，该产品的销售单价为 1 000 元，单位变动成本为 800 元，根据市场预测，该产品的年销售量为 8 000 件。

（1）如果能顺利完成预计销售量，企业每年可以从该产品获利多少？

（2）该产品在销售过程中受到竞争者新产品的竞争，必须降价才能吸引消费者购买该产品。为完成既定的年销售目标，请问该产品的售价为多少时，企业才能保本？

解 （1）顺利完成预计销售量时，

利润=收入-成本=收入-（固定成本+变动成本）

即 $R = PX_1 - (C + VX_1)$

得 $R = 1\,000 \times 8\,000 - (1\,000\,000 + 800 \times 8\,000) = 600\,000$（元）

（2）盈亏平衡时，

企业收入=企业成本=变动成本+固定成本

即 $PX_0 = C + VX_0$

得 $P \times 8\,000 = 1\,000\,000 + 800 \times 8\,000 \Rightarrow P = 925$（元/件）

因此，如果能顺利完成预计销售量，企业每年可以从该产品获利 600 000 元；产品售价为 925 元/件时，企业才能保本。

2. 风险型决策方法

风险型决策方法是指决策者在对未来可能发生的情况无法做出肯定判断的情况下，通过预测各种情况发生的概率，根据不同概率进行决策的方法。

判定风险型决策的标准是：存在明确的决策目标；存在两个以上可供选择的方案；每个

方案实施后存在不以决策者意志为转移的两种以上可能的自然状态；可以计算各个方案在各种自然状态下的损益值；能够估计各种自然状态可能出现的概率。最常用的风险型决策方法是决策树分析法（决策树法）。决策树法是一种以树形图来辅助进行各方案期望收益的计算和比较的决策方法。

决策树是指由决策点、方案枝、状态节点、概率枝四个要素构成的树形图。如图 2-6 所示，左端的方框"□"表示决策点；从决策点引出的若干树枝"——"为方案枝，表示该决策中可供选择的几种备选方案，在方案枝上注明决策方案；每个方案都达到一个状态节点，状态节点用圆圈"○"表示，在圈内或圈上注明所计算出的每个方案的期望值；由状态节点引出的枝条"——"为概率枝，表示该方案可能出现的几种自然状态，在概率枝上注明自然状态的内容及其出现的概率，右侧标明该状态下方案执行所带来的损益值（结果）。

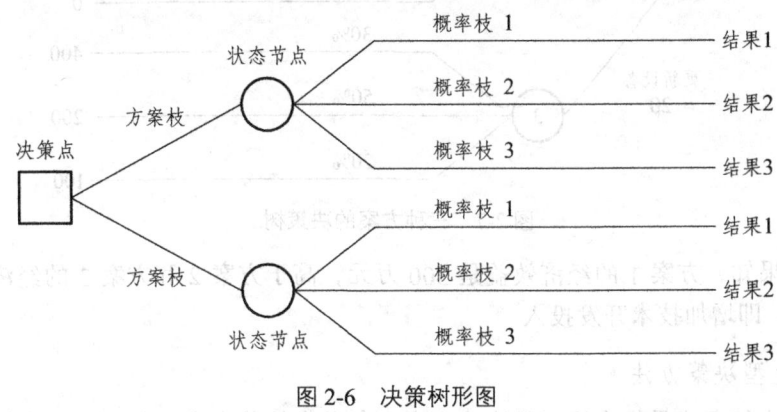

图 2-6　决策树形图

案例 2-2

运用决策树法的企业决策

某高新技术企业准备开发一款新产品，经过市场调研，预测该产品需求量大的概率是 30%，需求量一般的概率是 50%，需求量比较小的概率是 20%。企业面临三种备选方案：第一，增加技术开发投入，需要投资 100 万元；第二，新建车间、投入设备，需要投资 60 万元；第三，更新现有设备，需要投资 20 万元。各方案在三种不同需求状态下的利润预测情况如表 2-6 所示。请利用决策树法进行决策，选择出满意的决策。

表 2-6　三种方案的具体情况　　　　　　　　　　　　　　　　　　单位：万元

	需求量大（30%）	需求量一般（50%）	需求量小（20%）
增加技术开发投入	800	400	-200
新建车间、投入设备	600	300	0
更新现有设备	400	200	100

解　首先画出决策树，如图 2-7 所示。

根据"经济效益=期望收益-投资额"，三种方案的经济效益分别如下：

方案 1 的经济效益：[800×30%+400×50%+（-200）×20%]-100=300（万元）

方案 2 的经济效益：（600×30%+300×50%+0×20%）-60=270（万元）

方案 3 的经济效益：（400×30%+200×50%+100×20%）-20=220（万元）

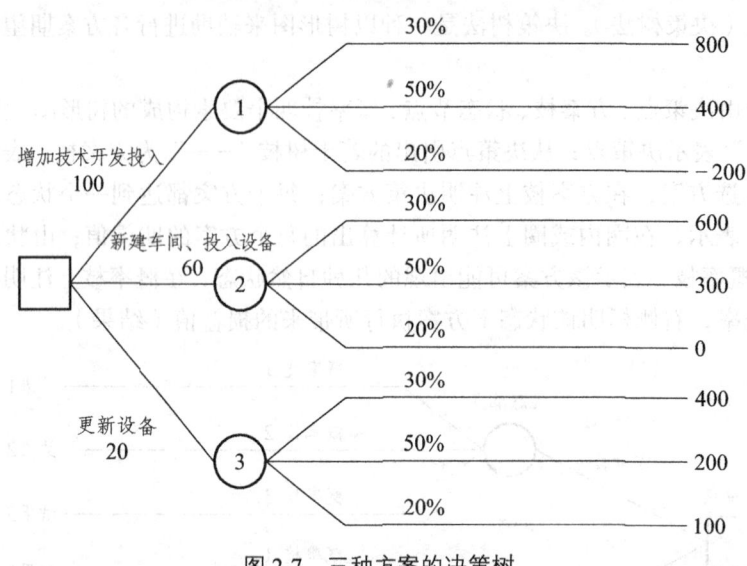

图 2-7 三种方案的决策树

由计算结果知，方案 1 的经济效益是 300 万元，高于方案 2 和方案 3 的经济效益效。所以选择方案 1，即增加技术开发投入。

3. 不确定型决策方法

不确定型决策方法是指决策者无法确定未来各种自然状态发生的概率的决策方法。只要可供选择的方案不止一个，决策结果就存在不确定性。

判定不确定型决策的标准是：存在明确的决策目标；存在两个以上可供选择的方案；每个方案实施后存在不以决策者意志为转移的两种以上可能的自然状态；可以计算各个方案在各种自然状态下的损益值，但各种自然状态可能出现的概率是不可知的。面对不确定型决策，不同的决策者由于其性格特点、知识、经验以及风险偏好的差异，会选择不同的决策标准。

（1）悲观准则。

决策者认为无论他们采取什么措施，无论别人采取何种策略，事情总是朝着最坏的方向发展。悲观准则的决策程序是：先找出每个方案的最小收益值，再从这些最小收益值中找出最大者，选择该方案作为决策方案。悲观原则的核心是从最坏的可能性中选择最好的结果。对未来持悲观态度、比较谨慎的风险规避型决策者在进行不确定型决策时，一般会采用这种准则。

（2）乐观准则。

决策者认为无论他们采取什么措施，无论别人采取何种策略，事情总是朝着对自己有利的方向发展。乐观准则的决策程序是：先找出每个方案的最大收益值，再从这些最大收益值中找出最大者，选择该方案作为决策方案。这是一种乐观原则，是从最好的可能性中选择最好的结果。对未来持乐观态度、富有冒险精神的决策者在进行不确定型决策时，一般会采用这种准则。

（3）等概率准则。

决策者认为各个可行方案的各种可能结果发生的概率相同，进而选择期望值最大的行动方案。

（4）最小后悔准则。

决策者总是选择与最好结果偏离不大的行动方案。这是介于乐观准则和悲观准则之间的一种决策准则。后悔值是指决策者所选择的方案在某种自然状态下的期望收益与在这种自然状态下效益最好的方案的收益值之间的差额。换言之，当某一种自然状态出现后，如果选择了期望收益最高的方案，就不会后悔，即后悔值为0；否则，如果选择了其他方案，就要后悔，其后悔值就是所选方案的期望收益与最高期望收益之差。最小后悔准则的决策程序是：先计算每一种自然状态下各方案的后悔值，再找出每个方案的最大后悔值，最后从中选出最小者作为决策方案。

案例 2-3

不确定型决策方法的企业决策运用

某企业以批发的方式销售其生产的产品，产品的成本是 0.03 万元/件，批发价格是 0.05 万元/件。如果每天生产的产品当天销售不完，销售不完的产品要损失 0.01 万元/件。已知该企业每天的产量可以是 0 件、1 000 件、2 000 件、3 000 件或 4 000 件；根据对市场需要的预测，每天的销售量可能是 0 件、1 000 件、2 000 件、3 000 件或 4 000 件。该企业的决策者应该如何安排每天的生产量才能满意？

解 根据已知条件，决策者有五种备选方案，分别是每天生产 0 件、1 000 件、2 000 件、3 000 件或 4 000 件。该问题的关键是计算出每种方案的收益。因为每种方案面对五种可能的市场需求，所以每种可行方案均有五种可能的收益。

假设产量为 P、销售量为 S、收益为 R，则

当 $P>S$ 时，$R=S\times(0.05-0.03)-(P-S)\times0.01$；

当 $P\leq S$ 时，$R=P\times(0.05-0.03)$。

因此，各种可行方案在不同市场需求下的收益如表 2-7 所示。

表 2-7 各方案的收益

收益 R/万元		销售量 S/件				
		0	1 000	2 000	3 000	4 000
产量 P/件	0	0	0	0	0	0
	1 000	-10	20	20	20	20
	2 000	-20	10	40	40	40
	3 000	-30	0	30	60	60
	4 000	-40	-10	20	50	80

在选择决策方案时，决策者可以根据不同的决策准则进行决策：

（1）乐观准则。根据乐观准则，决策者找出每个可行方案收益的最大值，然后选出最大值中的最大值即 80 万元，这个最大值对应的方案即产量为 4 000 件的方案是最满意的方案。

（2）悲观准则。根据悲观准则，决策者找出每个可行方案收益的最小值，然后选出最小值中的最大值即 0 万元，这个最大值对应的方案即产量为 0 件的方案是最满意的方案。

（3）等概率准则。需要计算出各种生产方案的期望值。方案 2 即产量 1 000 件的方案的期望值=（-10+20+20+20+20）/5=14 万元。依次计算出各方案的期望值分别是 0 万元、14 万元、22 万元、24 万元和 20 万元，选择最大期望值所对应的生产方案。因此，产量为 3 000 件的方案是最满意的方案。

（4）最小后悔准则。根据最小后悔准则的程序，决策者构造出一个机会损失矩阵。具体的方法是：找出收益表（表 2-8）中每一列的最大值，用该最大值分别减去这一列中相应的数值，以得出的数值为一列，重新构造一个机会矩阵，即机会损失矩阵；然后从机会损失矩阵的每一行中选出最大的机会损失，再从选出的机会损失中选出最小的机会损失，其所对应的方案就是最满意的方案。所以，方案 4 即产量为 3 000 件的方案是最满意的方案。

表 2-8　最小后悔准则的机会损失表

R/万元		销售量 S/件					最大机会损失
		0	1 000	2 000	3 000	4 000	
产量 P/件	0	0	20	40	60	80	80
	1 000	10	0	20	40	60	60
	2 000	20	10	0	20	40	40
	3 000	30	20	10	0	20	30←
	4 000	40	30	20	10	0	40

本章小结

计划是指为了实现组织目标而事先制订工作的内容和步骤。一项完整的计划通常包括做什么、为什么做、何时做、何地做、谁去做、怎么做六个方面的内容。它具有目标导向性、基础性、普遍性、综合性和前瞻性等特点，可以明确组织的发展方向；为了制订一个有效的计划，需要注意业务的背景、业务的目标、业务的执行方案、业务的监督和检查。当然，管理者在制订计划的过程中也要注意可能存在的陷阱。

决策是管理工作中的普遍工作，当面对决策问题时，需要识别决策的具体类型，然后选择正确的决策方法进行决策。决策的方法包括定性决策方法和定量决策方法。其中，定量决策方法包括损益平衡点法、量本利法、决策树法和不确定型决策方法。

思考练习题

1. 什么是计划？计划有哪些特点？
2. 计划是如何进行分类的？
3. 计划过程包括哪些环节和作用？
4. 在创业计划起始部分的概要为什么如此重要？它的首要目标应该是什么？
5. 撰写创业计划时如何平衡创业热情与保持分析的真实性？
6. 什么是决策？请列举身边的一个风险决策的例子。
7. 描述决策的流程，并画出一个决策的流程图。

案例分析

身边的管理

1965年,伊戈尔·安索夫(Igor Ansoff)在《公司战略》(Corporate Strategy)中写到:"我们应定义一个规划期,确保公司可对此期间进行准确度不偏离上下20%的预测。"但是,公司究竟如何知道需要多少时间才能作出给定精确度的预测呢?虽然有些重复出现的模式(如季节性波动)是可以预测的,但要对非连续性事项(如技术创新或价格上涨)进行预测,实际上是不可能的。当然,有些人能"预见"这类事物,我们经常说这种人"有先见之明",其实这些人制订计划时一般会采用更加个性化、更加直觉化的方式。

明茨伯格及其他人的很多研究证明,计划制订是错综复杂的过程,这涉及最复杂、微妙,有时是潜意识的人类思考因素。计划制订可以是有意识的行为,它可体现出高管的具体意图,如进军和攻占新市场。计划制订也可以是瞬间出现的行为,它可以无须高管有意为之而往往可在无意中通过情况获知而形成。例如,一位销售员说服一位非目标类型的客户尝试了产品,其他销售员纷纷仿效而为之,接下来管理层就意识到,公司的产品已经渗透到了新市场。如果能时常发现这些偶然事件,并重视这些意外事件的示范作用,情况获知就必定会在新计划的制订过程中发挥重要作用。

与传统上对计划的认知恰好相反,深思熟虑形成的计划未必就好,偶然形成的计划未必就差。所有的可行计划既有直觉性又有深思熟虑性,必定都是一定程度的灵活获知与理智控制相结合的产物。不擅于用自己的眼睛去"发现"的人,是不可能看到愿景的。计划制订者会不辞辛苦地挖掘新想法,而且真正的计划正是基于他们意外获得的宝贵信息。这些人从不忽视日常细节,而非常关注这些细节,从而能够从中提炼出战略性的信息,宏伟的蓝图均由一笔一画勾勒而成。

资料来源:MINTZBERG H.The fall and rise of strategic planning[J].Harvard Business Review,1994,72(1):107-114.

问题:
1. 计划的概念是什么?
2. 计划应该如何提出?

实训设计

1. 决策游戏:随着居民生活水平的提高,外出探险成为人们追求幸福和享受生活的重要方式。假设在外出探险前要进行出发前的物品准备,请在下面20种物品中,选择你们认为最重要的5种物品,进行排序并阐述理由。供选择的物品包括打火石、帐篷、刀、钱、手电、手机、绳索、雨伞、食盐、指南针、望远镜、衣服、压缩饼干、手套、登山鞋、矿泉水、帽子、水杯、护肤品。

游戏规则:5~6人随机组成小组,以小组为单位进行讨论并达成一致意见,限时8分钟。

2. 假设你想成立一家公司,请选择一个行业,以小组为单位进行讨论并编制创业计划书。

第三章 产品设计开发

> **学习目的**
>
> 1. 了解新产品的概念和开发新产品对企业的重要性
> 2. 掌握产品生命周期以及公司选择进入和退出的策略
> 3. 掌握产品设计开发的三种常见策略
> 4. 了解产品开发的方式和步骤
> 5. 了解产品设计的程序和内容
> 6. 掌握产品设计开发阶段的主要技术手段
> 7. 了解产品设计开发的环境背景和发展趋势

新产品的开发和设计能使企业保持长期的竞争优势而不断地创造出能够带来高额利润的产品。随着市场变化的日益频繁，产品寿命周期的日益缩短，企业的产品战略应从"制造产品"向"创造产品"发展，产品的设计开发将决定企业经营的基本特征，成为企业一切经营计划的出发点。

第一节 新产品设计开发的重要性及驱动力

一、新产品的概念

一般地，新产品应在产品性能、材料和技术性能等方面（或仅一方面）具有先进性和独创性，或优于老产品。所谓先进性，指由新技术、新材料产生的先进性或由已有技术、经验技术和改进技术综合产生的先进性。所谓独创性，指产品由于采用新技术、新材料或引进技术所产生的全新产品或在某一市场范围内属于全新产品。从企业经营的角度来说，新产品必须能满足市场需求，同时能够给企业带来利润，两者缺一不可。现代企业开发的新产品内涵比较丰富、范围也很广泛，一般来说，企业开发的新产品主要包括以下类型。

（一）全新产品

全新产品，即具有新原理、新技术、新结构、新工艺、新材料等特征的产品。全新产品是科学技术上的新发明在生产上的新应用。全新产品开发难度大、投资多、研制时间长，但是一旦开发出来，可在较长的时间内处于市场领先地位，给社会带来较大的变化、给企业带来丰厚的利润。

（二）改进新产品

改进新产品是指企业原产品核心部分基本保持不变，在产品的外观、质量、包装及用途等方面有所改进、优化和提高的产品，如药物牙膏、电子跑鞋等。改进的新产品与原本的产品差异不大，消费者容易接受，企业创新难度较小，易于改进成功，但是可能会招致激烈的市场竞争。

（三）换代新产品

换代新产品主要是指企业根据市场需求，在原有产品的基础上部分采用新技术、新工艺、新材料制成的、替代同类老化产品而且性能、效果有显著提高的新产品。如从早期的第一代砖头般的蜂窝电话，到后来的物理键盘电话，再到现在的触屏智能手机。换代新产品的普及速度快，企业成功率相对较高。

（四）本企业新产品

本企业新产品指对本企业是新的但对市场并不新的产品，又被称为仿制新产品。相对而言，仿制产品的开发难度小、花费时间少、成本低。加之竞争对手已花费大量的营销费用，消费者比较熟悉这种产品，所以仿制新产品进入市场较容易。通常企业不会完全仿照市场上的已有产品，而会在造型、外观、零部件等方面做部分改动或改进。

以上新产品中，全新产品由于开发周期长、费用高，既要有较强的研究与开发实力，又需要有足够的资金来支持。因此，全新产品的开发一般由技术资金实力雄厚的大企业实施，而实力一般的中小企业多采用其他类型的新产品开发。无论采用何种新产品开发，企业都必须事先做好准备工作，包括预先考察新产品能否满足设计的可能性、可制造性、经济性，是否具有市场需求等条件。

二、新产品设计开发对企业的重要性

新产品设计开发的重要性表现为新产品日益成为企业利润新的增长点。

（一）新产品设计开发是企业利润的重要来源

美国一家咨询公司曾对美国700家公司追踪调查，发现20世纪60年代新产品所获得的利润只占总利润的20%，到80年代这个比例已超过30%，进入21世纪这个比例已超过40%。因此，加强新产品的设计开发是企业持续盈利的重要保证。

随着经济的发展，人民生活水平不断提高，消费者的需求差异日益扩大，追求产品的个性化成为消费趋势，这就给新产品的研制开发提供了广阔前景。"人无我有、人有我精、人精我转"应该成为每一个追求卓越企业的理想，在新产品设计开发中"构想一代、设计一代、试制一代、生产一代"已经成为现代企业产品研发的现实。

（二）新产品设计开发环节对开发时间和产品成本起决定作用

统计数据表明，从开发时间角度看，新产品设计时间占 55%，制造和装配分别占 22% 和 23%；从成本决定因素和实际成本消耗构成角度看，新产品设计阶段就决定了产品的大部分成本。以福特公司为例，设计阶段虽然只占 6% 的成本，却决定了 70% 的总成本构成。波音公司的数据也表明，飞机的成本 80% 左右在设计阶段就已确定，而设计阶段本身所占的费用不到全部产品成本的 7%。

如果一种产品在设计上不能满足消费者的使用要求，或者在生产上很难实现或生产成本很高，或者设计过程耗费时间过长，使竞争者优先进入市场或推出性能优于本企业的产品，这些都属于失败的产品设计开发。从战略上讲，产品设计过程定义了企业的消费群体和竞争对手，新的产品或服务通常确定了新的市场，并需要新的或经调整改造的生产过程。

一个高效的产品设计开发过程应该做到四个方面：其一，能够使产品或服务的特性与消费者的需要相符合；其二，保证消费者的使用要求能够以最简单经济的方式得到满足；其三，缩短新产品的设计周期；其四，最大限度地减少设计在后续生产过程中可能出现的变更，便于制造、使用和维修。

三、产品设计开发的驱动力

产品设计开发的驱动力来自两个方面：技术和市场需求。对应地，产品设计开发分为技术驱动型和市场驱动型。

（一）技术驱动型

技术驱动型是指按照原始理论的方式进行新产品研发，即从最初的科学探索出发开发新产品。例如，录音机的录音介质先后经历了钢丝录音带到表面涂有铁粉的塑料基带的演化，现在又进化为电子存储芯片。技术驱动型产品也称为产品驱动型产品，以技术→生产→市场的模式出现，即"将研究结果推向市场"。20 世纪 20 年代出现的福特 T 型车是典型的产品驱动型产品。

（二）市场驱动型

市场驱动型是按照需求理论方式，从市场需求出发进行新产品研发，即首先通过市场调查了解新产品所需要的生产技术，然后对生产技术、产品价格和产品性能等进行评估，进而使该产品商品化的过程。市场驱动型产品以市场→研究与开发→生产→市场的模式出现，即"把市场需求带入研究"。当今发展迅速的智能手机则是典型的市场驱动型产品。

现代经济和产业的发展趋势使产品研发的主流正在从技术驱动型转变为市场驱动型。对于产品研发，不能再任其在研究过程中自然发展，而必须有目标、有计划地进行。产品是为用户而开发，因此说市场需求是产品开发的源头，离开了它，开发活动成了无源之水、无本之木，即使能取得技术上的成功，最终也会因为无商业利益而弃之不用。

市场需求为产品开发指明方向、提供机会和激发创新思维的火花，使企业家看到潜在的商业机会，并引导他们进行产品开发。任何产品开发活动，只有找到了与其相吻合的市场定位和适当的市场空间,才能实现新产品的经济价值。新产品是企业新增利润的主要来源,企业应该密切注视市场动向,不断预测需求乃至创造需求,制定切合企业发展的新产品开发策略。

第二节 新产品开发方式和开发步骤

一、新产品开发方式

从前述的新产品分类来看,新产品开发方式可以分为以下四类:完全采用新技术、新材料;新技术与现有技术的综合;改进技术或改进技术与现有技术的综合;现有技术或现有技术的综合(包括引进技术)。

在以上几种方式中,第一种方式由于开发周期长,费用多,除需要有较强的研究与开发实力外,还需要有足够的资金来支持。因此,这种方式不可能被企业大量采用。企业采用更多的是其他几种方式,即根据市场需求的变化,对现有技术进行改进,或综合,或向不同技术领域转移。其中技术综合化尤其关键,如机械电子技术的综合、计算机和通信技术的综合等。各种不同技术结合所产生的效果远大于每种技术所产生的效果之和,能够大大扩大产品品种的数目,加速技术革新的步伐。同时,技术综合在形成新的产业开拓新的市场、推动产业结构变化上也有不可忽视的作用。

二、新产品开发步骤

无论是全新产品的开发,还是改良产品、换代品的开发,都需要经过一定的阶段和程序。一般来说,新产品的开发步骤可以分为以下五个阶段。

1. 构思、计划阶段

在这一阶段,首先提出新产品的构思方案,它应该包括对新产品的原理、构造、材料、工艺过程以及新产品的性能指标、功能、用途等多方面的设想,企业新产品构思方案的主要来源包括客户、供应商、经销商、销售人员、研发人员、同行业竞争对手、商业杂志、政府报告、其他有关出版物和专利等;然后对构思方案进行分析、评价、筛选;最后确定方案,制订开发计划。

2. 先行开发阶段

在这一阶段,对有关关键技术进行研究和试制,进一步确认和修改技术构思。

3. 设计开发阶段

在这一阶段,对前一阶段确定的技术构思进行评价,然后开始进行产品的设计、试制或试验,并掌握性能和成本数据。如果是机械产品,在该阶段应该进行产品试制。

4. 生产准备阶段

在这一阶段,对第三阶段结果进行评价,如果决定投产,则开始进行生产准备,进行工艺设计和技术文件准备等。必要时还应该进行批量试生产以及市场试销。

5. 生产阶段

进入这一阶段实际上就意味着开发的结束。还有一种观点是指，在生产阶段导新产品投放市场、对初期市场进行跟踪调查、将调查结果反馈到有关部门，并包括在新产品的开发程序内，从新产品开发管理的角度来说，这也是很有意义的。

第三节　新产品设计的程序和内容

产品设计是应用相关的专业技术理论，将拟开发的产品概念具体表达为被生产过程接受的技术文件和图样的过程。产品设计是产品概念到产品实体的转换器，是产品实体开发的指导书，是产品实体开发的关键环节。

一、新产品设计的重要性

新产品设计的重要性体现在三个方面：第一，当新产品交到消费者手中时，能否在预定的使用环境中发挥预定的机能，即产品的可靠性主要取决于设计阶段。在新产品开发的设计阶段，设计人员应该实现预先决定的有关该产品的性能、机能、结构等目标值，这些目标值的实现将产生所期望的可见度。第二，设计出的产品即使在性能、机能等方面充分实现了预定构思，如果在使用材材料、制造方法上考虑不周，产品的制造成本也会很高，即制造成本的主要责任在于设计阶段。已有研究结果表明，产品成本责任的80%取决于设计开发部门和生产技术部门。第三，消灭不良产品是质量管理的最主要目标之一，如果设计阶段稍有不慎或错误，其结果在其后的工序中累积下去，到产品完成时，产品质量可能严重不良。因此，设计阶段对控制产品质量也有重要的意义，必须从设计阶段开始就树立产品质量观念，尽力不使任何会带来产品不良的因素掺杂进设计中去。

在历来的产品设计中，有主要侧重于产品的纯技术方面，而不太注重与市场消费者有关的经济性方面的倾向。此外，设计活动作为一种需要高度知识的活动，设计部门往往设置在与现场部门分离的环境中，其结果是容易招致对现场条件考虑不周的设计。因此，在产品设计管理中，上述问题也应引起足够的重视。

二、新产品设计的程序和内容

产品的设计工作必须按先后顺序，分阶段进行。设计的程序一般分为三个阶段，即编制设计任务书、技术设计和工作图设计，称为"三段设计"。它是从总布置、零部件结构，到工作图纸完成，逐步加以具体化，前一阶段是后一阶段的基础。三段设计是产品设计应遵守的程序，它对提高产品设计质量、顺利发展新品将起到很好作用。新产品设计的内容具体如下。

(一)编制设计任务书

设计任务书又称技术任务书,是指导产品设计的基础文件。编制设计任务书的主要任务是对新产品进行选型、确定最佳设计方案,合理选择新产品的类型结构和决定设计原则,确定产品用途、技术要求及基本结构,作为后阶段设计的依据。其主要内容包括:

(1)产品的用途与使用范围;
(2)设计、试制新产品的理由及根据;
(3)产品的技术性能、基本结构、特点和技术参数;
(4)国内外同类型产品的结构、质量、成本等技术经济指标的比较与分析资料;
(5)可行性分析,包括人员及设备能力,关键技术及解决办法。

如果是系列产品,还应编制系列型谱表。

通用产品的设计任务书一般由设计部门编制。非标准产品的设计任务书应由用户提供,然后由制造单位根据设计任务书的要求,编制技术建议书来回复落实设计任务书中所提出的各项要求。其主要内容包括产品的基本结构、设计特征、主要技术参数、技术经济指标,交货期限和设计草图等。

编制设计任务书前,必须做好科技情报工作,广泛收集国内外有关的先进技术情报资料,并进行市场调查、用户访问。

(二)技术设计

技术设计是设计、工艺和供应工作的结合点。技术设计的任务是根据批准的设计任务书,确定新产品的具体结构、技术条件、技术经济指标和零部件结构尺寸等,以及确定总体和部件的结构、尺寸配合关系和技术条件。其主要内容包括:

(1)确定总体和部件的结构、尺寸、配合关系和技术条件;
(2)绘制产品总图、部件装配图、传动系统图、电气系统图、液压系统图、冷却系统图等;
(3)提出设计计算说明书,包括结构强度、刚度计算和经济分析;
(4)确定详细的技术经济指标、制造、检验条件和产品试制程序;
(5)提出特殊外购件、协作件及特殊材料明细表;
(6)采用新结构、新技术、新材料试验鉴定报告。

进行部件设计时应有工艺人员参加,审查确定有关结构工艺性问题,以免以后返工。对主要的配套外购件、关键材料应及早提出技术要求,以便有充足的准备时间。

(三)工作图设计

工作图设计是产品设计的最后阶段,其任务是设计和绘制施工所需要的全套文件和使用的技术文件。其具体内容包括:

(1)绘制图纸:零件图、部件图、总图、包装图以及安装图。
(2)编制明细表:零件、通用件、标准件件、外购件、材料、备品等明细表。
(3)编制技术文件:产品制造、验收和交货技术条件、产品使用维护说明书及产品证明书。

工作图设计要经过标准化的审查,来达到设计工作的经济性,还要经过技术标准的审查,以符合有关的规定。

自行设计的新产品一般需要按上述三个阶段进行。对特别复杂的产品或重要产品，还要初步设计；对特别简单的新产品和具有充分可靠资料的一般新产品，其技术设计和工作图设计可合并进行；对于重大的改进设计，设计程序和自行设计相同；对重复投产的产品，要检查图纸是否齐备，不足的要补齐；测绘和采用外来较成熟的产品图纸，可不经过技术设计阶段，但应经过必要的核查，在未弄清楚设计意图之前不要随意修改设计。

三、部分产品设计技术介绍

（一）同步工程

同步工程又称为并行工程（Concurrent Engineering），是一种科学的设计管理方法。其最大特点是缩短产品开发过程中的开发时间。同步工程要求项目开发小组的各方面专家，甚至供应商对项目开发问题共同进行决策，对产品设计和生产过程规划同时进行综合研究。

1990年，美国波音公司斥资40多亿美元研制波音777客机，采用同步工程技术使得研发和生产周期大幅缩短，仅耗时3年6个月就完成了该款客机从研发到试飞的过程，随即投入商业运营，取得了巨大的商业成功。

同步工程还要求在各个设计环节中，前一个环节还未结束，负责后一个环节的部门或单位就要提前介入对接，其目的是熟悉相关情况，使沟通过程充分有效。

在很多情况下，设计工程师并不完全了解生产系统的生产能力和制造设备设施的限制条件。目前，国外很多企业改变了传统的单独设计职能，采纳设计与生产一体化的设计理念。例如，在设计过程中制造工程师尽早参与，每个设计小组都指定一名制造工程师参与产品设计，设计办公室靠近生产线，加强了产品设计与制造之间的交流，从而改进了最终产品的质量。这种方式也有利于设计和生产环节的充分沟通，提高了设计工作的有效性，同时还将缩短设计工作时间。

尽管采用了同步设计方法，某些产品的开发过程仍然耗时较长。由于同步设计强调多工作同时开展，需要有效的方法来制订和控制开发进度计划。

（二）面向可制造设计

面向可制造设计（Design for Manufacturing，DFM），又称可制造性（Manufacturability），表示在产品设计阶段就要考虑设计产品的可制造性和生产的经济性，是产品设计向制造过渡的重要环节。它通过对产品设计的认真观察，在满足产品设计特性的前提下，找到易于制造的方法和途径。部件设计应遵循便于组装的原则，有利于产品设计与生产过程有机结合。成功的制造设计可以提高产品设计的质量，减少制造成本和研制周期，减少库存，减小对检验、测试和返工的资源需求，减少失误，保证制造系统不浪费资源，从供应商购进的零部件和原材料能够100%得到利用，从而提高企业的竞争能力。面向可制造设计提倡最大限度地减少产品使用零部件的数量，这样既减少了产品组装过程，也便于自动化生产。产品所用部件应尽量标准化，这样可以节省设计时间，有利于组织大批量生产和采购，减小对库存投入和对质量检验的要求，有利于降低生产难度。

面向可制造设计的原则是尽量简化产品或流程，使其有更少的零部件或处理阶段，从而减少供应商数量并降低出错的概率。

（三）模块化设计

模块化设计（Modular Design）是指结合使用标准组件和模块生产不同的产品的设计理念。其优点在于可以用较少种类的标准件和模块设计出品种范围较广的产品。模块化设计在电子和汽车行业应用十分广泛，它要求设计的部件适合不同产品的需要。在实施模块化设计的过程中，应尽量避免使用带螺栓的部件，这样可以简化组装产品的操作，缩短制造时间；模块化设计应包含产品生产流程，并形成书面文件，以便对员工进行培训和工作指导；每一项作业应该有各自的操作规程，保证能以相同方式完成；应尽可能采用简单的作业及工序完成已知的作业；要考虑到便于更换模块和零部件。

模块化设计有助于实现大规模产品定制，符合消费者的个性化消费需求。一些大批量生产的服装也采用模块化设计的理念设计服装。例如李维斯牛仔服的生产厂家可以用模块化的生产方式为顾客提供服装定制服务，顾客先到李维斯专卖店测量定制的服装尺寸，每个顾客的服装尺寸数据传输到生产工厂，生产工厂在现有的服装零部件中做适当组合，就可以完成定制服装的加工制作，为了突出顾客的个性化需求，李维斯可以在顾客指定的服装位置做特殊处理加工，如可以把顾客的名字绣在袖口处。这是集模块化设计和生产为一体的生产方式，高效的顾客订单收集和快速根据订单进行生产的能力构成了这种模式的核心。

（四）标准化设计

标准化设计（Standardization Design）是指采用共性条件，制定统一的标准和模式，进行适用范围比较广泛的设计，它适用于技术上成熟、经济上合理、市场容量大的产品设计。在产品生产前期，尽量多用标准化设计以减少产品差异化程度，产品简单化有利于使用通用部件或标准化设计来实现，这样不仅可以在最终组装环节实现多样化产品，而且可以简化物料处理和存货控制。标准化设计的优势在于消除不增值环节来简化流程，可以缩减生产成本和时间并减少出错的机会。通常，"简化""傻瓜化"是一个重要的设计原则，它需要设计人员能够创造性地寻找并消除不必要和不增值部分。尽管产品的多样化能够带给顾客更多的选择，但它同样也会增加处理的复杂程度，从而给生产成本、生产时间和产品质量带来挑战。标准化设计有助于减少不确定性和工人出错的机会，类似地，采用标准化设计组织生产简化了对工人的要求，从而提高了劳动生产率和工作绩效。通过大量生产有限品种的产品以降低生产成本、缩短生产时间和提高产品一致性，已经成为设计人员追求的目标之一。即使是服务行业，它们也可以通过标准化减少处理时间的差异，缩短顾客等待时间，提高服务质量。

在模块化设计和标准化设计的基础上，延迟差异化可以给企业和消费者双方带来好处。延迟差异化是指以模块化和标准化设计的产品，在得到具体用户的订单之前以模块化和标准化形式存在，当用户订单确认后，根据用户的具体情况做出相应的调整或组合，以满足顾客的需求。例如惠普公司生产的打印机在发往具体顾客或销售区域之前都是模块化和标准化的半成品，当顾客或销售区域确定后，惠普公司会给打印机配上适合当地电压的打印机电源和该地区文字的产品说明书。延迟差异化的最大好处是可以使企业以较少的标准化库存满足不同区域市场的需求，从而节约库存成本，在不提高服务率的条件下快速响应不同地区的消费者需求。

（五）防呆设计

防呆设计是一种预防矫正的行为约束手段，运用避免产生错误的限制方法，让操作者不需要花费注意力，也不需要经验与专业知识即可直接无误地完成正确的操作。在新产品设计的过程中，聪明的设计师会在容易出错的制造环节和使用环节大量设计防呆装置，旨在避免制造和使用时发生误操作，从而提高产品设计和使用的有效性。

在现实生活中，防呆装置随处可见。如电脑的接口、数码相机和照相机电池以及存储卡的外形和插入口的防呆设计，可以有效避免用户的误操作；对大众手动档汽车，在发动汽车前，驾驶员必须踩下离合器踏板，否则不能发动汽车，这样可以提示驾驶员确认当前的档位，避免汽车启动后出现突然窜车等误操作，另外车速大于30千米/小时时，若驾驶员未系安全带则报警装置会持续报警，若未松开手刹也会报警；某品牌牙膏产品在销售环节被发现有空盒现象，生产企业在牙膏进入包装后增加了一道防呆设计工序，该工序用一定流量的空气向生产线吹气，若出现空盒则被吹离生产线，从而杜绝了空盒现象。

（六）质量功能展开

质量功能展开（Quality Function Deployment，QFD）是日本质量管理专家赤尾洋二教授提出的一种系统方法。质量功能展开关注顾客需求，将顾客需求转换成适当的产品或生产工艺的设计要求（如市场策略、规划、产品设计和工艺、样机、评估、生产过程开发、生产和销售等），保证在产品开发和实施过程中能够始终贯彻消费者的声音，有助于企业提高产品设计质量，从而提高顾客满意度。

（七）反向工程

反向工程或逆向工程（Reverse Engineering）是通过解剖和认真研究竞争对手的产成品工艺的特性，以达到改进本公司产品的目的。例如20世纪30年代丰田汽车公司在生产轿车初期就大量参考美系和德系轿车，通过反复拆装、研究、分析和测绘，设计出早期的丰田轿车；又如我国军工企业通过反向工程的手段，于20世纪50年代中期仿制生产苏联AK-47突击步枪，形成了我军第一代国产56式冲锋枪。

（八）价值工程

价值工程（Value Engineering，VE）也称价值分析（Value Analysis，VA），是指以产品功能分析为核心，以提高产品的价值为目的，力求以最低寿命周期成本实现产品必要功能的设计活动，又称为功能成本分析。在新产品开发过程中，应该充分评估每一种原材料、零部件和作业的必要性、经济性和时效性。价值工程涉及价值、功能和寿命周期成本三个基本要素。

价值工程中的"价值"是一种评价事物有益程度的尺度。价值高说明该事物的有益程度高、效益大、好处多，价值低则说明有益程度低、效益差、好处少。例如，人们在购买商品时，总是希望"物美价廉"，即花费最少的代价换取最多、最好的商品。价值工程中的"价值"

被定义为对象所具有的功能与获得该功能的全部费用之比，即

$$V = F/C$$

式中：V 为价值；F 为功能；C 为成本。

价值工程用去除设计中没必要的特性和功能，通过对技术与经济、功能与成本的综合分析，用最低的成本实现产品必要的功能。

（九）绿色设计

绿色设计（Green Design）要求，在产品设计中考虑使用可以回收再利用的材料或零部件去制造产品，产品容易维修，减少废弃，尽量减少不必要的包装。在产品制造、消费和报废处置过程中，应减少原材料和能源的消耗。

世界上很多国家都要求企业对生产的产品负责，甚至包括产品使用寿命结束之后的处置。例如，1994 年德国法律对个人电脑和家用电器的回收、再利用和安全处置做出了规定，有些企业要支付环保税，有的则是在产品销售价格中包含了环保税；美国的七个州设有电池回收的法律；日本对信息技术产品的能源消耗有规定限制；欧盟对环保产品加贴绿色标签。

第四节　产品设计开发的环境背景和发展方向

一、产品设计开发的环境背景

产品是一个企业赖以生存和发展的基础，企业的所有活动都与生产的产品或提供的服务有关。企业的经营目的是通过向消费者提供产品或服务而获取利润。近年来，国内外企业产品开发迅速，其环境背景可归纳为以下四个方面：

其一，消费者对新产品的需求是产品设计开发的动力源泉。

其二，科技进步和发展的表现形式是新产品设计开发。

其三，科研试验的丰硕成果为开发新产品提供了条件。现代工业和生产技术的发展在很大程度上依赖于科研试验的成果，而科研成果的工业化过程就是新产品、新工艺产生的过程。

其四，日新月异的科学技术为新产品设计开发提供了高效率的手段和方法。如计算机辅助设计（CAD）极大地增强了技术数据和信息的处理能力，不但使得产品设计采用最佳技术和多方案选择成为可能，而且可以帮助企业更快地设计出质优价廉的新产品。

二、产品设计开发的发展方向

产品设计开发的发展方向表现在以下四个方面。

1. 多能化

扩大产品的功能和使用范围。例如智能手机既是移动互联网终端，又是音乐播放器，而且集成了照相机和录像机的功能，还可以充当移动存储介质。在扩大产品功能时，应注意提

高产品的效率和精度。

2. 复合化

把功能上相互有关联的不同单体产品发展为复合产品。例如具有复印和扫描功能的传真机。

3. 微型化

缩小产品的体积，减轻其重量使之便于操作、携带、运输以及安装。这样还可以节省材料，降低成本。例如手提式磁带录音机进化为随身听。

4. 简化结构

改善产品的结构，减少产品的零部件，使产品的操作性能更好，便于操作，又有利于降低成本。使用新技术、新材料使新产品结构得以简化。产品零部件的标准化、系列化、通用化也是实现简化结构的重要途径。例如电子管先后被晶体管和集成电路所代替，结构越来越简单，功能越来越强大。

三、工业 4.0 下的互联产品

在工业 4.0 时代，传统产品变成了智能化的数字产品（以下简称智能产品）。它结合了管理和通信的功能，通过自主运行和分布式的决策过程，给企业带来了创造全新的商业模式的可能。工业 4.0 下的智能产品本质上就是一种 CPS——它装备了传感器，搜集在诸如环境、使用、状态等方面感知到的信息。此外，它还具有唯一的编号，可以通过 RFID、内置的客户识别模块（Subscriber Identity Module，SIM）卡或网络来实现。它还有自己的数据存储空间，存放着产品特征、生产历史、消费历史、运行数据、维修数据等产品全生命周期的数据。基于这些数据作出的决策，与执行机构相连，可以让产品自主地做出反应。智能产品还提供 M2M 的通信功能以及内置的界面，可以与人进行友好的交互。在制造环境下，智能产品构成了 CPPS 乃至智能工厂的基础。

工业 4.0 环境下产品的这些特征极大地丰富了产品管理的范围和内容，也给企业的 IT 系统的功能和架构带来了新的挑战。如前所述，工业 4.0 中的智能产品本质上就是一个 CPS，反映了虚拟世界和物理世界的相互映射。在实物产品生产出来之前，这个产品就已经在虚拟世界产生了。这个虚拟的产品，开始时是由若干种虚拟的特征所描述，然后对应到若干个虚拟零部件，再逐步细化，并逐渐与制造工艺、制造过程挂钩。在制造过程中，将虚拟世界的零部件与物理世界的零部件挂钩，真正进行生产。在产品离开工厂之后，产品依旧会产生大量的数据，供使用者或制造商进行分析，或者对产品进行操控。这些要求都远超出传统的 PDM 或 PLM 的范畴。

工业 4.0 的主要技术特征，如 CPS 的应用，在为企业带来智能制造方式和新的业务模式的同时，也提高和拉长了企业在产品开发环节的协作程度和时间跨度，要求传统的 PDM 或 PLM 能够更好地与其他应用系统集成，构筑更大更全的"数据池"来支持分析和决策。例如，当一家汽车企业在开发车联网产品的时候，不仅需要与更多的合作伙伴进行合作开发，如隶属于传统汽车供应链第一层的多媒体系统供应商，以及传统上与汽车供应链无关的电信企业，还要依靠客户驱动的创新，如社交媒体等，将客户纳入产品的设计和使用反馈环节中。这些都对研发过程的协作提出了更高的要求。

未来的产品研发将是"互联的"。一方面，制造商受到的挑战是需要为物联网进行产品设计，其原因是市场需要的是带有传感器技术的智能产品，它们既可以相互之间进行通信，也可以与企业的信息系统进行通信。另一方面，从智能产品采集来的数据具有很高的价值，可以供研发部门分析和使用，有助于研制新的更好的产品。创新平台将成为产品生命周期管理的未来。产品的物料清单将更加以系统为中心，无论是机械零部件还是电子零部件都只是产品的骨架，而软件将成为"英雄"。

物联网需求被纳入产品研发的范畴，这给制造商提出了新的要求。在工业4.0和智能服务的时代，所有的事物都将被连接到一起：人、产品、企业信息系统、机器和设备。研发部门的视角不再局限于研发环节，而是要考虑如何将产品与最终消费者、制造、服务紧密地连接起来，即如何让产品在制造环节与设备进行智能互动、让产品在使用环节通过物联网返回数据等。这一切，都是在前所未有的更快的速度下进行的创新。

本章小结

产品设计开发是公司不断满足顾客要求，实现公司长期发展的重要手段之一。新产品日益成为企业利润新的增长点。掌握产品生命周期的特点，定期评价企业产品或服务在其生命周期所处阶段，及时调整企业生产经营策略，适时引入新产品，做好新老产品的更新换代，对企业发展具有重要意义。本章介绍了产品开发和设计的程序和技术手段，并简要介绍了产品设计开发的未来发展方向。

思考练习题

1. 请说明新产品的概念及开发新产品的重要性。
2. 请说明产品开发的步骤。
3. 请说明产品设计的程序和内容。
4. 产品设计开发过程中有哪些常用的技术手段？
5. 未来的产品设计开发有哪些新的变化？

案例分析

闷头一年做出完美产品，用户却不需要

很多人都有QQ、微信、Googletalk，某创业者就想：大家用这么多软件多累，若推出一个基于已有的网络的社交平台，将QQ、微信等都加到同一网络里，人们只需登录一个软件就

可以加载所有的关系网络，把全部好友打通，让所有人在一个网络平台上聊天，这个软件还配有 3D 人物，用户有 3D 的"QQ 秀"等，这是多么好的创意！

人们确实有很多 IM（即时通信软件），部分用户确实有需求，创业公司也认定用户有这种需求，于是创业者就组织公司人员开发软件，这属于很难的技术开发。

开发大半年之后，公司把用户找来，"测一下这个程序，它将你的 MSN、QQ、微信都连起来了"，结果用户说："我为什么要连起来呢，我的 QQ 是跟朋友交流的，微信故意屏蔽掉了老板，MSN 是跟我的工作伙伴交流的，我还有两个 QQ，一个谈工作，一个谈感情，我为什么要把它们合并在一起？"这个软件推向市场之后毫无反应，用户根本不买账。

问题：
1. 创业公司开发了近 1 年，辛辛苦苦开发了高科技软件，结果没人用的原因是什么？
2. 创业者在产品开发时应考虑哪些问题？

实训设计

借助书籍和互联网，阅读工业 4.0 的相关资料，分析互联产品的生命周期创新与"传统的"产品生命周期管理的区别。

第四章 生产流程与服务蓝图

> **学习目的**
>
> 1. 掌握企业经营的投入、转换、产出的基本流程
> 2. 理解流程管理对于企业运营的重要性,掌握如何分析流程,优化流程管理
> 3. 学习并理解企业生产经营活动计划、组织和控制流程,学会对产品生产流程图和服务蓝图进行设计和制作

第一节 流程管理概述

任何一家企业的运营都离不开流程。科学、适宜的流程管理能够将管理者从烦琐的事务中解放出来,也有助于企业员工在具体的执行过程中更加明确、清楚地知道自己什么时候该做什么事情,应该先干什么再干什么,做事情应该要达到什么样的标准,等等。合理高效的流程能够消除企业部门壁垒,解决执行不力的问题,这无疑是提高企业效能的关键,也能促使企业降低成本,增强竞争力。

一、流程管理的价值

(一)流程的概念

所谓流程,简单地说,是指由投入到产出的转换过程(如图 4-1 所示)。我们可以把流程看作一个转化器,它使用资源(如劳动力、资金和设备等),将投入(原材料、等待服务的顾客等)转化为产出(产成品、接受服务的顾客等)。图 4-2 是典型的制造企业产品生产加工流程示意图。

企业条件不同,产品各异,但企业的流程均由几种不同的运作活动组成,或者说不论流程多么复杂,都可以将其分解成加工、检验、搬运、等待、库存等基本运作活动。一个流程是分析一个组织经营业绩好坏从而对其进行改进的基础,运营管理的主要工作之一就是对流程进行设计、运行、控制和改进。

(二)流程管理的理念

在企业的实际运营管理过程中,经常会有一种误读"企业的制度与规定就是流程",这样

常常使得企业的制度和规定形同虚设，员工工作时仍然我行我素，管理者下达的命令得不到有效的执行。

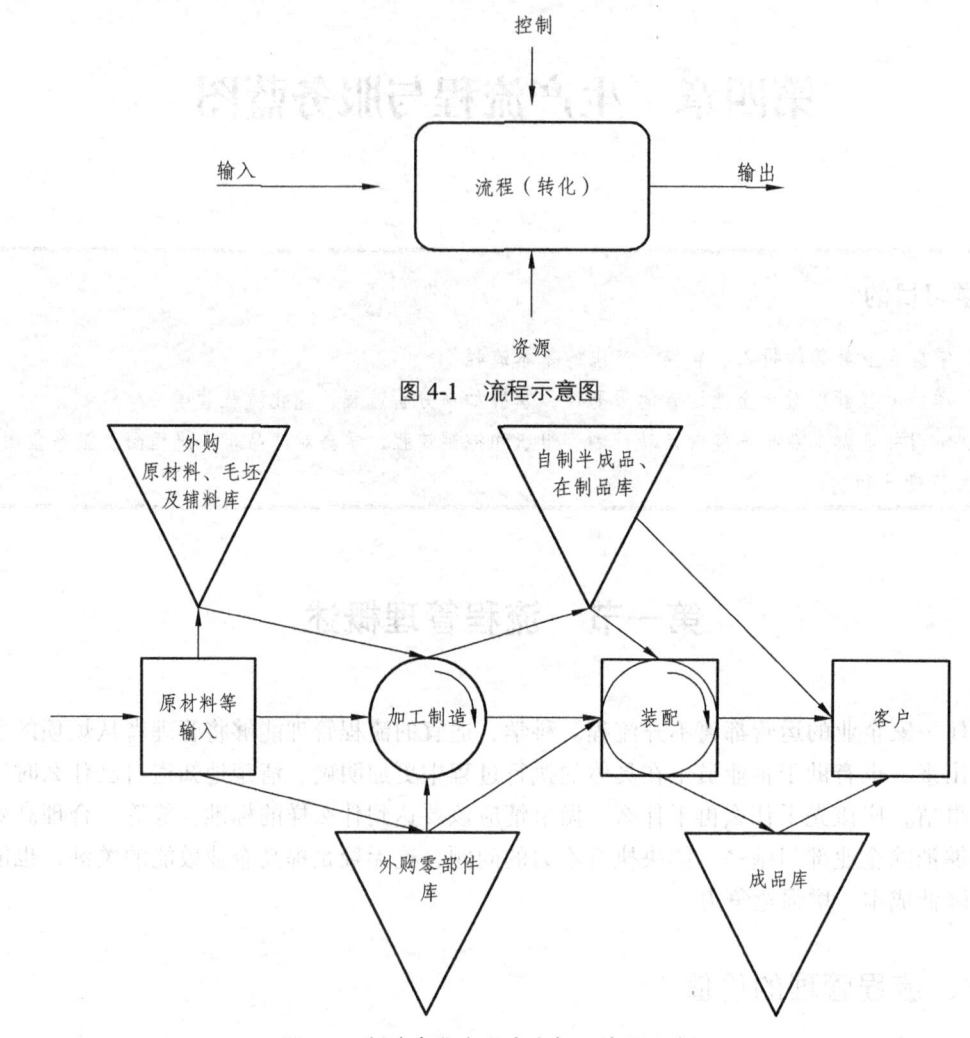

图 4-1　流程示意图

图 4-2　制造企业产品生产加工流程示意图

单纯地制定制度和规定并不能等同于流程管理。管理是一项系统工程，要想让整个工程优质、高效、低耗、持续地运行下去，就必须运用科学的方法和工具，根据企业管理的客观实际，结合企业发展的各种要素，将企业各项管理实务标准化、规范化、程序化。这种将企业管理实务标准化、规范化、程序化的过程就是流程管理。

（三）流程管理的作用及意义

华为总裁任正非说过："一个新员工，看懂模板，会按模板来做，就已经标准化、职业化了。你三个月就掌握的东西，是前人摸索几年、几十年才形成的，你不必再去摸索。"这句话就体现了流程管理和标准化管理的好处，也是那些重视流程管理的企业发展更加卓越的原因。麦当劳以每三个小时开一间分店的速度在世界各地拓展业务，依靠流程的复制，他们仅用 6 小时就能将一名新员工培训上岗；而我们中式餐厅，培训一个新员工至少需要两三个星期，培训结束后还难以保证效果。又如，1998年海尔集团开始实施业务流程管理，订单响应速度大幅提高。2002年海尔共接到40万个订单，数量同比大幅增加，但由于全部实现了网上订货，订单处理的周期从原来的7天缩短到1小时；资金和原材料的周转期从原来的36天缩短到10天以内。由此，海尔集团在市场上取得了巨大的竞争优势。

在管理业界流行着一句话："管理就是走流程。"按流程执行是提升企业和个人执行力的最佳方法，也是进行流程管理的意义所在。

归纳起来，流程管理的作用具体表现在：规范业务操作，增强员工执行力；提升企业经营绩效和竞争力；降低运营成本，节能增效；员工职业化，企业自动化。

案例

控制过程质量，有效防错纠错

有一家专业从事包装瓦楞纸箱生产的公司，其产品质量一直非常过硬，深得客户的信赖，它是众多知名企业的长期合作伙伴。然而，这家公司在产品质量方面也曾暴露一些问题。

某年3月，公司开发了一家新客户，这家客户每个月的外包装箱用量在20万只左右，首批试单产品10 000只，下单时间为3月22日，交货日定为3月25日。该公司接单后，按照正常的生产流程进行排单生产。然而，在半成品生产的过程中，由于生产操作人员失误导致用料错误。更严重的是，错误到了3月24日下午才被发现，公司决定重新补产，因此正常交货已经不可能了。生产部门于是把这一情况反馈给了销售部门，销售部门则马上和客户进行了沟通，客户同意延期一天交货。

补料后，在3月25日的最后一道工序"印刷工序"的过程中，由于操作人员没有按要求对印版进行擦拭和抽检，导致没有及时发现印刷内容模糊不清的问题。这样一来，交货时间再一次被耽误。无奈之下，销售部门只好再次与客户协商延后一天交货。客户得知此消息后非常生气，并称如果因为交货延后导致他的客户投诉、取消订单、要求赔偿，所有责任都要由这家包装瓦楞纸箱生产公司负责。

最后，该公司的营销总监亲自去客户公司协商，客户才勉强同意延后一天。为了保证产品生产不再出现差错，公司立即决定安排专人全程进行质量控制……

此案例表面上看是一起简单的质量事故，但它背后的深层问题是缺乏有效的过程控制。对此主要有以下几个问题可供参考：第一，对开发新客户没有足够的重视；第二，没有按照生产流程的要求对产品做好首检和抽检工作；第三，过程质量控制不合理；第四，员工把自己的工作习惯、经验当成生产操作的标准和依据，没有按照标准化流程执行，导致产品质量得不到有效的保障。

二、流程的制作

制作工作流程是企业管理中常用的一种管理方法，工作流程可以使每一项工作均能清楚地呈现出来，有助于相关人员对整体工作的掌握。任何人只要看到流程图，便能一目了然。

（一）流程制作要点

企业管理人员在设计某个流程时，心里要清楚设计这个流程的目标是什么，这个流程的步骤是什么。一方面，流程内容要明确、清晰，让执行者明确该做什么，如何去做，在什么时间完成任务；另一方面，要做到有的放矢，对于多余的流程、多余的环节，能省略的就省略，该放弃的就放弃，提高工作效率。

1. 认真把握业务环节

在制作流程前，制作者应对工作内容进行认真分析，理解其要点，并针对不同要求进行取舍。

2. 明确业务流程的主业务

用大的、粗略的关键节点，讲清楚某个业务流程范围，这就是顶层业务流程图。顶层业务流程图是业务整体性、全局性的概括表达，但需要注意的是，这里的全局并不是指公司整体的业务全局，而是指你界定的业务范围。例如，某餐厅的日常运作流程图，若界定的业务范围是面向客户的点餐和结账流程，那么这项业务的顶层业务就是点餐和结账；但若界定的是整个餐厅的运作业务流程，那点餐和结账就只是一个子系统，主营业务就有可能还包含餐厅的采购、供应商管理、一级库存管理工作。

3. 梳理业务流程的枝节业务

梳理业务流程需要先从顶层的业务流程分解开始，要由大到小、由粗到细，在主体业务的范围之内找到每个枝节业务的关键节点，并弄清楚它在下一层分解中应该被包含在哪个关键的节点中。例如，赠送10周年优惠券，应该会在结账节点分解中出现；准备儿童座椅会在接待入座环节中出现等。

4. 抓住业务中的关键问题

在制作工作流程之前，要明确以下几个问题：

（1）整个流程的起始点是什么，整个流程的终结点是什么？

（2）在整个流程中，涉及的角色都有谁？

（3）在整个流程中，都需要做什么事情？

（4）这些会议和任务是可选的还是必选的？

（5）整个流程需要在什么时间、什么地点完成？分别产出什么文档？

这些要点可以归纳为"4W2D"（图4-3）。"4W"指的是Who、What、Where、When，"2D"指的是Document、Decision。

Who：谁？部门？角色？岗位？

What：什么事情？

Where：在哪里做？在有的业务流程图上，Where更多的是表示文档或各种系统，反映信息化的程度。比如一项登记是用Excel软件制作的，那么Where在这里就可以表示为Excel文档。

When：什么时间？

Document：指产生的这份文档的名字。

Decision：决策。有些活动会产生一个条件判断，根据不同的判断结果走不同的分支流程。比如输入员工信息的时候，可以根据员工之前是否有工作经历选择不同的流程，没有工作经历的需要生成新工号，有工作经历的用以前的工号即可。

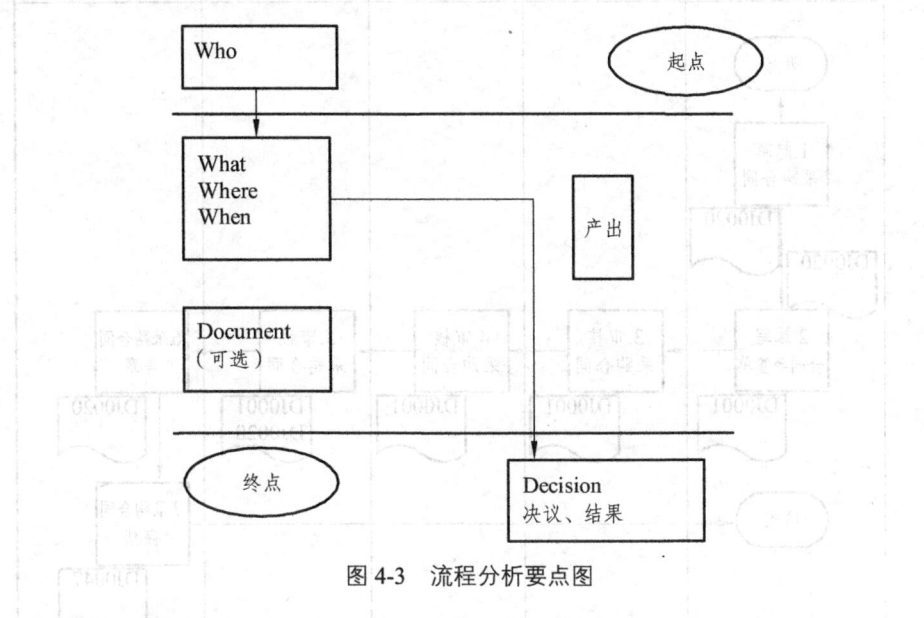

图 4-3　流程分析要点图

（二）流程图的设计及绘制

流程图的设计、进程安排和连线技巧对美化流程图有很大的影响。目前，通用的工作流程示意图有矩阵式流程图，分为纵、横两个类型，纵向表示工作的先后顺序，横向表示工作的部门和职位。通过纵、横两个象限的坐标，反映是否达到我们的工作要求，既解决了先做什么后做什么的问题，也解决了某项工作由谁负责的问题。图 4-4 就是制造业与供应商签订采购合同的矩阵式流程图，横向是涉及该业务的部门和职位，纵向是整个业务的流转和执行过程。

<DJ0020>：采购合同

<DJ0001>：合同会签单

<DJ0047>：合同管理表

此外，流程图还可以由一系列符号来表示流程的细节，常用的符号有圆圈、三角、方框、菱形和箭头等。为了绘制流程图，首先需要确定流程的边界和相关细节。流程边界的设定取决于研究流程的目的。具体表示内容如下：

〇：圆圈表示活动，是流程中有助于原材料向产品方向转换的活动；

△：三角表示库存，是原材料、在制品和产成品的滞留与储存；

□：方框表示检查，确认活动是否被有效地执行；

◇：菱形表示决策点，引导其后流程的不同路径；

→：箭头表示物流方向；

⋯→：虚线箭头表示信息流方向；

▷：延迟符号，表示人员和物品等待下一个活动。

图 4-5 就是用符号表示的两条平行的面包生产线流程图。

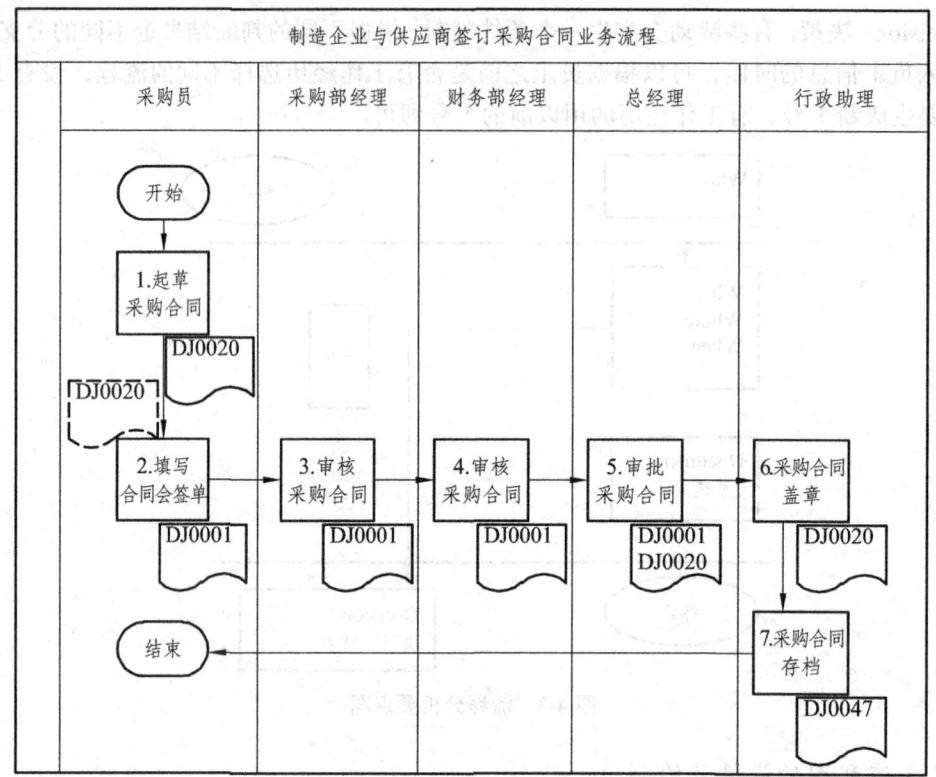

图 4-4 制造企业与供应商签订采购合同的矩阵式流程图

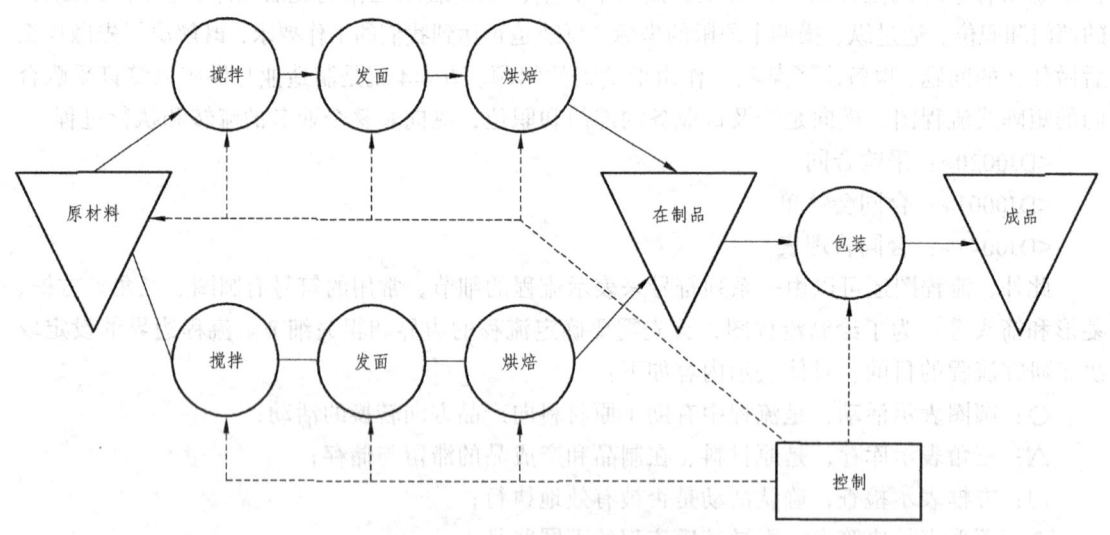

图 4-5 两条平行的面包生产线流程图

在实际工作中,可以借助软件进行绘图。常用的绘图工具是 Office Visio 系统,该系统是便于 IT 和商务专业人员就复杂信息、系统和流程进行可视化处理、分析和交流的一种软件。这种系统的优势在于,具有专业的外观,能够简化复杂系统和流程,以便于更深入地了解、理解、记录和分析信息、数据、系统和过程,从而可以利用这些知识作出更好的业务决策。

第二节 生产流程设计与选择

一、生产流程概述

(一)生产流程的含义

生产流程,又称工艺流程或加工流程,是指在生产工艺中,从原料投入到成品产出,通过一定的设备按顺序连续地进行加工的过程,也指产品从原材料到成品的制作过程中要素的组合。生产流程作为一个完整的流程,基本上应具备以下要素:客户、过程、输入、输出、资源、绩效、供应商。

(二)生产流程的分类

根据生产类型的不同,生产流程有三种基本类型:按产品进行的生产流程,按加工路线进行的生产流程以及按项目进行的生产流程。

1. 按产品进行的生产流程

这种生产流程就是以产品或提供的服务为对象,按照生产产品或提供服务的生产要求,组织相应的生产设备或设施,形成流水式的连续生产,又称为流水线生产。例如,离散型制造企业的汽车装配线、电视机装配线等就是典型的流水线生产。按产品进行的生产流程是以产品为对象组织的生产流程,国内又称对象专业化形式,这种形式适用于大批量生产。

2. 按加工路线进行的生产流程

对于多品种生产或服务情况,每一种产品的工艺路线都可能不同,因而不能像流水作业那样以产品为对象组织生产流程,只能以所要完成的加工工艺内容为依据来构成生产流程,而不管是以何种产品或服务为对象。设备与人力按工艺内容组织成一个生产单位,每一个生产单位只完成相同或相似工艺内容的加工任务,又称为加工车间。不同的产品有不同的加工路线,它们经流的生产单位取决于产品本身的工艺过程,因而又称工艺专业化形式。这种形式适用于多品种之中小批量或单件生产。

3. 按项目进行的生产流程

对有些任务,如拍一部电影、组织一场音乐会、生产等,每一项任务都没有重复,所有的工序或作业环节都按一定秩序进行,有些工序可以并行作业,有些工序则必须顺序作业。

二、生产流程设计的基本内容

生产流程设计的基本内容(图4-6)是收集三个方面的情报,考虑五个基本问题后得到一份关于如何生产产品的详细文件。

生产流程设计需收集的信息包括产品信息、生产运作系统信息以及生产运作战略信息。这些信息表达了生产流程设计的基本出发点和应达到的基本要求。

```
┌─────────────────────┐  ┌─────────────────────┐  ┌─────────────────────┐
│       输入          │  │     生产流程设计     │  │        输出         │
│                     │  │                     │  │                     │
│ 1.产品信息          │  │ 1.选择生产流程      │  │ 1.生产技术流程      │
│   产品要求          │  │   与生产流程相适应  │  │   工艺设计方案      │
│   价格/数量         │  │ 2.自制—外购研究     │  │   工艺流程之间的联系│
│   竞争环境          │  │   自制—外购决策     │  │ 2.布置方案          │
│   用户要求          │  │   供应商的信誉和能力│  │   厂房设计方案      │
│   所期望的产品      │  │   配套采购决策      │  │   设备设施布置方案  │
│   特点              │  │ 3.生产流程研究      │  │   设备选购方案      │
│ 2.生产系统信息      │  │   主要技术路线      │  │ 3.人力资源          │
│   资源供给          │  │   标准化和系统化设计│  │   技术水平要求      │
│   生产经济分析      │  │   产品设计的可加工性│  │   人员数量          │
│   制造技术          │  │ 4.设备研究          │  │   培训计划          │
│   优势与劣势        │  │   自动化水平        │  │   管理制度          │
│ 3.生产战略          │  │   机器之间的连接方式│  │                     │
│   战略定位          │  │   设备选择          │  │                     │
│   竞争武器          │  │   工艺装备          │  │                     │
│   工厂设置          │  │ 5.布局研究          │  │                     │
│   资源配置          │  │   厂址选择与厂房设计│  │                     │
│                     │  │   设备与设施布置    │  │                     │
└─────────────────────┘  └─────────────────────┘  └─────────────────────┘
```

图 4-6 生产流程设计的基本内容

生产流程设计应考虑的五个基本问题：选择生产类型、垂直一体化研究、生产流程研究、设备研究、设施布置研究等方面的基本问题。全面系统、深入细致地考虑这些问题，进行合理选择，其实质是如何根据企业现状、产品生产的要求来合理配置企业生产运作资源，以满足市场需求为导向，高效、优质、低耗地进行生产。

生产流程设计的基本成果体现为一份关于如何生产产品的详细文件，它对生产运作资源配置以及人力资源等提出了明确要求并给出了相应的措施。

三、生产流程设计方法

产品—流程矩阵（Product-Process Matrix）是生产流程设计经常使用的方法之一。它最早由海耶斯（Hayes）和惠尔赖特（Wheelwright）提出，而后得到广泛应用。该矩阵说明了生产系统的组织系统与市场需求相适应的问题。产品—流程矩阵解释了生产组织与产品需求特征之间的关系，即生产过程与产品特征呈一种对应关系，管理者应该遵循一定的原则来进行生产系统的决策。产品—流程矩阵如图 4-7 所示。

产品—流程矩阵说明了两个主要观点：其一，根据产品结构性质，沿对角线选择和配置生产流程，可以达到最好的技术经济性，换言之，偏离对角线的产品结构——生产流程匹配战略，不能获得最佳效益；其二，那种传统的根据市场需求变化仅仅调整产品结构的战略，往往不能达到预期目标，因为它忽视了同步调整生产流程的重要性。因此，产品—流程矩阵可以帮助管理人员选择生产流程，对制定企业的生产战略有一定的辅助作用。

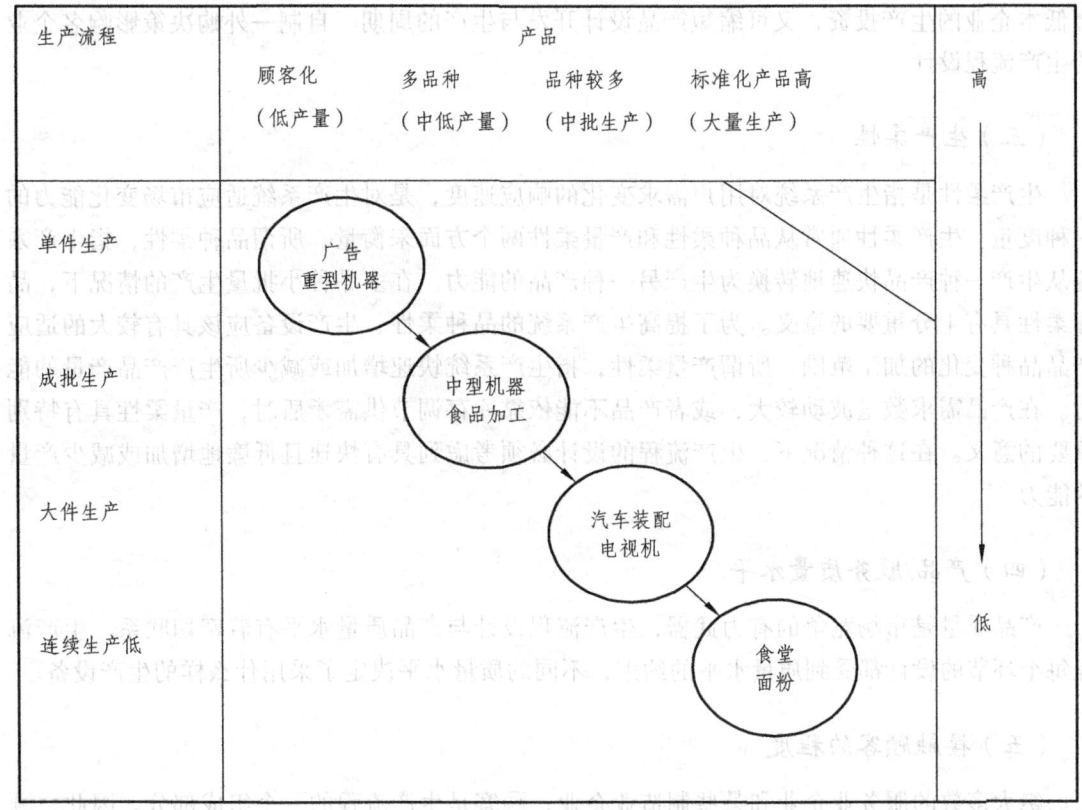

图 4-7　产品—流程矩阵示意图

四、影响生产流程设计的主要因素

影响生产流程设计的因素有很多，其中最重要的是产品/服务的构成特征，因为生产系统是为了生产产品或提供服务而存在的，离开了用户对产品的需求，生产系统就失去了存在的意义。

（一）产品/服务需求性质

生产系统要有足够的能力满足用户需求。首先要了解产品/服务需求的特点，从需求的数量、品种、季节波动性等方面考虑对生产系统能力的影响，从而决策选择哪种类型的生产流程。有的生产流程具有生产批量大、成本低的特点，而有的生产流程具有适应品种变化快的特点，因此，生产流程设计首先要考虑产品/服务需求特征。

（二）自制—外购决策

从产品成本、质量、生产周期、生产能力和生产技术等方面综合看，企业通常要考虑构成产品所有零件的自制—外购问题，本企业的生产流程主要受自制件的影响。企业自己加工的零件种类越多，批量越大，对生产系统的能力和规模要求越高。不仅企业的投资额高，而且生产准备周期长。因此，现代企业为了提高生产系统的响应能力，只抓住关键零件的生产和整机产品的装配，而将大部分零件的生产扩散出去，充分利用其他企业的力量。这样既可降低本企业的生产投资，又可缩短产品设计开发与生产的周期。自制—外购决策影响名企业的生产流程设计。

（三）生产柔性

生产柔性是指生产系统对用户需求变化的响应速度，是对生产系统适应市场变化能力的一种度量。生产柔性通常从品种柔性和产量柔性两个方面来衡量。所谓品种柔性，指生产系统从生产一种产品快速地转换为生产另一种产品的能力。在多品种小批量生产的情况下，品种柔性具有十分重要的意义。为了提高生产系统的品种柔性，生产设备应该具有较大的适应产品品种变化的加工范围。所谓产量柔性，指生产系统快速增加或减少所生产产品产量的能力。在产品需求数量波动较大，或者产品不能依靠库存调节供需矛盾时，产量柔性具有特别重要的意义。在这种情况下，生产流程的设计必须考虑到具有快速且低廉地增加或减少产量的能力。

（四）产品/服务质量水平

产品质量是市场竞争的有力武器，生产流程设计与产品质量水平有着密切联系。生产流程每个环节的设计都受到质量水平的约束，不同的质量水平决定了采用什么样的生产设备。

（五）接触顾客的程度

绝大多数的服务业企业和某些制造业企业，顾客是生产流程的一个组成部分。因此，顾客对生产的参与程度也影响生产流程设计。例如，美发店、裁缝铺的运营，顾客是生产流程的一部分，企业提供的服务就发生在顾客身上。在这种情况下，顾客就成为生产流程设计的中心，营业场所和设备布置都要把方便顾客放在第一位。有些服务企业，如银行、快餐店等，顾客参与程度很低，企业的服务是标准化的，生产流程的设计应追求标准、简洁和高效。

五、生产流程决策选择

按不同生产流程构造的生产单位形式有不同的特点，企业应根据具体情况选择最为恰当的一种。在选择生产单位形式时，影响最大的是品种数的多少和每种产品产量的大小。图4-8给出了不同品种—产量水平下生产单位形式的选择方案。一般而言，随着图中的 A 点到 D 点的变化，单位产品成本和产品品种柔性都不断增加的。在 A 点，对应的是单一品种的大量生产，在这种极端的情况下，采用高效自动化专用设备组成的流水线是最佳方案，它的生产效率最高、成本最低，但柔性最差。随着品种的增加及产量的下降（ B 点），采用对象专业化形式的成批生产比较适宜，品种可以在有限范围内变化，系统有一定的柔性，尽管操作上难度较大。另一个极端是 D 点，它对应的是单件生产的情况，采用工艺专业化较为合适。C 点表示多品种中小批量生产，采用成组生产单元和工艺专业化混合形式较好。

从根本上来讲，生产流程类型的选择最后涉及对机器设备的选择。这些决策非常复杂，因为几乎所有的运作管理中，无论是医院、饭店，还是家用电器、汽车或钢铁生产，都各不相同。但不管它们有怎样的差别，对机器设备的选择都必须考虑投资、费用、质量、能力以及柔性等基本因素。

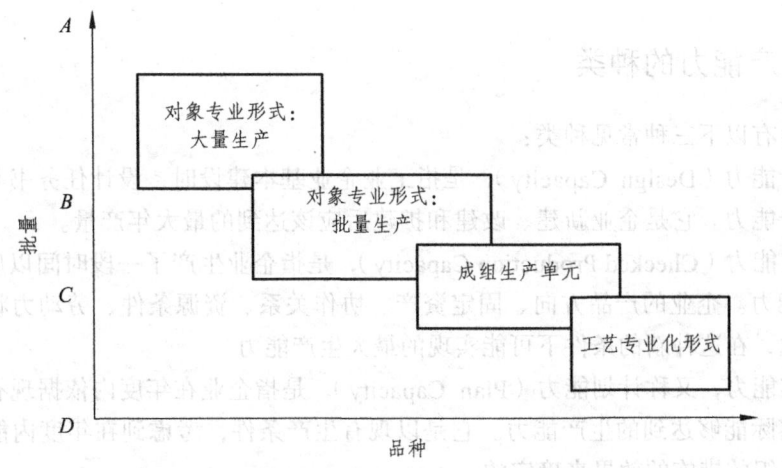

图 4-8　品种—产量变化与生产单位形式的关系

第三节　生产能力设计

生产能力计划决策是企业为顾客提供产品和服务的物质基础，生产能力决策是否合理直接影响到企业的长期经营和发展。生产能力过大或过小都不利于企业的经营运作。对于生产能力计划的制订，企业应选择和确定相应的生产能力发展策略并思考相关的问题，诸如需要一个大规模设施，还是若干个小规模设施？应该在需求刚出现时就扩大生产能力，还是等到需求已经比较明显时再确定？企业需要采用系统的方法来回答这些问题，并制定适合不同情境的生产能力发展策略。

一、生产能力的定义

生产能力（Production Capacity）是指在一定时期内（通常是一年），企业的全部生产性固定资产，在先进合理的技术组织条件下，经过综合平衡后，所能生产的一定种类合格产品的最大数量，或者能够加工处理的一定原材料的最大数量。生产能力是在企业可能达到的技术组织条件下确定，不考虑劳动力不足和物资供应中断等不正常现象。生产能力以实物指标产出为计量单位，一般以最大产品数量来表示，有时也以加工的原材料的最大数量表示。

二、生产能力设计与核定的意义

生产能力设计与核定是企业拟准备形成的生产能力或摸清现有生产能力的过程，这是一项基础性工作，是企业经营决策的前提，是实现企业经营目标的物质基础。它有利于发现生产中的薄弱环节和富余环节，做到心中有数，是企业管理中知己知彼的"知己"环节。

生产能力的计算核定始于基层，是自下而上核定的。确定设备和设备组的生产能力后才能计算生产线和工段的生产能力,然后才能确定车间的生产能力和企业的生产能力。

三、生产能力的种类

生产能力有以下三种常见种类:

(1)设计能力(Design Capacity),是指工业企业基本建设时,设计任务书与设计文件中所规定的生产能力。它是企业新建、改建和扩建后应该达到的最大年产量。

(2)查定能力(Checked Production Capacity),是指企业生产了一段时间以后,重新调查核定的生产能力。企业的产品方向、固定资产、协作关系、资源条件、劳动力状况等方面发生了重大变化,在这种新的条件下可能实现的最大生产能力。

(3)现实能力,又称计划能力(Plan Capacity),是指企业在年度内依据现有的生产技术组织条件,实际能够达到的生产能力。它是以现有生产条件,考虑到在年度内能够实现的各种技术的、组织的措施的效果来确定的。

企业在编制长远规划时,一般以设计能力或查定能力为依据;编制年度生产计划或生产作业计划时,则以现实生产能力为依据。

四、生产能力的影响因素

影响企业生产能力的因素众多,主要包括产品的品种、数量构成,产品结构的复杂程度、质量要求,零部件的标准化、通用化水平,设备的数量、性能及成套性,工艺加工方法,生产面积的大小,工厂的专业化组织水平,生产组织及劳动组织形式,工人的劳动熟练程度及劳动积极性等。以上这些因素都与固定资产的数量、工作时间和使用效率有关。

(一)生产中的固定资产的数量

生产中的固定资产的数量是指企业在查定时期内所拥有的全部能够用于生产机器设备、厂房和其他生产性建筑物的面积。

生产中的固定资产的数量包括正在运转的机器设备,正在修理安装或正等待修理安装的机器设备,以及因生产任务不足、变化或其他非正常原因暂时停止不用的机器设备。

生产中的固定资产的数量不包括判定不能修复、决定报废的设备,不配套的设备,留作备用的设备和封存待调的设备。

(二)固定资产的工作时间

固定资产的工作时间是指机器设备的全部有效工作时间和生产面积的全部利用时间。

制度工作时间=(全部日历日数−节假日数)×每日制度工作小时数

有效工作时间=制度工作时间×(1−设备修理停工率)

生产面积的利用时间=制度工作时间

五、生产能力及其度量

以下主要讨论度量生产能力的基本方法、生产能力利用率和可持续性生产能等概念。

（一）度量生产能力的基本方法

目前，还没有一种方法可以适用于所有情境下生产能力的度量。表 4-1 列出了常用的度量生产能力的方法，它们的使用取决于实践中所应用的对象。

表 4-1 常用生产能力度量举例

企业组织类型	生产能力度量	
	输入表达方式	产出表达方式
车辆制造商	每工作班次的机器小时数	每工作班次生产的车辆数量
医院	可供治疗的床位数量	每天治疗的病人数量
航空公司	飞机数量	每周飞行的座位公里数
餐饮店	可供就餐的座位数量	每天服务的顾客数量
零售商店	可供商品展示的货架规模	每天商品销售额
影剧院	观众座位数量	每周的观众数量

从表 4-1 可以看出，度量生产能力方法因行业而异，如医院是每天能够治疗的病人数量，零售商店可能是每天商品销售额，而餐饮店则可能是每天服务的顾客数量。一般生产能力的度量可以用产出或输入的形式来表示。

（1）产出表达方式。以产出形式来度量生产能力常见于产品专业化流水线生产方式。在这种情况下，非标准化程度低，产出率的高低更能体现生产能力的大小。但在多品种生产情况下，度量生产能力应能够反映多种产品混合生产的综合产出水平。例如某个餐饮店每小时可以提供 100 份外卖或 50 份顾客就餐，或者同时提供 50 份外卖和 25 份顾客就餐，或者其他形式的外卖与顾客就餐的组合。

（2）输入表达方式。以输入形式来度量生产能力常见于工艺专业化加工装配型生产方式，如工厂所拥有的机器数量或所能提供的机器小时数可作为度量生产能力的标准。正如多品种混合生产会使产出形式表达生产能力的度量复杂化一样，需求量也会导致输入形式表达生产能力的度量复杂化。以产出率表示的需求量必须能转换成以输入形式度量的生产能力，只有这样管理者才能够将生产需求与生产能力在相同基础上进行比较和衡量。

（二）生产能力利用率

制订生产能力计划需要了解当前生产能力水平和生产能力的利用程度，通常是以设备、生产空间和人力利用程度来反映生产能力的利用情况，采用统计调查的结果来衡量生产能力的平均利用率。生产能力平均利用率的公式可表示为

$$u = p/p_c$$

式中：u 表示生产能力平均利用率（百分比）；p 表示平均产出率；p_c 表示生产能力。

生产能力平均利用率是对有效生产能力的衡量。需要注意的是，上式中平均产出率和生产能力的衡量必须采用相同的计量单位，如时间、顾客数量、生产数量或货币。在后面的内

容中我们将会看到生产能力利用率或者反映对增加额外生产能力的需要或者表明现有生产能力过剩需要处置。另一个相关的概念是生产能力的使用效率。生产能力使用效率取决于生产设施的使用和管理方式，通常很难或不可能达到100%的水平。一般，生产能力使用效率的公式可以表示为

$$e=q/u$$

式中：e 表示生产能力使用效率；q 表示实际产出率；u 表示生产能力平均利用率。为了设计适宜的生产能力利用率，管理人员首先需要度量生产能力。

（三）可持续性生产能力

当生产能力的度量是就生产设备而言时，常以额定生产能力（Rated Capacity）来衡量。额定生产能力是指从工程角度进行测算，在扣除了正常维修时间条件下生产设备连续运转所能达到的最大年产出量。额定生产能力计算公式如下：

$$C_u=C_d ue$$

式中：C_u 表示额定生产能力；C_d 表示设计生产能力；u 表示生产能力平均利用率；e 表示生产能力使用效率。

现举例说明额定生产能力的确定。

【例】某公司生产一种早餐面点，其生产设施的使用效率为90%，生产能力平均利用率为80%。该公司有3条生产线用于生产此种早餐食品，每条生产线每周工作运转7天，每天3个班次，每班工作8小时。每条生产线的设计生产能力为每小时可生产120份标准型早餐面点。试计算这3条生产线一周的额定生产能力。

每条生产线一周的工作运转时间=7天/周×3班/天×8小时=168（小时/周）

额定生产能力=120×30×168×0.8×0.9=43 546（份/周）

额定生产能力并不意味着经济上的可持续性。生产运作经理必须确定在相当长的时间内可持续的经济生产能力水平。经济生产能力可能是1个班次运作，也可能是3个班次运作，视不同企业而异。从这个意义上说，生产能力可以定义为利用实际现有人员和设备，在保持适当可持续性条件下所能达到的最大生产能力水平。当然，企业还可以采用增加工作班次或延长工作时间、减少机器维修次数以及分包合同等形式来增加生产能力，使之超出可持续的经济生产能力水平，以此来应对高峰需求等特殊情况。但员工并不想长期处于加班状态，这会导致生产率降低并且因加班造成生产成本上升。这种方式不能持久，也不具经济性，只能在短期内应用。因此，需要对可持续的经济生产能力有一个合理的衡量并把握在适度的水平。

六、生产能力与公司运营的经济性

以下重点讨论生产能力与生产经济规模以及生产能力的经济性问题。

（一）生产经济规模

许多企业都认同经济规模这一观点，即增加生产规模可以降低产品的单位平均成本，但在实践中并非如此简单。不同行业有着与其行业特点相对应的经济规模。在某些情况下并不

是生产规模越大越经济；相反，当生产规模超过一定程度时则可能导致非经济因素滋生。比如过大的生产规模会造成或增加生产过程的复杂性，使企业失去集中优势，导致效率低下。这些都会使产品的单位平均成本上升。例如在某市的三个医院住院部中，在相对长的时期内，与 250 个床位或 750 个床位相比较，拥有 500 个床位设施的医院具有最佳经济规模水平，因为其单位平均成本最低。

由于确定最佳经济规模和作业水平并非易事，管理者对于给定设施通常设定所允许的最大规模，这需要针对不同设施规模和作业产出率测算成本的变化趋势，为此要求考察不同境况下影响经济规模的各种因素。这些因素通常包括固定成本分摊、建设成本和生产技术专业化等因素，在此不一一展开论述。

（二）生产能力的经济性

生产能力的实现是将公司的货币资产转化为生产设施的过程。一旦形成生产能力，公司一般通过提取折旧的方法收回固定资产投资，此时企业生产能力的利用率就成为衡量生产能力经济性的主要指标。若生产能力的利用率处于较低的状态，在企业产品的成本结构中，固定成本偏大，企业处于不利的成本结构，缺乏成本优势。

大规模生产虽然有助于降低生产成本，但存在生产设施柔性低、对市场需求变化的应变能力差等缺点。随着市场竞争特点的变化，仅有经济生产规模不再能够确保竞争优势。技术快速更新、产品生命周期缩短对生产设施柔性提出了越来越高的要求，这使得维持具有大规模生产能力设施的经济性越来越困难。

面对这个挑战，世界级企业大多采用生产设施单元化（Cellular Layout）的模式来应对，这些企业中不乏世界级著名企业，如通用电气公司、惠普公司、美国电话电报公司等。生产设施单元化是指企业通过缩小生产设施的规模及范围，在保持其柔性的同时集中精力于优势产品或项目方面以提高生产经营绩效。自 20 世纪 70 年代起，许多企业开始从大规模生产设施转向生产设施单元化。例如将原有生产各种类型产品的大型工厂重新组合成若干专业技术性较强、分别只生产为数不多的几种产品的小型工厂或车间，以便将其精力集中在所生产的产品上，提高效率和绩效。即使是在一个大规模生产设施中，生产设施单元化也可通过组建"厂中之厂"来实现。在每一个"厂中之厂"即生产设施单元中，对机器设备和人员配备、工艺技术和生产过程可根据所生产的产品进行设计与组合，突出特点与竞争优势。某一生产设施单元与其他生产设施单元之间的界限可以根据各自所占的空间来划分，也可以通过生产组织之间的关系来界定。

许多大型企业接受和采纳了生产设施单元的理念。生产设施单元的优点还包括减少管理层次，易于实行团队工作来解决问题，改善沟通方式和途径等。生产设施单元的概念同样适用于服务行业，例如专业连锁店，在比较显眼的位置开设小型分店，充分利用自身特长，注重为特定顾客服务。

第四节　服务设计

服务设计过程是选定服务所需物质资源，确定顾客能够从服务中得到满足和心理上的受益过程。服务是没有专利的创新活动，别的企业也可以模仿，但它不像有形产品的设计和生产技术那样容易学到。服务水平的提高需要企业全员素质的提高，需要有提供优质服务的企业文化，如不断对员工进行培训，经常了解和观察顾客反应和意见，不断改进工作流程等。提供服务的全过程，必须遵循提高顾客满意度与忠诚度的原则。本节着重讨论服务设计的特点及服务蓝图的应用。

一、服务设计的特点

服务与有形产品不同，其设计开发有以下特点。

（一）服务的无形性

服务是消费者的一种体验，不同的消费者对相同的服务可能有不同感受。服务可能与某些物质资源有关，如航空公司的飞机、餐馆的桌椅、医院的病床等，但顾客真正消费的是无形的内容。它不是飞机，而是一种地理位置上发生变化的旅行；它不是餐馆中的桌椅，而是一种能够就餐的环境；它不是医院床位本身，而是为了获得身体健康，等等。服务设计要研究消费者期望什么样的体验，这与他们的文化程度、经验以及服务由谁提供有很大关系，带有很大的主观性。要想让顾客满意，就应该理解顾客，以顾客的眼光来看待企业提供的服务，这是做好服务设计的基础。

（二）服务的可变性

不同的服务人员面对不同的顾客，服务的结果有所不同。尽管如此，现代优秀服务业企业的经验表明，对消费者来说，服务的可靠性和一致性是衡量服务质量的重要标志。因此，加强员工的培训，制定操作规程，使用标准材料和设备，创造良好的服务环境是服务设计所要考虑的内容。

（三）服务与顾客的高接触性

只有顾客与提供服务的公司发生接触时才能享受到服务，因此公司的一线员工是提供服务的关键环节。一线员工能否自觉地为顾客提供优质服务，直接反映了一个企业的形象和企业文化。服务系统趋向分散化管理，服务设计应考虑为服务人员提供充分的技能培训，在不违反基本原则的情况下应该赋予一线员工一定的权力，让他们有充分的创造性和责任，提高他们的应变能力和处理问题的速度。

（四）服务的不可储存性

服务不可能储存起来供以后消费，因此系统的服务能力很重要。设施的规模、内部布置以及提供服务的时效性和定位性是服务设计考虑的问题。

（五）消费者与服务提供过程的不可分隔性

有形消费品的提供过程要经历生产、流通到最终消费等一系列环节，往往要有一定的时间间隔。服务具有不可分割的特征，一般服务的生产过程与消费过程同时进行，服务人员向顾客提供服务之时，也是顾客消费服务之时，顾客的参与是服务过程不可缺少的一个条件。因此服务设计必须确定如何提供服务，要考虑顾客涉及服务过程的程度。服务设计应考虑使顾客在服务过程中扮演正确的角色，保证他们获取必要的服务知识，提高消费者的满意度。

二、服务蓝图

服务蓝图（Service Blueprint）是服务设计的一种重要手段，直观上可同时从以下方面展示服务：描绘服务实施的过程、接待顾客的地点、顾客和服务人员的角色以及服务中的可见要素。它提供了一种把服务合理分块的方法，再逐一描述过程的步骤或任务、执行任务的方法和顾客能够感受到的有形展示。图4-9是麦当劳餐厅的服务蓝图，对麦当劳的服务蓝图进行了说明。

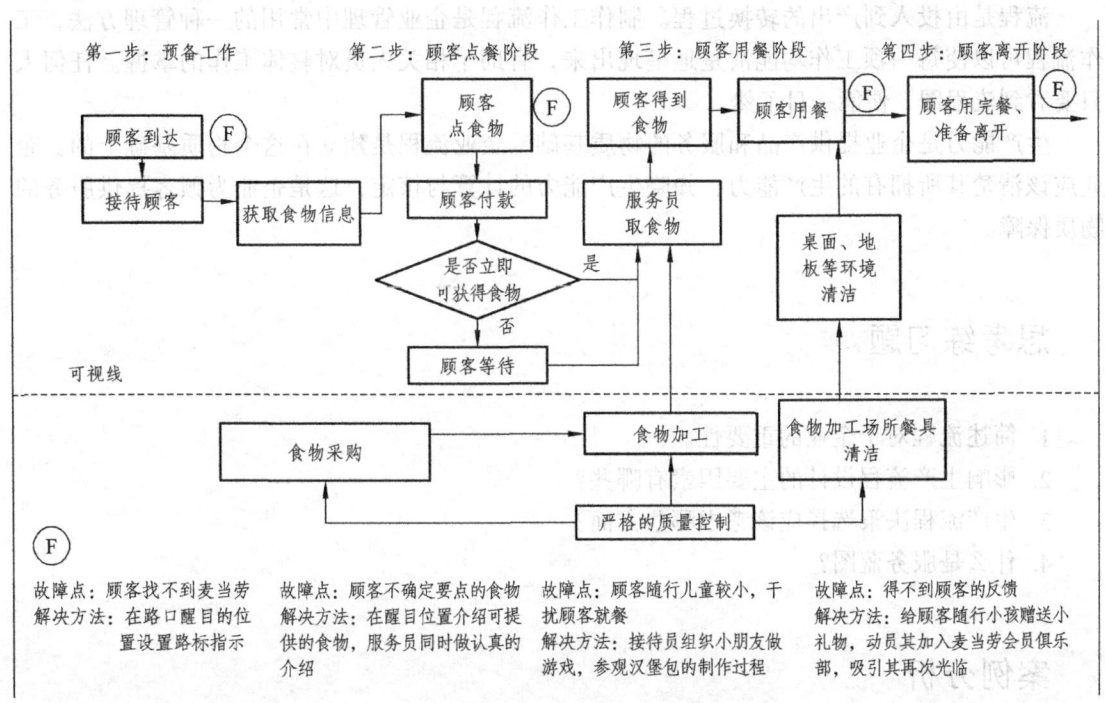

图 4-9 麦当劳餐厅的服务蓝图

服务蓝图包括顾客行为、前台员工行为、后台员工行为和支持过程。绘制服务蓝图的常规并非一成不变，因此不同服务业会引入不同的符号，每一组成部分的名称都可以因其内容和复杂程度而有所不同。

服务蓝图主要包括顾客行为和服务人员行为两种行为。顾客行为又包括顾客在购买、消费和评价服务过程中的步骤、选择、行动和互动。这一部分紧紧围绕着顾客在购买、消费和评价服务过程中所采用的技术和评价标准展开。与顾客行为平行的部分是服务人员行为。那些顾客能看到的服务人员表现出的行为和步骤是前台员工行为。这部分紧紧围绕前台员工与顾客的相互关系展开。那些发生在幕后，支持前台员工行为的员工行为称作后台员工行为。这部分围绕支持前台员工的活动展开。

服务蓝图中的支持过程包括内部服务和支持服务人员履行的服务步骤和互动行为。这一部分覆盖了在传递服务过程中所发生的支持接触员工的各种内部服务、步骤和各种相互作用。

服务蓝图与其他流程图最为显著的区别是包括了顾客及其看待服务过程的观点。实际上，在设计服务蓝图时，值得借鉴的观点是从顾客对过程的观点出发，逆向工作导入实施系统。每个行为部分中的方框图表示出相应水平上执行服务的人员执行或经历服务的步骤。

本章小结

本章介绍了流程的概念、流程管理、流程设计等方面对流程进行了系统的讲解，尤其是对制造企业的生产流程进行了详述，包括生产流程的内容、设计方法、生产能力等方面。针对非制造企业的流程管理，则是从服务蓝图的设计上予以介绍。

流程是由投入到产出的转换过程。制作工作流程是企业管理中常用的一种管理方法，工作流程可以使每一项工作均能清楚地呈现出来，有助于相关人员对整体工作的掌握。任何人只要看到流程图，便能一目了然。

生产能力是企业提供产品和服务的物质基础，企业流程是建立在这个物质基础上的。企业应该清楚其所拥有的生产能力，知晓生产能力的计算与核定，这是企业为顾客提供服务的物质保障。

思考练习题

1. 简述流程对于企业的重要性。
2. 影响生产流程设计的主要因素有哪些？
3. 生产流程决策选择应该考虑哪些方面？
4. 什么是服务蓝图？

案例分析

把勺子找回来

小张是某公司办公室主管。公司食堂提供免费的中餐服务，中餐统一用餐用具为每人一个标准不锈钢餐盘、一个汤勺、一个汤碗和一双筷子。每过一段时间，后去用餐的同事总会发现，轮到自己了总是汤勺不够用，于是质问食堂：难道有人吃勺不成？你们怎么不想想办法？食堂工作人员说，总是有人不自觉把汤勺倒到收剩渣的桶中，所以勺子会越来越少，食堂师傅每天都能用手到剩渣桶中捞出几个勺来，可这样还是免不了"漏网之鱼"。食堂没有办法，只好隔段时间申请再购一批汤勺。

因为购勺用钱要通过小张审批，时间久了实在不能容忍这事这么听之任之了，就勒令管理部门综合部要想办法解决这个问题。于是，综合部煞有介事地贴出告示：为了让大家有勺吃饭喝汤,请各位同事吃完饭,倒剩渣的时候一定留意,不要把汤勺倒进剩渣桶,发现倒勺者,罚款10元。

为了确保大家养成这个良好习惯,综合部派人守候剩渣桶一周的时间,监视是否有人不留意把汤勺倒掉。结果没有发现一人会把勺倒掉,食堂的勺也没有少掉一只。综合部撤掉了"看勺岗哨",只保留了大告示在剩渣桶旁。可是,没过多久,"吃勺"现象还是发生了,到底是怎么回事呢?问题出在哪里呢?怎么才能解决这个问题呢?这天吃完中餐,小张送回空盘的时候,仔细留意了一下放回餐具过程中工具的摆设情况。一个收剩渣的大桶摆在最前面,后面紧接着放了收集汤碗、筷子和勺子的篮子,最后摆的是放餐盘的篮子。小张琢磨着,这样一个摆设,实际上自然规定了一种收回餐具的流程:

(1)倒掉餐盘中的剩渣;
(2)放汤碗、筷子和勺子;
(3)回收餐盘。第一步安排为倒渣,很容易让体积小的勺子,随着剩渣一同倒进收渣桶中,问题一定出在这里。于是,小张请食堂的人员将工具摆设调换了一下顺序,将收渣桶排到后面。

于是,放回餐具的流程就自然规定为:

(1)放汤碗、筷子和勺子;
(2)倒掉餐盘中的剩渣;
(3)回收餐盘。

公司有意改变了流程的时间顺序和空间移动距离,迫使流程朝不容易出现倒勺现象的方面转化。经过一个月的观察,终于没有再出现"吃勺"的现象了。

问题:
1. 这个小故事给了你什么启示?
2. 你觉得什么叫流程?什么叫流程改进?如何让流程自然改进?

实训设计

认识制造企业产品生产流程

实训内容:带领学生参观制造企业的生产车间,观察产品的生产流程。

实训目的:通过对制造企业产品生产流程的感性认识,课堂知识联系观察实践,帮助学生进一步加深对生产流程、流程图、生产能力等知识的理解。

活动要求:
1. 经过观察,重点了解生产流程、流程图、生产能力等知识的实际操作和运用。
2. 每人写一份参观学习提纲。
3. 保留参观主要环节和内容的详细图片、文字记录。
4. 每人写一份参观活动总结,并绘制一份生产流程图。

第五章 企业选址与设施布局

> **学习目的**
> 1. 明确企业选址应该考虑的因素
> 2. 掌握企业选址的方法和程序
> 3. 掌握设施选址的基本原则和基本类型

第一节 企业选址

一、企业选址的本质

对企业来说，工作位置对其经济效益会产生深远影响，因此在创立之初，企业选址要慎重进行。企业选址就是确定在何处建厂或者建立服务设施，这一决策通常会受到自然、经济、社会等方面因素的制约，同时，它也关系到设施建设的投资规模和经济效益。对于所有企业来说，企业选址是一项长期的，需要花费精力去研究的重要决策。正确的企业选址不仅可以减少企业的生产运营成本，还可以增强企业的竞争力，有利于企业的长期发展。企业选址包括两个层面：一是选位，即选什么地区；二是定址，地区选定后具体选择在该地区的什么位置设置设施。

从战略管理的视角来看，企业选址决策是企业物流系统的一部分。企业物流系统是指从产品生产到将产品送达顾客的整个过程中所有物质流程和信息流程的管理系统，其主要目的是以最低的成本提供最优质的服务。典型的物流系统包括物料的采购、运输、储存、保管以及制成品的储存、运输和订单处理等活动。企业物流系统又称为运输—配送系统。图 5-1 描述了典型的运输—配送系统中的物流方向，图 5-2 则描述了信息流方向。

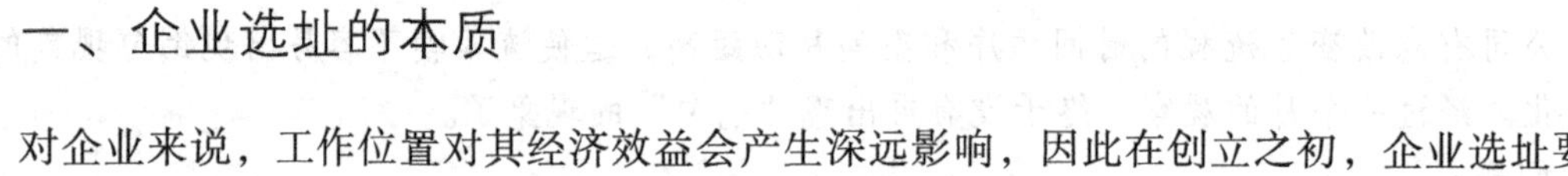

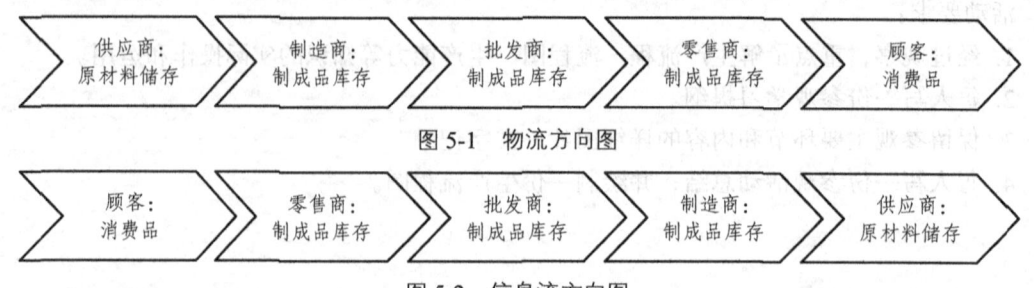

图 5-1 物流方向图

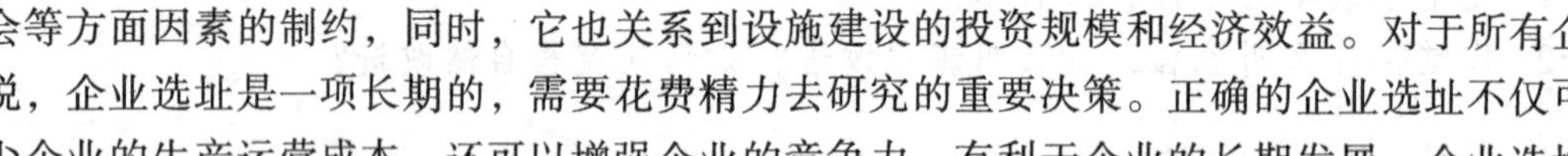

图 5-2 信息流方向图

二、企业选址的原则

好的企业选址会减少企业的生产成本，扩大企业的市场规模。企业选址是一项需要花费精力和财力的决策，在做这项决策前，应该明确企业决策的原则。

第一，费用原则。企业是独立自主、自负盈亏的市场竞争主体，经济利益对于企业来说是一个重要的考虑因素。建设初期的固定费用、投入运行后的变动费用、产品出售以后的收入都与企业选址有关，想办法使企业选址的费用最小化是企业选址的首要原则。

第二，集聚人才原则。人才是企业中最有价值的资源，人力资源在现代经济发展过程中发挥着越来越大的作用，好的企业选址可以吸引大量优秀的人才。

第三，接近顾客原则。企业为顾客生产能够满足其需求的产品，顾客成了企业运营当中不可缺少的一部分。因此，好的企业选址除了要降低生产成本外，也要尽可能地接近顾客，这样才能拥有充足的顾客量。

第四，长远发展的原则。企业选址一旦确定下来，将长期在那里从事生产活动，因此企业选址决策是一项战略决策，要考虑到企业的发展，如市场的开拓、新技术的吸引、新思想的引进等；要有预见性、有计划、有目的地进行企业选址决策。

三、企业选址的重要性

随着经济全球化的发展，信息技术得到飞速发展，这一巨大的改变拉近了世界各地的距离。生产和销售都可能会在全球范围内进行，因此企业选址的范围也变大了。更为关键的是，不同的企业选址决策会给企业带来不同的影响，好的企业选址不但可以减少企业的生产成本，还可以增加企业的竞争力；不好的企业选址则会给企业带来消极的影响，阻碍企业的发展。因此，企业选址决策对于企业极其重要。

企业选址之所以重要，主要有以下三点原因：

第一，企业选址是一个长期的责任范畴，一旦出错就很难补救。企业选址是一项巨大的、永久性的投资，一旦企业或者商店已经建成，发现地址选择错误，则为时已晚，难以补救。因为移动已经建成的厂房是不可能的，搬出设备重新建造又会耗费巨大的资金。但是如果继续维持下去，企业又会因为错误的选址而不具备较强的竞争力，长期下去，只会给企业带来更多的消极影响。

第二，企业选址经常会影响投资需要、运营成本、税收和企业运营。不好的企业选址将会导致运输成本过高，劳动力缺乏，丧失竞争优势，原材料供应不足等。比如对于服务业来说，不好的企业选址将会增加运输成本，缺少客流量，影响企业的运营。

第三，企业选址对企业的供应链战略有着重大意义。企业选址应该遵循企业长期发展的原则，因此企业做选址决策时，要有计划、有目的、有预见性地进行，要对企业的长期发展有所规划和设计，而不是仅仅满足于企业当前的需求。企业的选址应该要考虑到企业供应链上各个企业间的位置，这样才能使企业的物流处于物流系统的控制之中。

四、企业选址的影响因素

影响企业选址决策的因素有许多，总的来说，主要有四类，即经济因素、政治因素、社会因素和自然因素。

（一）经济因素

1．运输条件与费用

企业的一切生产都离不开交通运输。原材料等的运输，废物的运出，员工上下班和顾客上门，都会形成很大的运输量。运输工具中，水运运载量大，运费低；铁路次之；公路运载量小，运费高，但是比较灵活；空运运载量也小，运费最高，但速度最快。生产制造企业考虑运输条件时，要注意产品的性质和运输条件，要根据产品的特点进行选择。

2．劳动力企业可获得性与费用

对于劳动力密集、人工费用占比较大的企业，要考虑到劳动力的成本。企业选址要尽量选择在劳动力资源丰富工资低廉的地区。这样可以降低生产成本。

3．能源可获得性与费用

对于能源消耗量大的企业，比如钢铁行业、炼铝行业、火力发电厂等，其企业地址应该靠近燃料、动力等能源丰富的地方。

4．地理条件和费用

企业所选地点的地理环境会对企业的投入和规模等有所影响。在土地平坦的地方建厂的成本显然低于在丘陵或山区建厂的成本。而且在安全的地方选址，将减少很多针对灾害预防的投入，从而减少企业的投入和成本。

5．供应链上各企业间的位置

在供应链系统中，一个企业的选址和供应商、消费者及其他相关因素有关。一个企业做出的选址应该处于物流系统的控制之中，达到企业利润的最大化。但是，要考虑到供应链上所有企业的位置极其困难，这就会影响企业的竞争力。

（二）政治因素

政治稳定是经济稳定的前提。只有在一个政治局面比较稳定的地方选址，企业才能有稳定的运营和发展。在一个政治局面动荡的国家或者地区投资、建厂，意味着要承担更大的风险。同时，在一个税收比较重的国家投资、建厂也会使企业的资金负担过重，长期下去，也不利于企业的发展。政治因素包括政治局面是否稳定、法制是否健全、税收是否公平等，这些政治因素都会对企业的生产运营有所影响。因此企业选址时，政治因素也应该要考虑在内，特别是在国外建厂。

（三）社会因素

一个人去到另一个地方要入乡随俗，企业选址在一个地方也要做到"入乡随俗"。企业要考虑到当地居民的生活习惯、民俗民风、宗教信仰等因素，才能做好企业本土化战略的准备。这些因素就是社会因素，包括居民的生活习惯、文化教育水平、宗教信仰和生活水平等。不同地区的社会因素不同，对产品的需求也就不同。企业选址要考虑到这些社会因素，针对当地的顾客生产能满足其需求的产品,才能将产品推广出去,扩大企业的市场规模。

(四)自然因素

自然因素主要是水资源条件和气候状况。气候条件将直接影响员工的工作效率和身体状况。相关数据显示,当温度在 15 °C ~ 22 °C 时,员工的工作效率最高。过高、过低的温度都不利于员工的工作和身体健康。在需要经常使用空调的地区建厂,意味着企业需要付出提供空调的成本,从而增加了企业的成本。

五、企业选址的一般程序

企业选址经常因为企业的规模、性质或经营范围的不同而有所不同。一般情况下新企业和小企业选址的程序都不够规范,大企业的选址则相对规范。规范的企业选址程序如下:

第一步:初步规划。主要是制定出评估地址优劣的准则。

第二步:位置筛选。确定符合企业要求的一些区域或地点作为备选方案,通常要考虑水电的供应、劳动力资源、原材料供应等因素。

第三步:资料分析。分析并找出量化或非量化的衡量指标,以供评估备选方案时参考。

第四步:评估并决策。利用各种评估技术来确定最适宜的企业地址。

企业选址的程序可用图 5-3 表示。

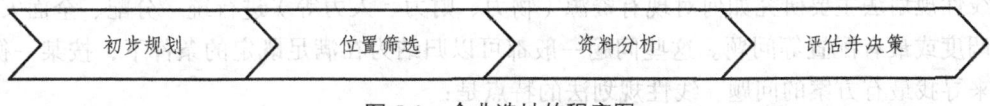

图 5-3 企业选址的程序图

六、企业选址的方法

一般来说,一个企业选址的方案不可能在各个方面都优于其他方案,因此要采用合适的方法对方案进行评估。企业选址除了用到非定量的分析方法,也要用到定量的分析方法。常用的方法有以下三种。

(一)因素评分法

因素评分法是指根据影响厂址选择的各相关因素的重要程度对每一个备选方案打分,根据各方案的综合得分来确定厂址的一种评估方法。因素评分法有以下六个步骤:

(1)选择有关因素;

(2)赋予每一个因素一个比重,各因素比重总和一般是 1.0;

(3)给所有因素确定统一的数值范围,如 0 ~ 100;

(4)给每一个待选地点打分;

(5)把每一个因素的得分与它所占的比重相乘,再把各因素乘积值相加就得到了待选地点的乘积值;

(6)选择其中综合得分最高的地点。

因素评分法是一种普遍应用的地点评估方法，对于评估和比较备选地点非常有用。这种方法使得决策者能够把他们的个人意愿与大量的信息引入决策过程。下面举例说明这种方法。

【例1】某家电商场准备开一家分店，三个备选地点的信息如表5-1所示。

表5-1　某商场备选地点信息

主要因素	权重	A		B		C	
		评分	加权得分	评分	加权得分	评分	加权得分
交通条件	0.25	70	17.5	100	25	80	20
停车场地可获性	0.20	70	14	60	12	70	14
租金	0.25	90	22.5	80	20	90	22.5
大小	0.10	80	8	70	7	100	10
商圈环境	0.20	90	18	80	16	80	16
合计	1.00	400	80	390	80	420	82.5

从表5-1中可以看出，C地的综合得分最高，是较好的选择。

（二）线性规划法

线性规划法主要研究如何对现有资源（物力、财力、人力等）进行统一分配、全面安排、合理调度或最有配置等问题。这些问题一般都可以归纳为在满足既定的条件下，按某一衡量指标来寻找最有方案的问题。线性规划法的特点是：

（1）解决问题的条件或资源可以用一组包含多个未知变量的线性等式或不等式来表示。

（2）解决问题的目标可以用一个包含多个未知变量的线性函数来表示。可以看出，求解线性规划问题就是在满足约束的条件下，未知变量取何值才能使得目标函数最优化。

【例2】某公司现有A、B和C三个工厂，它们分别在三个不同的城市，有两个分配中心P和Q，它们位于不同的城市。为了更好地为顾客服务，该公司决定在W城或A城再设置一个分配中心。相关资料如表5-2所示，求最佳分配中心地点。

表5-2　工厂生产能力表

工厂	生产能力/（吨/月）	到各分配中心单位运费/元			
		P	Q	A	W
A	800	17	6	9	10
B	900	13	9	8	7
C	800	5	11	7	7
需求		900	700	600	600

假定已经选中分配中心A，用运输问题算法求解，如表5-3所示。

表 5-3 分配能力计算表一

工厂	分配中心				能力
	P	Q	A	虚拟中心	
A	17	700 6	100 9	0	800
B	100 13	9	600 8	200 0	900
C	800 5	11	7	0	800
需求	900	700	600	300	

月总运输费用为

$$800×5 + 100×13 + 700×6 + 600×8 = 14\,300（元）$$

假定已经选中分配中心 W，如表 5-4 所示。

表 5-4 分配能力计算表二

工厂	分配中心				能力
	P	Q	W	虚拟中心	
A	17	700 6	10	100 0	800
B	100 13	9	600 7	200 0	900
C	800 5	11	7	0	800
需求	900	700	600	300	

用同样的方法计算，月总费用为

$$800×5 + 100×13 + 700×6 + 600×7 = 13\,700（元）$$

综上所述，选择 W 城比较好。

（三）重心法

重心法是一种设置单个厂房的方法，这种方法主要考虑的因素是现有设施之间的距离和要运输的货物量，它经常用于中间仓库或分销仓库的选择。重心法的实施步骤如下：

（1）在一直角坐标系中标出各个现有设施的位置，目的在于确定各设施的相对距离。坐标系可以随便建立。

（2）据现有设施之间的相对距离和要运输的货物量来确定理想厂址位置的坐标，即运输成本最低的位置坐标 X 和 Y。重心法的计算公式为

$$C_x = \frac{\sum D_{ix} V_i}{\sum V_i}$$

$$C_y = \frac{\sum D_{iy} V_i}{\sum V_i}$$

式中：C_x 表示重心的 x 坐标；C_y 表示重心的 y 坐标；D_{ix} 表示第 i 个地点的 x 坐标；D_{iy} 表示第 i 个地点的 y 坐标；V_i 表示运到第 i 个地点或从第 i 个地点运出的货物量。

重心法的基本思想是所选厂址可以使主要原材料或者货物总运量距离最小。例如，一个新建的工厂的主要原材料由几个地区供应且运输量比较大，或者产品大批量地销往某几个地区，就要考虑如何才能选一个运量最小的位置，从而减少运输成本。

重心法只能粗略估算厂址的位置，在具体确定时，还需要根据其他条件和因素来分析确定最佳厂址的位置和地点。

第二节　设施布局

一、设施布局的本质

设施布局是指计划所有设施的位置，即在已经选定的厂址范围内，对厂房、车间、设备、办公楼、仓库、公用设施等物质实体进行合理的位置安排，以便有效地为企业的生产运营服务，并获得良好的经济效果，如设备、公用事业、员工工作地点、顾客服务区域、走廊、休息室、午餐厅等的计划和安排。其基本目的是设计出一个能以最经济的方式满足生产能力的要求和产品质量要求的生产系统。

二、设施布局的意义

设施布局是非常重要的，其原因有三个：

第一，它是形成生产运营系统的物质基础，是由许多要素组合而成的，需要投入大量的资金和精力。

第二，它具有长期性，一旦建立起来形成一定的布局，要想改变或进行调整相当困难。

第三，它对运营成本和效率有很大影响。

设施布局在确定了企业内部生产单位组成和生产单位内部采用的专业化形式之后才能进行。从我国企业的一般结构特点看，企业内部的生产车间是基本生产单位，车间下设工段或是生产小组，实行分层管理，分别完成各项生产任务。

三、设施布局的基本要求

设施布局是一项系统的工程，其目标十分明确。为了满足设施布局的目标，设施布局应该要满足下列基本要求：

第一，要符合生产运营的要求。厂房、设施和其他建筑物的布局，特别是各车间和各种设备的布局，应当满足产品或者服务的工艺过程的要求，能保证合理安排生产作业单位，便于采用先进的生产组织形式。

第二，尽可能使物料运输距离最短。据统计，在制造业中，物料运输费用的占比高达50%，但是如果设施布局好，就可以减少这个占比，从而减少企业运输的成本和时间，提高企业物料运输的效率。

第三，设施布局尽量合理，有效利用面积。设施布局要紧凑，有效地利用面积或减少面积的浪费，节约空间和用地，从而可以减少企业的设施投资。

第四，要合理地划分区域。按照生产性质、防火和环保要求，合理划分厂区。

第五，充分利用外部条件提供的便利。企业设施布局的决策，应该要能充分利用地址周边的环境，比如地铁、公交等路线，特别是厂外的运输条件应该要和厂内的生产过程的流向系统配置起来，这样才能保证企业的物流处于物流系统的控制之中，减少物流运输的成本，降低物流运输的难度。

第六，留有合理的扩展余地。企业的生产经营活动是动态发展变化的，当市场或许是产品结构发生变化时，设施布局就需要做相应的调整，因此设施布局应该要考虑留有合理的扩展余地。

四、设施布局的目的

设施布局的目标是使物流成本最小。流程分析在设施布局中极其重要。流程布置形式可以分为水平和垂直，如果所有的设施都在同一个车间里，按照水平方式来考虑；而如果所有的设施不在同一个车间，在多个楼层间周转时，就应该按垂直方式来考虑。常见的流程布置形式如图5-4所示。

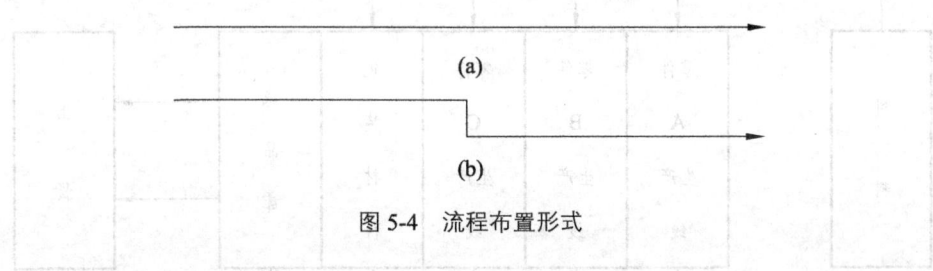

图5-4 流程布置形式

五、设施布局的基本类型

设施布局有三种基本类型，分别是工艺原则布局、产品原则布局和定位布局。工艺原则布局适合于间隙加工，产品原则布局最适合于重复加工，项目需要布局时采用定位布局。

（一）工艺原则布局

工艺原则布局（也称为工艺专业化布置或者功能布置）是将具有相同功能的同种设备集中在同一个工作站。它遵循的原则是工艺专业化。比如，把所有的车床和铣床分别放在一起，检验工序和装配工序也分别安排在一起，如图5-5所示。

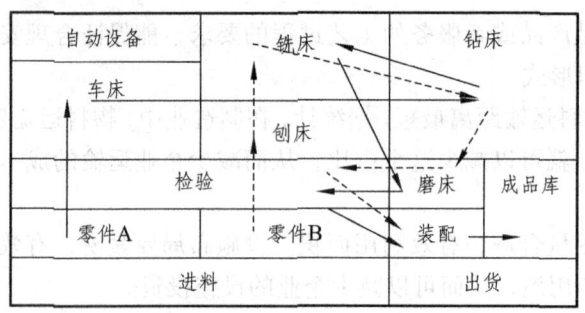

图 5-5　工艺原则布局示意图

从图 5-5 可以看出，这种方式只能完成某一种工艺的加工，所以加工对象必须经过工艺专业化不同的几个车间才能制造出来。因此，如果零件按照其设计要求采取不同的工艺路线，就需要成组的从一个工作站运到另一个工作站，这将浪费大量的时间和精力，同时也会浪费很多不必要的空间。这种布置方式通常适用于由于同样的设备必须用来制造多种不同的零部件，或者零部件和产品设计还没有最终确定下来的情形。不过，这种方式最大的好处是灵活性强。除此以外，这种方式由于将同种设备集中在一起，因而便于充分利用设备和生产面积，提高设备负荷系数。同时，进行同种工艺的加工，便于工艺管理，有利于提高工人的技术水平。

（二）产品原则布局

产品布局是按照某种产品或者零件的装配或者加工工艺的顺序来排列相关设备。它遵循的原则是对象专业化。最典型的例子就是流水生产线或者装配线，如图 5-6 所示。

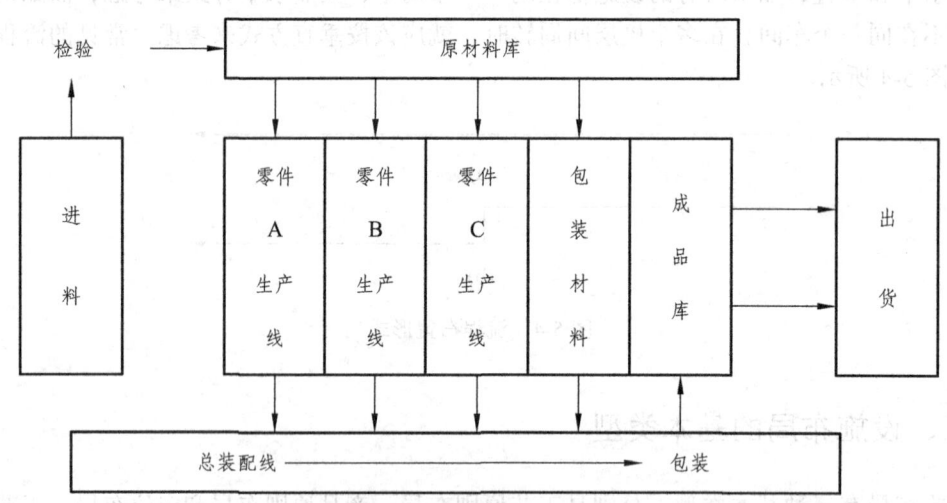

图 5-6　流水生产线

这种布局方式适应产品原则专业化的生产组织，其特点是按照某种产品的加工路线或者加工顺序来布局，又被称为生产线。如图 5-7 所示，为服务生产线和自助餐服务布局。

流水生产线看起来很美观，但是 U 型生产线（图 5-7）也有许多优点值得考虑。长且直的生产线不利于人和车辆的往返移动；而 U 形生产线则更为紧凑，它的长度通常仅是直线生产线的一半。U 形生产线上的工人是在一起的，有利于工人的交流和协同工作。又因为工人不仅可以操作就近的工作地，还能操作对面的工作地，所以工作的分派弹性很大。如果物料入厂的地点和产品离开的地点在同一个地方，就可以使物料运输量减至最小。但是，自动化较高的生产线就不适合这种布局方式。

产品原则布局的关键是，平衡生产线、装配线上每道工序的产出，使各个工序保持相等的节拍，才能确保加工对象在生产线或者装配线上保持一种平滑、连续流动的生产状态。当满足下列条件时，采取产品原则布置，不但可以降低生产成本，还可以有较高的生产效率：

（1）产品设计已经基本定型，不会再有较大的变动。产品设计稍有变化可以靠调整生产线得以实现，但变化不能太频繁，也不能太大，否则超过了生产线的调整限度，就需要重新设计生产线。

（2）零部件已经实现标准化而且有较高的互换性。

（3）产量足够大，使设备具有合理的利用率。

（4）市场需求比较稳定。

（5）原材料可以连续供应。

（三）定位原则布局

定位原则布局是将生产对象固定不动，而将加工设备按加工顺序及移动的困难程度环绕生产对象作同心圆。这种布置与产品原则布局和工艺原则布局形成了鲜明的对比，适用于产品难以移动、制造件数少且加工时间长的情形。这种布局的优点是加工对象移动较少、运输费用较低、工艺程序容易设计和调整、管理也比较简单。其缺点是不合适大量生产。有些产品由于体力庞大，移动困难且批量较小，只适合于采用定位原则布局进行生产，比如飞机、轮船等。

在实力生产中，工艺原则布局和产品原则布局应用比较多，但最常见的是将两种形式结合起来。

六、设施布置的方法

不同类型的设施布置需要采用不同的方法。在此，主要介绍产品原则布局和工艺原则布局的方法。

（一）产品原则的布置方法

在产品原则布局下，设备或工作地之间的相对位置几乎没有其他选择，均按产品的加工顺序或装配顺序排列，产品顺次地从一个工作地流向下一个工作地，直至生产线的最后一个工作地。通常在每个工作地上有一个工人，重复地进行若干种作业，不同的工作地之间很少有库存。在这种布局下，生产线的产出速度等于作业速度最慢的工作地的产出速度。因此，在这种方式下的布置方法，主要是使每一个工作地的作业量大致相等，减少或消除忙闲不均的现象。这就是生产线的平衡问题。生产线平衡，就是根据生产线节拍的要求，采取各种技术的或组织的措施来调整各个工作地的单件作业时间，使它们大致相等，最理想的状况是"等于节拍"。组织生产线平衡的基本方法是将整个工作任务细分为许多小的作业元素，然后将有关的作业元素组合成大工序（将基本作业元素打包成可控制的作业包）分配给某个工作地，并使这些大工序的单件作业时间相等或接近于节拍。生产线平衡的目标是分配到各个工作地的作业所需要的时间大致相等,使生产线上的闲置时间最少,提高工人和设备的利用率。生产线平衡是个复杂的过程,需要解决的问题和需要确定的因素有很多。生产线平衡的一般程序如表 5-5 所示。

表 5-5 生产线平衡的一般程序

序号	程序内容
1	确定节拍,求出最少的所需工作地数
2	从工作地 1 开始,按顺序给工作地分配作业
3	在每一次分配前,利用下列标准确定哪些作业够资格分配到某个工作地: ① 所有先行作业都已被分配; ② 待分配作业的作业时间不超过该工作地的剩余时间。 如果没有够资格分配的作业,继续下一个工作地的作业分配
4	每当一个作业分配后,计算出该工作地的剩余时间。剩余时间等于节拍减去已分配到该工作地上的作业时间之和
5	如果两个作业情况都一样时,可采用下列方法之一进行解决: ① 分配加工时间最长的作业; ② 分配后续作业数最多的作业。 如果还是一样,可任意选择一个作业
6	继续下去直到所有作业都分配到工作地
7	计算反映这一系列分配情况的一些指标

(二)工艺原则的布置方法

工艺原则的布置方法有很多,基本步骤如下:

(1)工艺流程分析。根据工艺流程的设计划分生产单位,并弄清各种产品在不同生产单位间的流动顺序、流动量、流动费用,进而得到各生产单位间的运输量、运输费用率。

(2)拟订初始布置方案,如果是新设施布置,可根据地理条件、地形、特殊要求,以及相对合理的原则,拟出一个可行的初始方案;如果是老设施的重新布置,则可以将原有的布置作为初始布置方案。

(3)调整已有方案,直至得到最优或满意的方案。在使总的运输量(费用)下降的方向上,互换可以对调的生产单位的位置,从而改变其各生产单位间的相对位置,以减少总的运输量(费用)。当调整进行到不能使总的运输量(费用)减少时,即得到最终的布置方案(布置草图)。

案例

外国制造商在美国设厂

在宾夕法尼亚州威斯特摩兰郡(Westmoreland County)的山区里,开车从匹兹堡往东行驶 1 个小时,矗立着美国制造业复兴的标志。很多年以前,这里是被废弃的汽车装配工厂,是充满铁锈的遗址,其工人被解雇或从事其他工作。两年前,索尼公司来此发展。今天,威斯特摩兰郡有世界上最先进的电子工厂,生产成千上万的大屏幕彩电。这不是单纯地由美国公司装配日本生产的零件,该产品中80%的部件是由美国制造的。

本章小结

本章介绍了企业选址和设施布局的重要性、目的等相关内容。

第一节指出了影响企业选址的四大因素,即经济因素、社会因素、政治因素和自然因素,并且提出了企业选址的三大方法,即重心法、线性规划法和因素评分法。

第二节主要是从目的、要求、基本类型等方面介绍了企业的设施布局,指出企业的设施布局的本质是计划所有设施的位置和三大主要意义。同时本节还对设施布局提出了五大原则,介绍了设施布局的三种基本类型,即产品原则布局、工艺原则布局和定位布局。

思考练习题

1. 企业选址的本质是什么?
2. 企业选址的原则有哪些?
3. 影响企业选址的因素是哪些?
4. 企业选址的方法有哪些?
5. 设施布局的基本类型是哪些?
6. 设施布局的基本要求是什么?

案例分析

光纤光缆公司厂址选择分析

某光纤光缆有限公司是一大型的光纤光缆制造企业,位于某省高新技术产量开发区,产品主要销往华东地区和国外市场。为了保持和发展其在国内光纤光缆领域的优势,该公司于2000年秋天决定扩大光纤的制造能力,以满足不断增长的市场需求。该公司现有的场地、厂房等设施和服务不具备继续扩大生产规模的条件,因此该公司决定另建新址,同时对未来的厂址提出了如下要求:

(1)地理位置好,要接近市场、运输方便。光纤产品交货期短,平均为7天,短的为两三天,因此,产品的快交付逐渐成为竞争力的重要因素。所以,光纤产品属于"销售地指向"的产品。

(2)要有足够的厂区面积。

(3)人力资源丰富。

(4)土地价格相对较低。

（5）投资政策和环境好。
（6）配套基本设施及服务好。
（7）气候、环境、生活条件适宜，以便吸引所需的技术员工和管理人员。
（8）离主要生活区的距离不超过2小时车程，以利于员工上下班。
（9）金融服务体系完善，包括外币业务。

由于现在全球性的光纤短缺持续时间不能确定，所以该公司必须尽快做出决策。HY公司为此特别成立一个项目小组，负责项目可行性研究、项目选址、项目报批、项目建设等工作，项目小组根据公司对选址初步考虑的条件，决定新建的工厂应位于中国经济最发达的华东地区。

问题：
1. 该公司项目组在选址因素方面应该考虑哪些因素？
2. 请提出一个你认为可行的选址决策并说明理由。

实训设计

请五人为一小组，介绍一企业选址的决策，成果要求用PPT展示。要求分工明确，能够运用本章学过的知识进行PPT陈述。

第六章 生产计划与库存管理

> **学习目的**
> 1. 理解主生产计划的策略选择
> 2. 掌握主生产计划的制订方法
> 3. 了解 MRP 的概念、输入、输出及处理逻辑
> 4. 掌握企业作业计划排序方法
> 5. 理解库存的含义及作用
> 6. 了解库存的弊端
> 7. 掌握 ABC 分类方法

第一节 生产计划概述

生产计划是指按照事先计划来管理企业的生产经营活动。生产计划包括计划的编制、执行、检查和改进四个阶段。生产计划不仅是计划部门的工作,还包括企业生产经营活动的各个方面,如生产技术、劳动力、供应、销售、设备、财务和成本等。所有其他部门和车间都要通过以上四个阶段来实现计划管理。

生产计划是指生产计划的具体编制过程,它将通过一系列综合平衡工作,完成生产计划任务。企业设计生产计划的目的就是要通过不断提高生产计划工作水平,提供产品和服务,同时还要降低成本,节约时间和提高质量等。一个科学合理的生产计划必须具备以下三个特征:

(1)充分利用企业产能,满足市场需求;
(2)科学合理地组合各项企业资源,实现生产成本最低;
(3)有效调度分配各种生产资源,最大限度地减少生产资源的浪费和闲置。

一、企业计划的体系层次

企业里的诸多计划一般可以分为战略层计划、战术层计划与作业层计划三个层次。三个层次的计划各自有不同的特点,从战略层到作业层,分别对应从高到低的管理层次,计划期由长到短,计划的时间单位越来越细,覆盖的空间范围越来越小,计划的内容越来越详细,计划的不确定性越来越小。这三个层次的企业计划的特点如下:

1. 战略层计划

战略层计划又称长期生产计划，也是对企业未来发展的规划，其期间跨度在 5 年以上。它的主要任务是进行产品决策、生产能力决策以及确立何种竞争优势的决策。它涉及产品发展方向、生产发展规模、技术发展水平、新生产设施的建造等。

2. 战术层计划

战术层计划又称中期生产计划，也称纲领性计划，是在现有资源条件下确定计划期企业生产经营活动应该达到的目标，如企业的年度经营计划。它的主要任务是在正确预测市场需求的基础上，对企业在计划难度内的生产任务作出统筹安排，设定企业的产品品种、质量、数量和进度等指标。其目标是充分利用现有资源和生产能力，尽可能均衡组织生产活动并合理控制库存水平，尽可能满足市场需求和获取利润。

中期生产计划是根据市场需求预测制订的，它的决策变量主要是生产率、人力规模和库存水平。其目标是如何充分利用生产能力，满足预测的用户需求，同时使生产率尽量均衡稳定，控制库存水平并使总生产成本尽可能低。对于连续性生产型企业，中期生产计划的作用非常关键，这是由于这类企业具有设备或生产设备价格昂贵、生产连续进行、生产能力可以明确核定以及属于备货生产方式等性质。对于间歇式重复性批量生产的企业，由于生产能力的定义随产品结构的变化而改变，其生产能力难以在制订中期计划时准确核定；加之其主要属于订货生产方式等性质。在制订中期生产计划时往往缺乏准确的订货合同信息，故中期生产计划只能起到一种指导作用。这类企业生产计划的重点是短期生产作业计划。对于实现流水生产和接近流水生产性质的加工装配企业来说，中期计划同样很重要。

3. 作业层计划

作业层计划又称短期生产作业计划，或称执行性计划。生产作业计划时间跨度很短，一般以天或小时为时间单位，生产作业计划的内容大多有非常具体的细节。它的任务主要是直接依据用户的订单，合理安排生产活动的每一个环节，使之紧密衔接，以确保按用户要求的质量、数量和交货期交货。

生产作业计划是生产计划的具体实施计划。它是把生产计划规定的任务，一项一项地具体分配到每个生产单位、每个工作中心和每个操作工人，规定他们在月、周、日以至每一个轮班的具体任务，因此生产作业计划是一项十分细致复杂的工作。对于装配流水线型企业，生产作业计划的地位和作用很关键。对于这类企业，如何安排和协调材料，零部件和完工产品的加工进度和加工批量，确保交货并使库存尽可能少，是这类企业作业计划面临的主要挑战。

以上三个层次的计划的特点如表 6-1 所示。

表 6-1 不同层次计划的特点

项目	战略层计划	战术层计划	作业层计划
计划期	长（≥5 年）	中（1 年）	短（月、旬、周）
计划的时间单位	粗（年）	中（月、季）	细（工作日、小时、分）
空间范围	企业、公司	工厂	车间、班组
详细程度	高度综合	综合	详细

续表

项目	战略层计划	战术层计划	作业层计划
不确定性	高	中	低
管理层次	企业高层领导	中层，部门领导	低层，车间领导
特点	涉及资源获取	资源利用	日常活动处理

可以看出，规划好企业战略层计划是企业高层领导的主要任务，企业高层必须高瞻远瞩，只看到眼前事务的领导者不是称职的企业高管；战术层计划是企业中层管理者主要负责的工作；作业层计划是各种具体的职能计划，是基础管理者的工作重点。

二、生产计划的内容与主要指标

为了生产出符合市场需要或顾客要求的产品和服务，生产计划需要确定什么时候生产、在哪个车间生产以及如何生产。企业的生产计划是根据销售计划制订的，它是企业制订物资供应计划、设备管理计划和生产作业计划的主要依据。

生产计划工作的主要内容包括：调查和预测社会对产品的需求、核定企业的生产能力、确定目标，制定策略，选择计划方法，正确制订生产计划、库存计划、生产进度计划和计划工作程序以及计划的实施与控制工作。生产计划的主要指标有：品种指标、质量指标、产量指标、产值指标和出产期。

（1）品种指标。品种指标指企业在品种方面满足社会需要的程度，反映企业专业化协作水平、技术水平和管理水平。

（2）质量指标。质量指标通常指企业在计划期内，各种产品应达到的质量标准。

（3）产量指标。产量指标通常指企业在计划期内应当生产的合格产品的实物数量。它反映企业在一定时期内向社会提供的使用价值的数量，以及企业生产发展水平。

（4）产值指标。产值指标就是用货币表示的产量指标。它可分为总产值、商品产值和工业增加值三种形式。

（5）出产期。出产期是为了保证按期交货而确定的产品出产期限。

上述各项计划指标的关系十分密切。既定的产品品种、质量和产量指标，是计算以货币表现的各项产值指标的基础，而各项产值指标又是企业生产成果的综合反映。企业在编制生产计划时，应当首先安排落实产品的品种、质量与产量指标，然后据以计算产值指标。

三、生产计划的环境

企业的生产计划环境分为内部因素和外部因素，如图 6-1 所示。外部因素主要有竞争者、原材料、消费者需求、外部能力、经济环境；企业内部的影响因素则包括库存水平、当期生产能力、现有劳动力和生产中的活动等。

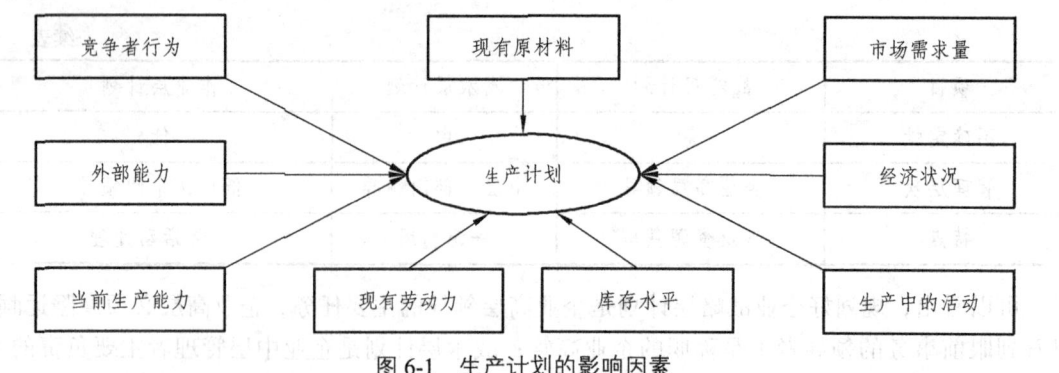

图 6-1 生产计划的影响因素

外部因素是在生产计划人员直接控制之外的,但在一些企业,产品需求也能够得到控制。通过营销与生产两个环节之间的紧密合作,当企业面临的市场需求旺盛时,则可以减少促销活动,销售价格也有可能相应上涨,企业能够从提供的产品和服务中获取最大的利益。

四、生产计划的编制步骤

1. 制订生产计划的主要步骤

（1）调查研究，收集资料。制订生产计划之前，要对企业经营环境进行调查研究，充分收集各方面的信息资料。其主要内容包括：根据市场信息进行预测，上期产品销售量，上期合同执行情况及成品库存量，上期计划的完成情况，企业的生产能力，原材料及能源供应情况，品种定额资料，成本与售价。

（2）确定生产计划指标，进行综合平衡。确定生产计划指标是制订生产计划的中心内容。其主要内容包括：产值指标的选优和确定，产品出产进度的合理安排，各个产品的合理搭配生产，将企业的生产指标分解为各个分厂、车间的生产指标等工作。这些工作是同时进行且相互联系的。综合平衡是制订生产计划的重要工作环节，主要包括两个方面，一是以利润计划指标进行平衡；二是以生产计划指标为中心，生产计划与生产能力及其他投入资源进行平衡。

（3）安排产品出产进度。生产计划指标确定后，需进一步将全年的总产量指标按品种、规格和数量安排到各季、月中去，制订出产品出产进度计划，以便合理分配并指导企业的生产活动。

2. 编制滚动式计划的方法

滚动式计划是一种编制计划的方法。在编制过程中，整个计划期被分为几个时期段，其中第一时间段的计划为执行计划，后几个时间段的计划为预计计划。执行计划较具体，要求按计划实施；预计计划比较粗略。每经过一个时间段，根据执行计划的实施情况以及企业内外部条件的变化，对原来的预计计划做出调整和修改，原预计计划中的第一时间段的计划变成了执行计划。比如 2005 年编制 5 年计划，计划期为 2006—2010 年，共 5 年。若将 5 年分成 5 个时间段，则 2006 年的计划为执行计划，其余 4 年的计划均为预计计划。当 2006 年的计划实施之后，又根据当时的条件编制 2007—2011 年的 5 年计划，其中 2007 年的计划为执行计划，2008—2012 年的计划为预计计划，依次类推。修订计划的间隔时间称为滚动期，它通常等于执行计划的计划期，示例如图 6-2 所示。

执行计划	预定计划				
	2011	2012	2013	2014	2015

滚动期	2012	2013	2014	2015	2016

图 6-2 编制滚动式计划示例

滚动式计划方法有以下优点：

（1）保证了计划的严肃性和应变性。因执行计划与编制计划的时间接近，内外部条件变化不大，可以基本保证计划完成，体现了计划的严肃性；预计计划允许修改，体现了计划的应变性。如果不是采用滚动式计划方法，第一期实施的结果出现偏差，以后各期计划如不做出调整，就会流于形式。

（2）提高了计划的连续性。逐年滚动，自然形成新的 5 年计划。

第二节 主生产计划

主生产计划（MPS）是企业整个计划系统中的一个重要环节，是联系产、供、销的桥梁，它将独立的需求转化为内部的计划信息。在计划过程中，可以根据能力情况，进行计划的调整。确定的计划将作为生产、采购的基础。

MPS 的对象主要是具有独立需求的物料和比较重要或紧张的物料。所谓独立需求，指该需求不依赖于其他物料，如某物料的销售订单，对这个物料产生的需求并不受其他物料的影响。比较重要或紧张的物料，主要指在瓶颈资源加工或市场上比较紧俏，或采购前期较长、很容易缺货的物料。

一、主生产计划的选择策略

主生产计划的选择策略有两大类：第一类被称为生产能力选择策略，即在不影响需求的前提下，通过改变生产能力来平衡生产和需求；第二类被称为需求选择策略，即通过影响需求以消除计划期内的不确定性。

（一）生产能力选择策略

企业的生产能力选择策略包含以下六种。

1. **库存调节策略**

企业在面临低的市场需求时增加库存水平，在面临较高的市场需求时则降低库存水平，即通过库存的变化来保持生产的平稳。当生产率不变、需求不足时，库存会上升；需求过大时，就会消耗掉库存来满足消费者需求，库存数量就会减少。

若采取这种策略，企业不用按最高生产能力配备机器设备，节约了企业的固定资产投资，并有利于企业内部和供应商组织均衡生产。但是，通过库存水平来适应市场变化，会大幅度提高库存费用，并且在市场需求急剧变化的环境下，成品库存在也面临着巨大的风险。同时，过高的库存破坏了生产的准时性，会掩盖生产过程中的许多问题。由于服务不能够储存，因此库存调节策略也不适用于服务行业。

2. 改变劳动力数量

企业当生产任务重时多雇佣一些员工，当生产任务少时就少雇佣一些员工，即通过改变劳动力的数量来调节生产能力。这种策略的实用性较差。过于频繁的解雇员工会影响到员工的情绪，并且有可能会受到法律的限制和工会的反对。

3. 改变工作时间

企业可以通过改变工人的劳动时间来适应市场需求的变动。当市场需求上升时增加工人的劳动时间；当市场需求下降时则减少工人的劳动时间。但若超时工作企业需要支付更高的报酬，过多的超时会使人厌倦，从而影响工人的工作效率和生产质量。

4. 外包策略

外包就是把一部分生产任务转包给别的企业去做，这种策略相当于扩大了本企业的生产能力。外包的主要问题是如何保证交货的及时性和产品的质量。外包使企业丧失部分控制权和收益。

5. 使用临时员工

临时员工可以满足企业对非技术雇员的需求（特别是在服务业中）。对于那些技术性要求不高的工作，或者需要大量临时劳动力的地方，雇用临时工是一个较为可行的方法。

6. "自制还是外购"的决策

当企业自身的生产能力不足时，将某些自制的产品或零部件改为外购；如果企业的生产能力过剩时，则将某些外购产品或零部件改为自制。实施这种策略的前提时，市场上可以提供企业所需要的产品或零部件。

（二）需求选择策略

需求选择策略有如下两种。

1. 影响需求

当市场需求不景气时，企业可以通过广告、折价销售等策略来刺激需求，将高需求延续到低需求的季节。例如，电影院会对工作日白天的票价打折销售，航空公司会在淡季提供价格折扣，空调生产企业会在冬季降低空调的价格，电力公司会对不同时段的电力消费收取不同的价格。

2. 延迟交货

当企业不能够满足顾客的当期订单时，可以采用延迟交货的方式在未来某一时间满足客户的需求。延迟交货只有当顾客情愿等待,并且延期不会减少顾客效用的前提下才能够使用。

二、制订主生产计划的步骤

企业制订主生产计划通常包括以下六个步骤:
(1)确定各个时期的市场需求。
(2)确定各个时期的企业生产能力。这里的生产能力指在正常的生产条件下,企业可以生产的产品数量。
(3)确定相关公司或相关部门的政策。如在企业内部可能需要保持多大比例的安全库存,企业的劳动者数量需要保持在何种水平上。
(4)为正常时间、加班时间、转包合同、持有存货、延迟交货等确定单位成本和其他相关成本。
(5)列出可供选择的计划,并明确每种计划水平下的成本为多少。
(6)在可供选择的计划中,选出符合公司目标的计划。

三、主生产计划的方法——试算法

无论是制造业企业还是服务业企业,它们都通常采用试算法来制订总生产计划。试算法,即计算不同生产计划的成本,并将其绘制成简单的表格和图形,使得计划制订者能够进行直观比较并对各个计划进行评价选择。

我们如果要为 A 公司制订下半年的工作计划,已知年初的期初库存为 500 件,安全库存为每月需求预测量的 20%。每月的预测需求数量与工作天数如表 6-2 所示,预计的各项成本如表 6-3 所示。

表 6-2 各月需求预测与工作天数

	1月	2月	3月	4月	5月	6月	合计
需求预测/件	1 000	1 200	1 500	1 400	1 200	1 100	7 400
工作天数/天	20	20	21	21	22	21	125

表 6-3 预计的各项成本

成本项目	成本数额
原材料	100 元/件
库存成本	2 元/(件·月)
缺货成本	5 元/(件·月)
分包边际成本	20 元/(件·月)(120 元的分包费用减去 100 元的原材料费用)
招聘与培训成本	150 元/人
解聘费用	200 元/人
单位产品生产时间	5 小时/件
人工成本(每天工作 8 小时)	2 元/小时
加班人工费用	3 元/小时

根据各月的需求数量,我们可以计算出各月的预计生产需求量和库存数量,如表 6-4 所示。

表 6-4　总生产计划的需要数据　　　　　　　　　　单位:件

	1 月	2 月	3 月	4 月	5 月	6 月
期初库存	500	200	240	300	280	240
需求预测	100	1 200	1 500	1 400	1 200	1 100
安全库存	200	240	300	280	240	220
生产需求量	700	1 240	1 560	1 380	1 160	1 080
期末库存	200	240	300	280	240	220

由表 6-4 可以看出,每月需要生产的产量是不一样的,这就意味着每个月所需要的总工作时间是不同的。由此我们可以有 4 种可供选择的计划方案。

计划 1:改变工人人数,但每个工人每天的工作时间固定为 8 小时,保证每个月的生产数量与产品的生产需求量一样。

计划 2:维持固定的工人数量,按照未来 6 个月的平均需求进行生产,每天的产量是一样的。在这种计划方案下,所需要的工人数量为:(7 400 件×5 小时/件)÷(125 天×8 小时/天)=37 人。在这种计划方案下,允许存货积累,如果该月发生缺货则采用延迟交货的方式,用下个月的生产量予以弥补。在某些情况下,如果需求得不到满足,订单可能会被取消。

计划 3:维持固定的工人数量,将工人数量维持在刚好可以满足最小需求月份(1 月)的水平,多余的需求数量采用外包的方式予以满足。在该计划方案下,工人数量为:(700 件×5 小时/件)÷(20 天×8 小时/天)=22 人。

计划 4:前两个月采用固定的工人数量在正常的工作时间进行生产,用加班的方式满足其他各月的生产需求量。在这种计划方案下,需要的工人数量为 31 人。

下面需要计算每种计划方案下企业所需花费的总成本,如表 6-5~表 6-8 所示。

表 6-5　计划 1:变动工人人数

	1 月	2 月	3 月	4 月	5 月	6 月	合计
生产需求量	700	1 240	1 560	1 380	1 160	1 080	
所需的生产时间	3 500	6 200	7 800	6 900	5 800	5 400	
每月工作天数	20	20	21	21	22	21	
每人每月工时	160	160	168	168	176	168	
所需人数	22	38	46	41	33	32	
新增工人数	0	16	8	0	0	0	
招聘费	0	2 400	1 200	0	0	0	3 600
解聘人数	0	0	0	5	8	1	
解聘费	0	0	0	100	1 600	200	2 800
人工成本	7 000	12 400	15 600	13 800	11 600	10 800	71 200

表 6-6 计划 2：固定工人人数，变动库存与缺货

	1月	2月	3月	4月	5月	6月	合计
期初库存	500	684	668	411	254	356	
每月工作天数	20	20	21	21	22	21	
可用工作时间	5 920	5 920	6 216	6 216	6 512	6 216	
实际产量	1 184	1 184	1 243	1 243	1 302	1 243	
需求预测量	1 000	1 200	1 500	1 400	1 200	1 100	
期末库存	684	668	411	254	356	499	
缺货损失	0	0	0	0	0	0	
安全库存	200	240	300	280	240	220	
多余库存	484	428	111	−26	116	279	
库存费用	968	856	222	−52	232	558	2 784
正常人工成本	11 840	11 840	12 432	12 432	13 024	12 432	74 000

表 6-7 计划 3：固定下限工人数量，采取分包策略

	1月	2月	3月	4月	5月	6月	合计
生产需求量	700	1 240	1 560	1 380	1 160	1 080	
每月工作天数	20	20	21	21	22	21	
可用工作时间	3 520	3 520	3 696	3 696	3 872	3 696	
实际产量	704	704	739	739	774	739	
分包件数	0	536	821	641	386	341	
分包成本		10 720	16 420	12 820	7 720	6 820	54 500
正常人工成本	7 040	7 040	7 392	7 392	7 744	7 392	44 000

表 6-8 计划 4：固定工人人数，加班

	1月	2月	3月	4月	5月	6月	合计
期初库存	500	492	284	0	0	0	
每月工作天数	20	20	21	21	22	21	
可用工作时间	4 960	4 960	5 208	5 208	5 456	5 208	
固定生产量	992	992	1 042	1 042	1 091	1 042	
需求预测量	1 000	1 200	1 500	1 400	1 200	1 100	
加班前库存量	492	284	−174	−358	−109	−58	
加班生产件数	0	0	174	358	109	58	10 485
加班成本	0	0	2 610	5 370	1 635	870	
安全库存	200	240	300	280	240	220	
多余库存	292	44	0	0	0	0	
库存费用	584	88	0	0	0	0	672
正常人工成本	9 920	9 920	10 416	10 416	10 912	10 416	62 000

表 6-9　4 个计划方案比较

成本	计划 1	计划 2	计划 3	计划 4
雇佣	3 600	0		
解聘	2 800	0		
多余存货	0	2 784		672
缺货	0	0		
外包	0	0	54 500	
加班	0	0		10 485
正常人工成本	71 200	74 000	44 000	62 000
合　计	77 600	76 784	98 500	73 157

上述 4 个计划方案进行比较，发现计划 4 的总成本支出是最少的，因此选择计划 4，即让现有员工加班来完成任务。

第三节　物料需求计划

物料需求计划（Material Requirements Planning，MRP）是一种计算机信息管理系统，是专为企业的库存管理而开发的。对于许多企业而言，MRP 系统已被证明是大有益处的，本节重点介绍 MRP 方面的基础知识。

一、物料需求计划概述

物料需求计划（MRP）就是在产品生产中对构成产品的各种物料的需求量与需求时间所做的计划，物料需求计划就属于作业层的计划决策。MRP 的基本思想是，围绕物料转化组织制造资源，实现按需要准时生产。

MRP 按照时间段来确定各种相关物料（原材料和零部件）的需求数量和需求时间，它解决了企业"产、供、销"部门物料信息的集成管理。MRP 在传统的库存管理方法的基础上引入了时间段和反映产品结构的物料清单（Bill of Materials，BOM），较好地解决了库存管理和生产控制中的难题，保证了能够按时按量地得到所需要的物料。

基础的 MRP 系统的主要目的是：控制库存水平、确定产品的优先等级以及计划生产系统的能力负荷。MRP 系统的主旨是使合适的物料在合适的时间到达合适的地点。

MRP 系统下库存管理的目标：在保证顾客服务水平的前提下，使库存投资达到最小化，并尽可能提高企业生产运营管理的效率。

同传统的物料管理方法相比，MRP 具有如下优点：

（1）MRP 实现了对企业库存及生产信息的科学管理，有助于动态反馈和适时调整。

（2）运用 MRP 能够降低在制品的库存水平。

（3）MRP 比较适应"以销定产"的市场环境，有助于实现按时交货。

二、物料需求计划的产生与发展

MRP 的发展大体经历了从订货点法到库存订货计划（即最初级的物料需求计划 MRP）、从 MRP 到作为一种生产与控制系统的闭环 MRP、从闭环 MRP 到作为一种生产管理信息系统的制造资源计划（MRP Ⅱ）等几次飞跃。

（一）订货点法

20 世纪 60 年代之前，企业在管理库存时通常采用订货点法，即根据物料的需求情况来确定订货点和订货批量。当库存量低于订货点时，企业就开始订货以补充库存，这类方法适合于需求比较稳定的物料。然而，在实际生产中，随着市场环境的变化，需求常常是不稳定的、不均匀的，在这种情况下使用订货点法便暴露出一些明显的缺陷。如订货具有较大的盲目性，往往会造成大量的原材料和在制品库存。

订货点法存在缺陷的原因是，它没有按照各种物料真正需用的时间确定订货日期。于是，人们便思考：怎样才能在需要的时间，按需要的数量得到真正需用的物料，从而消除盲目性，实现低库存与高服务水平并存。

（二）初级的物料需求计划（MRP）

MRP 是 20 世纪 60 年代库存管理专家们为解决传统库存控制方法的不足，在不断探索新的库存控制方法的过程中产生的。这是依据市场需求预测和顾客订单制订产品生产计划，然后基于产品生产进度计划、组织产品的材料结构表和库存状况，通过计算机计算出所需材料的需求量和需求时间，从而确定材料的加工进度和订货日程的一种实用技术。

20 世纪 60 年代初发展起来的 MRP 仅是一种物料需求计算器，它根据对产品的需求、产品结构和物料库存数据来计算各种物料的需求，将产品产出计划变成零部件投入产出计划以及外购件、原材料的需求计划，从而解决了生产过程中需要什么、何时需要、需要多少的问题。它是开环的，没有信息反馈，也谈不上控制。

（三）闭环 MRP

闭环 MRP 系统是在基本 MRP 系统的基础上，把能力需求计划、执行及控制计划的功能包含进来，形成一个管理环形回路。

（四）制造资源计划（MRP Ⅱ）

闭环 MRP 系统的出现，使生产活动方面的各种子系统得到了统一。当然这还不够，因为生产管理只是企业管理的一个方面，它涉及的仅仅是物流，而与物流密切相关的还有资金流。资金流在许多企业中是由财会人员另行管理的，这就造成了数据的重复录入与存储，甚至造成数据的不一致性。于是，20 世纪 80 年代，人们把生产、财务、销售、工程技术、采购等各个子系统集成为一个一体化的系统，并成为制造资源计划（Manufacturing Resource Planning）系统，英文缩写亦记为 MRP，为了区别物料需求计划（缩写为 MRP）而记为 MRP Ⅱ。

（五）ERP 阶段

进入 20 世纪 90 年代，MRPⅡ得到了蓬勃发展，其应用也从离散型制造业向流程式制造业扩展，它不仅应用于汽车、电子等行业，也应用于化工、食品等行业。随着信息技术的发展，MRPⅡ系统的功能也在不断地增强、完善与扩大，向企业资源计划（Enterprise Resource Planning，ERP）发展。

三、物料需求计划的基本原理

MRP 的基本原理就是由产品的交货期展开成零部件的生产进度日程与原材料、外购件的需求数量和需求日期，即将产品产出计划转换成物料需求表，并编制生产能力需求计划提供信息，如表 6-10 所示。

表 6-10　MRP 处理的问题和需要的信息

处理的问题	需要的信息
生产什么？生产多少？	主生产计划（MRP）
生产过程中需要用到什么物料？	物料清单（BOM 表）
已经具备什么物料？	物料库存数据
还缺什么物料？	MRP 的运行结果（生产计划和采购计划）

（一）MRP 输入

MRP 主要有三个部分的输入：主生产计划（产品产出计划 MPS）、物料清单（产品结构文件）和库存状态文件。通过主生产计划的输入，可以明确总进度安排，明确最终产成品的需要时间和需要数量；通过物料清单，可以明确产成品的组成成分以及各组成成分之间的从属关系和数量关系；通过库存状态文件，可以明确企业的库存状况，以便于对库存进行管理和控制。

1. 主生产计划

主生产计划是企业向外界提供的东西，它是 MRP 的主要输入，主要表明生产哪些最终产品、何时需要以及需要量是多少等。主生产计划是按照产品的品种、类型、规格规定它们在每一时间内的产出数量和产出时间的计划，是外部需求与 MRP 系统的接口。最终产品可以是一件完整的产品，也可以是一个完整的部件，甚至是零件。

制订主生产计划需要注意以下五个问题：

（1）主生产计划中确定的生产总量，必须等于总生产计划中所确定的生产总量；

（2）主生产计划主要处理的是最终物料项，但如果最终物料项非常大或者非常昂贵，主生产计划也可以用来处理主要的部件或组件；

（3）主生产计划必须具备可行性，必须考虑到企业的能力和资源的约束；

（4）主生产计划在系统运行前需要经过详细核实，以保证资源的可获得性和交货期的合理；

（5）如果修改了主生产计划，需要重新运行 MRP。

2. 物料清单

物料清单（Bill of Materials，BOM）又被称为产品结构树或产品结构文件，是说明一个产品内各种物料构成关系的信息。物料清单用来说明产品中所有零部件和毛坯材料的品种、单台份数以及它们之间的隶属关系，它表示了产品的组成及结构信息，包括所需零部件的清单、产品项目的结构层次、制成最终产品的各个工艺阶段的先后顺序。

物料清单的最上面一层被称为零层，代表最终产品；第一层，表示最终产品是由何种部件组成的；第二层，表示第一层的各个部件又是由何种组件组成的；依此类推，在物料清单的最底层，则是最终的零件和原材料。物料清单结构如图 6-3 所示。

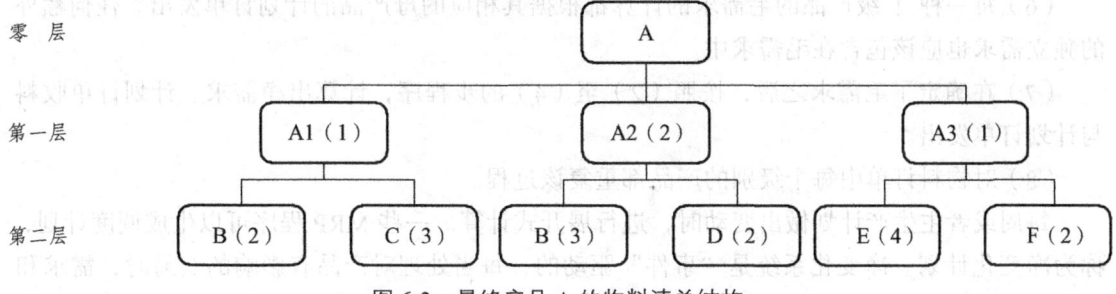

图 6-3 最终产品 A 的物料清单结构

如图 6-3 所示，每件最终产品 A 是由 1 个 A1 部件、2 个 A2 部件和 1 个 A3 部件组成的，每个 A1 部件是由 2 个零件 B、3 个零件 C 组成的，每个部件 A2 是由 3 个零件 B 和 2 个零件 D 组成的，每个部件 A3 则是由 4 个零件 E 和 2 个零件 F 组成的。从物料清单的结构图 6-3 可以看出，最终产品是由哪些原材料、零件、组件、部件组成的，以及这些构成部件的从属关系和数量关系。

3. 库存状态文件

库存主要指半成品库和毛坯库等中间库存，包括两类数据：固定数据、变动数据。

固定数据又称主数据，包括物料的代码、材料、单价、供应来源、供应提前期、批量政策、保险储备量、库存类别（按资金占用量划分的 ABC 分类）等。变动数据包括物料的现有库存量、最小库存量、最大库存量、预计到货量等，这些数据随时间的推移经常发生变动。

库存状态文件保存了每一种物料的有关数据，MRP 系统关于订什么、订多少、何时发出订货等重要信息，都存储在库存状态文件中。产品结构文件是相对稳定的，而库存状态文件却处于不断变化之中。

（二）MRP 的计算机程序

MRP 的程序运算从输入的库存记录、主生产计划和物料清单中选取的信息来运行。计算系统管理的每一种产品的精确数量的过程通常被视为"展开"的过程。从物料清单的最顶层开始往下计算，母产品的需求被用于计算组成部件的需求。将现有库存与计划将要收到的货物考虑进来，MRP 展开的大体过程如下：

（1）0 级产品的需求，即"最终产品"的需求。0 级产品的需求是从主生产计划得到的，这些需求被 MRP 程序视为"毛需求"。通常在 MRP 处理程序中，毛需求的时间周期为一周。

（2）MRP 运作程序的第二步就是计算"净需求"，即计算未来一周需求的数量减去现有的库存数量和已经发出订单的货物。

（3）"净需求"计算出来后，MRP 程序会计算何时应该收到货物以满足这些需求，这可以是根据精确的净需求安排所订购的货物何时应该到达，也可以是计算跨期需求的较为复杂的过程。这种计划何时应该收到订购货物的行为，称为"计划订单收料"。

（4）由于每份订单通常都会有一个提前期，计划订单收料的下一步就是计划实际上应该何时发出订单。这可以通过"计划订单收料"，加上需求提前期得到，该计划被称为"计划订单发出"。

（5）所有 0 级产品完成以上 4 个步骤后，程序就移到 1 级的产品。

（6）每一种 1 级产品的毛需求的计算都根据其相应的母产品的计划订单发出。任何额外的独立需求也应该包含在毛需求中。

（7）在确定了毛需求之后，按照（2）至（4）的步程序，计算出净需求、计划订单收料与计划订单发出。

（8）对物料订单中每个级别的产品都重复该过程。

每周或者主生产计划做出变动时，进行展开式计算。一些 MRP 程序可以生成调度计划，称为净变化计划。净变化系统是"事件"驱动的，每当处理对产品有影响的交易时，需求和计划就即时更新。净变化使得系统能够实时反映系统管理的每种产品的精确状态。

（三）MRP 的处理逻辑

1. 毛需求与净需求

MRP 的主要内容之一是确定各期的需求。

毛需求：不考虑库存持有量时，某细项或原材料在各期的期望总需求。

净需求：各期的实际需要量。

$$净需求 = 总需求 - 现有库存$$
$$现有库存 = 上期末计划产出 + 上期现有库存 - 上期总需求$$

在进行 MRP 的逻辑运算时，要注意提前期以及确定订货批量的方法。

2. MRP 的生产方式

MRP 是一个动态的文件，它的时间文件是滚动式的。随着时间的推移，如果 MRP 的生产条件发生了变化，就需要对计划进行不断修正与更新。

MRP 的生产方式就是 MRP 按照其严密的处理逻辑，利用计算机系统，将独立需求信息转换成相关需求信息。MRP 的生产方式有两种：再生成方式（Regenerative MRP）与净改变方式（Net Change MRP）。

（1）再生成方式。

在再生成方式下，MRP 生产后会在一定的周期内，对库存信息重新进行计算，并将原来的 MRP 数据覆盖掉。再生成方式下进行操作时，需要根据最新的 MPS、BOM 以及库存信息，从 BOM 的最终项目需求量开始，逐级往下展开，对各级中的每项物料的需求量进行重新计算，从而生成全新的 MRP。再生成方式一般是按照周期进行的，间隔周期为 1～2 周。由于再生成方式下的计算量很大，因此它比较适用于环境比较稳定的企业。

（2）净改变方式。

在净改变方式下，MRP 生成后，只有在制订、生成 MRP 的条件发生变化时，才会相应地更新 MRP 相关部分的记录。由于净改变方式下的计算量较小，其适应能力较强，因此它比较适用于环境变化较大的企业。净改变方式需要多次查询库存记录，从而导致了较低的数据处理效率，使得生成的时间较长、成本较高。

在企业的 MRP 实际操作中，为了避免两种方式各自的缺点，企业经常综合采用再生成方式和净改变方式两种方式。例如，企业会在采用净改变方式的基础上，定期采用再生成方式。

（四）MRP 的输出

通过运行 MRP 程序，MRP 向企业提供了很多的输出信息。MRP 的输出信息可以帮助企业达成各自的目标。MRP 的输出通常分为主报告和二级报告（辅助报告）。

1. 主报告

主报告用于企业的库存和生产的管理。主报告通常包括生产作业计划、生产指令、订单发布、库存状态报告、计划或指令的变更通知等内容。

2. 二级报告

二级报告包括计划报告、计划完成情况分析报告和例外报告等。

（1）计划报告。计划报告主要用于预测库存和需求。它通常包括采购约定及其他用于评价未来物料需求的信息。

（2）计划完成情况分析报告。计划完成情况分析报告主要用于评价系统的运作情况，它有助于帮助管理者衡量计划的完成情况，并且提供了用于评定成本绩效的信息。

（3）例外报告。例外报告主要包括一些重大差异，如过多的残频率、报告失误等。

第四节 作业计划

一、作业计划概述

作业计划是指企业或组织内部对各项资源的使用进行时间上的选择，作业计划是建立在其他已经确定的决策约束范围之内的。无论制造企业还是服务业企业，都会涉及作业计划。

在制造企业中，通过 MRP 确定的各车间的零部件投入产出计划，将全厂性的产品产出计划变成了各车间的生产任务。各车间要完成既定的生产任务，还必须将零部件投入产出计划转化为车间作业计划，将车间的生产任务变成各个班组、各个工作地和各个工人的任务。只有将计划安排到工作地和工人，任务才算真正落到实处。然而将任务安排到工作地，这就涉及企业的作业计划问题。

服务业同制造业一样，也需要合理利用资源、提高生产率和改进服务质量。因此，服务业也需要制定战略决策，寻求目标市场，设计特定的服务，并且在日常的运作中用低成本、高质量、按期交付的方式提供各种服务，使顾客满意和高兴。服务业的运作计划和制造业的运作计划有所不同。

二、制造业的作业计划

制造企业的作业计划主要是企业生产的作业排序问题。

（一）作业排序的基本问题

排序是决定在某些机器或某些工作中心哪个作业先开始。作业排序即要安排不同工作在同一设备上的加工顺序、不同工件在整个生产过程中的加工顺序以及设备和员工等资源的分配问题。作业排序包括如何安排作业顺序、如何及时反馈信息、如何对生产活动进行控制和调整等问题，使得各项资源得到合理而有效的利用。

制造企业通过作业排序，期望以最小的成本按期完成各项订单任务。作业排序不同，产生的结果可能会相差甚远。采用不同的加工工序，就会产生不同的加工时间。为了缩短总加工时间，企业通常会将加工工序时间最短的作业安排到最后。有效的作业排序，对于缩短总加工时间、有效利用设备和人员、满足交货期的需求具有十分重要的意义。

（二）作业排序系统的方法

1. 有限负荷和无限负荷

在进行作业排序时，如何考虑生产能力是一个排序系统区别于其他排序系统的特征。

（1）有限负荷。有限负荷即根据每一个订单所需的调整和运行时间，对每种资源进行详细的排序。有限负荷系统明确地规定了在工作日的每一时刻、每一种资源（设备、人员等）要做的工作。

（2）无限负荷。当工作分配至工作中心时，只考虑它需要多长时间，检查关键资源是否超负荷，而不考虑总体的资源是否有能力满足这个工作的要求，也不考虑资源在完成这个工作时的实际顺序，这种作业排序系统的方法，被称为无限负荷方法。

2. 前向排序和后向排序

（1）前向排序。前向排序指系统接受一个订单后，对完成订单所需要的作业按照从前向后的顺序进行排序，这种方法可以确定订单完成的最早时间。

（2）后向排序。后向排序指系统接受一个订单后，将作业从后向前进行排序。后向排序的起点可能是交货日期，也可能是未来的某个时期。这种方法可以在保证某个时期完工的前提下，确定最晚的开工时间。不同的作业排序方法适用不同的工艺类型。大批量生产多使用专业化的机器设备，并按照产品原则布局，其典型的排序方法是有限负荷、前向排序；小批量生产的自动化程度较低，其产品种类较多，并按照工艺原则布局，其典型的排序方法便是无限负荷、后向排序。

（三）优先调度的规则和方法

企业在安排生产作业排序时，其目标有以下三种：保证按时交货；保证流程时间最短，并使在制品的库存最少；使设备和劳动力的利用率最高，并使其闲置时间最小。

企业在进行生产作业排序时，往往有一定的优先级规则。据统计，现在的优先规则至少有几百种，企业在生产排序时具体采用哪些规则，应根据企业具体的目标和情况确定。比较常用的优先级规则有以下九个：

（1）先到先服务。在生产过程中，按照订单的到达顺序进行加工，先到的订单先加工。这个原则对于服务对象来说是最公平的。

（2）最短作业时间。在生产过程中，首先加工所需最短的作业，其次是第二短的作业，依此类推。

（3）交货期。首先加工需要最早交货的订单。

（4）剩余松弛时间。剩余松弛时间指交货期前的剩余时间和剩余的加工时间的差值，剩余松弛时间规则即首先加工剩余松弛时间最短的作业。

（5）关键比例。关键比例的计算公式为："关键比例=交货日期与当前日期的差值/剩余的工作日数"。关键比例规则即首先加工关键比例最小的订单。

（6）排队比例。排队比例即计划中剩余松弛时间同计划剩余排队时间的比值。排队比例最小规则即将排队比例最小的订单先加工。

（7）后到先服务。后到的订单先处理，先到的订单后处理。

（8）最多工作量。首先加工余下加工时间最长的工件。

（9）随机排序。随机排序即由管理者或操作人员随意选择最先进行的加工或服务。

作业排序面临的情况有很多种，包括 n 个作业在一台设备上加工的排序、两个或更多的作业在两台设备上以共同的工序进行加工时的作业排序、n 个作业在 n 台设备上加工时的排序，以及 n 个作业在 m 台设备上的排序等。

三、服务业的作业计划

服务不能够储存，顾客的需求也更加具有随机性，服务业通过员工直接为顾客提供服务，这一切都使得服务业的作业计划不同于制造业。服务业作业计划的目标就是要通过服务系统的排程，更有效地利用现有容量，使顾客需求与服务能力相匹配，减少等待时间，为顾客提供更满意的服务。

服务业作业计划的目标一般通过两种途径实现：一是通过影响顾客的需求对顾客进行排程；二是通过对服务系统进行有效排序。

服务企业往往通过预约系统或预定系统对顾客进行排程，从而影响顾客的需求。预约系统即通过预约控制顾客到达的时间，从而能够有效利用服务能力。但是，由于各种各样的原因，顾客会取消预约或者晚到。因此，为了减少意外状况给企业服务系统带来的影响，方便调整，在进行预约时，最好采用按照顾客特殊的需求安排特定的预约时间，而不是采用固定时间间隔的预约方法。

预定系统即通过预付定金的方式使企业能够对特定期间的服务需求做出比较精确的估计，管理者也能够以此更好地使需求与服务能力相匹配，从而降低顾客由于长时间等待而产生的不满情绪。

第五节 库存概述

一、库存的定义

库存指企业用于生产、服务或销售的储备物资。从一般意义上说,库存是将闲置的资源满足未来的需要,企业运营过程中的人、财、物、信息等资源都有库存的存在,如人才的库存就是人力资源的库存,储存在计算机中的大量信息属于信息的库存。

【示例 6-1】

任何企业在生产运营的过程中都会存在库存,不同类型的企业持有的库存不同。对于制造业企业来说,生产过程中存放在生产环节中暂时不用的零部件、半成品、辅助材料等都属于库存。服务业企业也会产生库存,如宾馆为了生产运营而存储的食品、饮料、清洁用品等;医院药品、一次性医疗用品、血液、消毒用品等;百货公司的商品、包装材料等。

二、库存的作用

所有企业(包括实施 JIT 生产的企业)都会保有一部分库存,因为库存有如下四种作用。

(一)防止短缺,适应市场变化

存货储备能增强企业的生产力和销售方面的机动性以及适应市场变化的能力。销售过程中维持一定量的库存,可以防止短缺的发生。企业有了足够的库存成品,才能有效地供应市场,满足顾客的需要;相反,若某种畅销产品库存不足,企业将会丧失目前的或未来的市场机会,并有可能因此失去顾客。在通货膨胀时,适当地储存原材料存货,能使企业获得因市场物价的上涨而带来的好处。

(二)防止中断,保持生产平衡

由于外部需求不稳定性和企业面临的原材料市场供应的不确定性,如需求量的估计误差、产量的变化、设备故障、罢工、天灾、发运延误、天气异常等,适量存货可以对这些事情进行有效防范,以保持企业生产的连续性。比如,当某道工序的加工设备发生故障时,如果工序间有在制品库存,其后续工序就不会中断。同样,在运输途中维持一定量的库存,可以保证供应,使生产正常进行。例如,某工厂每天需要 100 吨原料,供方到需方的运输时间为 2 天,则在途库存为 200 吨,才能保证生产不中断。

对于那些从事季节性生产的企业,生产所需材料的供应具有季节性,为实行均衡生产,降低生产成本,就必须适当储备一定的半成品或保持一定的原材料存货。否则,这些企业若按照季节变动组织生产活动,难免会产生忙时超负荷运转、闲时生产能力得不到充分利用的情形,这也会导致生产成本的提高。

(三) 缩短订货提前期

如果制造企业维持一定的成品库存，当接到顾客订单时，就可以很快满足顾客的需要，这样就大大缩短了订货提前期，并且也有利于企业的销售。如沃尔玛和凯马特之类的超级市场需要与供应商保持紧密联系，以保证货源和质量。

(四) 降低采购成本和生产成本

很多企业为扩大销售规模，向购货方提供较优厚的商业折扣待遇，即购货达到一定数量时，便在价格上给予相应的折扣优惠。在采购过程中，通过大批量的采购可以获得价格折扣。通过增加每次购货数量、减少购货次数，可以降低采购费用支出。即便在推崇以零库存为管理目标的今天，仍有不少企业采取大批量购货方式，其原因就在于这种方式有助于降低购货成本，只要购货成本的降低额大于因存货增加而导致的存储等各项费用的增加额，便是可行的。此外，在生产过程中，如果企业长期维持均衡的生产，则机器的利用率会得到提高，从而降低了单位生产成本。

虽然库存对于企业的生产经营是非常重要的，但并不是库存越多越好，应该保持适当的库存，并尽量降低库存，其原因是大量库存造成成本升高，同时掩盖了许多生产过程中的缺陷，使问题不能及时解决。一个企业如果存在过多的库存，就会增加企业的财务成本外，为了维持库存，企业也需要成本的支出，这就增加了企业的持有成本；物品在库存过程中总会存在有形或无形的损耗，这些损耗都会增加企业的成本支出，给企业造成财务负担。

三、库存的分类

根据库存品的需求是否重复，库存分为单周期库存和多周期库存；根据物品需求是否相关，库存分为独立需求库存和相关需求库存；根据生产过程中产品的状态，库存分为原材料库存、在制品库存和成品库存。

(一) 单周期库存与多周期库存

单周期库存的物品，只是在一段特定的时间内有需求，当特定时间过去之后，物品就没有原来的价值了。单周期需求出现在以下两种情况：一是偶尔发生的某种物品需求；二是经常发生的某种生命周期短的物品的不定量的需求。第一种情况如发行的纪念邮票或新年贺卡等；第二种情况如那些易腐物品（如鲜鱼）或其他生命周期短的易过时的商品（如日报和期刊）等。

多周期库存的物品的需求是重复的、连续的需求，其库存需要不断地补充。如工厂所需的原材料，就属于多周期库存的物品。对单周期需求物品的库存控制问题称为单周期库存问题，对多周期需求物品的库存控制问题称为多周期库存问题。

(二) 独立需求库存与相关需求库存

独立需求是指产品的需求由外部市场条件决定，与其他产品无关。独立需求的产品一般是最终产品，不取决于企业内部的生产活动，企业不能直接控制这一需求。在现实生活中，我们用的汽车、零售商品、日常食品、办公用品都是独立需求的例子。

在非独立需求的情况下，对某一产品的需求是对其他产品的需求而直接导致的，通常该产品是其他产品的一个部件。如在汽车工厂中，准备生产 1 000 辆汽车，就需要 5 000 个轮胎（包含备胎在内）。对轮胎的需求就与汽车的产量相关，轮胎的需求依赖于汽车的需求。

（三）原材料库存、在制品库存与成品库存

在生产的过程中，原材料库存可以存放在企业的原材料仓库里，也可以存放在供应商处。当原材料进入生产过程时，随着生产的进行，它的价值不断增加。在产品完工之前，会在生产的不同环节形成在制品库存。成品库存则经常存放在企业的成品库存或分销商、零售商等的仓库中。

四、库存成本的分类

与库存相关的成本主要有持有成本、准备成本、订货成本、缺货成本。

（一）持有成本

库存的持有成本指为持有和保管库存而发生的成本支出，如仓储费、保管费、搬运费、保险费、存货占用资金支付的利息费、存货残缺和变质损失等。持有成本主要包括以下方面：设施储备费用（租金、折旧、能源、照明、安全、制冷等），物料搬运费用，劳动力，用于购买库存的资金费用（贷款利息、税金、保险），产品折旧、损坏、破损、过时和失窃等。据估计，一般持有成本为制造产品价值的 10%～40%。

（二）准备成本

当企业自行生产存货时，为了生产不同产品，调整机器、更换切割工具等在所难免，就会发生生产准备成本。其中，更换模具、夹具需要的工时或添置某些专用设备等属于固定成本，与生产产品的数量有关的费用如材料费、加工费等属于变动成本。

（三）订货成本

订货成本指为订购商品、材料而发生的文件处理和验收成本，如邮资、电话费、办公费、差旅费等。订货成本中有一部分与订货次数无关，比如常设采购机构的管理费、采购人员的工资等基本开支属于固定成本；订货成本中另一部分与订货次数有关，如邮资、差旅费等是变动成本。为了降低订货成本，企业需大批量采购，以减少订货次数。

（四）缺货成本

缺货成本指由于外部和内部供应中断而产生的经济损失，包括材料供应中断造成的停工损失、产成品库存缺货造成的拖欠发货损失和丧失销售机会的损失（还应包括需要主观估计的商誉损失）；如果生产企业以紧急采购代用材料解决库存材料中断之急，那么缺货成本表现为紧急额外购入成本。一些研究表明，大约有 8%的顾客会因缺货买不到所需的产品，最终会

导致丧失 3%的销售机会。

【延伸阅读 6-1】

根据欧洲 ECR 协会对零售商的调查统计资料，消费者在面对货架缺货时候的行为跟踪表明：其中 40%的顾客会晚一点儿再到门店购买同一种商品，16%的顾客会在该门店购买其他包装的商品，20%的顾客会购买其他品牌的商品，24%的顾客会去其他门店购买相同的商品。

五、库存管理的目标

一般而言，企业应持有充足数量的存货。对生产环节而言，储备一定量的存货，可以节约采购费用与生产时间，防止造成生产停顿，便于均衡组织生产；对销售环节而言，可以迅速满足客户的各种订货需要，为销售提供更大的机动性，避免因存货不足带来的机会损失。然而，存货的增加必然要占用更多的资金，这样不仅将使企业付出更大的持有成本（即存货资金占用的机会成本），而且使存货的储存与管理费用也相应增加，影响企业获利能力的提高。因此，如何在存货的成本与收益之间进行利弊权衡，实现两者的最佳组合，成为存货管理的基本目标。

（一）库存成本最低

库存成本最低是企业需要通过降低库存成本以降低生产总成本、增加赢利和增加竞争力所选择的目标。

（二）库存保证程度最高

企业有很多的销售机会，相比之下压低库存意义不大，这就特别强调库存对其他经营、生产活动的保证，而不强调库存本身的效益。企业通过增加生产以扩大经营时，往往选择这种控制目标。

（三）不允许缺货

企业由于技术、工艺条件决定不允许停产，则必须以不缺货为控制目标，才能起到不停产的保证作用。企业某些重大合同必须以供货为保证，否则会受到巨额赔偿的惩罚，这时可制定不允许缺货的控制目标。

（四）限定资金

企业必须在限定资金预算的前提下实现供应，这就需要以此为前提进行库存的一系列控制。

（五）快捷

库存控制不依本身的经济性来确定目标，而依大的竞争环境系统要求来确定目标，库存控制常常以最快速度实现进出货为目标。

【延伸阅读 6-2】

根据美国商务部的估计，美国公司分散在供应链中的库存有 1.1 万亿美元，其中制造商的库存有 4 500 亿美元,批发商和分销商的库存有 2 900 亿美元,零售商有 40 000 亿美元的库存。据估计,美国制造产品的平均持有成本占总库存价值的 30%。这意味着如果一家公司有 1 000 万美元的库存商品,产品的库存成本(包括保险、过时、折旧、利息、机会成本、储存成本等)就有将近 300 万美元。如果库存减少一半,即为 500 万美元,那么公司将会节约 150 万美元,这是非常大的成本节约。

第六节　库存控制系统

任何库存控制系统都需要考虑的三个问题:一是库存检查的时间间隔是多长;二是补充订货的时间如何确定;三是每次订货的数量是多少。根据对这三个问题的回答不同,可以划分出三种典型的库存控制系统:定量控制系统、定期控制系统和最大最小系统。

一、定量控制系统

在定量控制系统(见图 6-4)中,企业连续不断地监视库存余量的变化,当库存余量下降到某个预定数值——订货点(Reorder Point,RL)时,就向供应商发出固定批量的订货请求,经过一段时间,我们称之为提前期(Lead Time,LT),订货到达,库存得以补充。

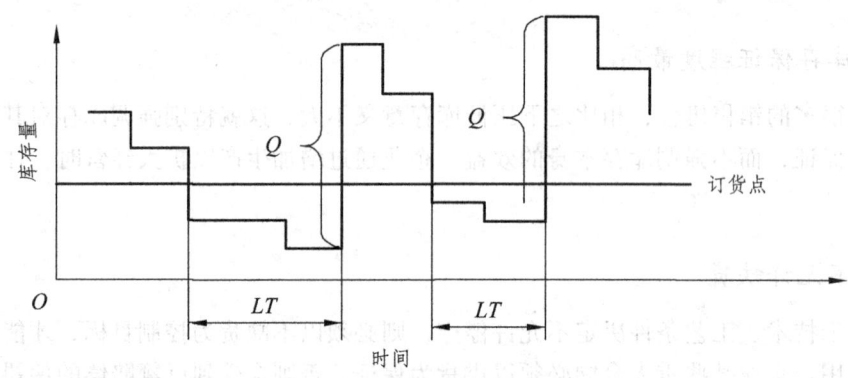

图 6-4　定量控制系统

在定量控制系统中,要发现现有库存量是否到达订货点(RL),必须随时检查库存量,连续记录库存量数值的变化,这样就增加了管理工作量;在定量控制系统下,订货批量是固定的,往往不能够达到最优批量,并且不能实现联合订货,这就导致了运输成本的上升。但是,这种方法会使库存量得到严密控制,因此适用于重要物质的库存控制。

二、定期控制系统

在定期控制系统中,每经过一个固定的时间间隔,企业就发出一次订货,订货量为将现有库存补充到一个最高水平(S)。

在定期控制系统（图 6-5）中，无论库存水平降得多还是少，都要按期发出订货通知：当库存量较高时，订货量是比较少的；当物料需求变化较大时，缺货的概率也会增加。这种方法不需要随时检查库存，简化了管理，也节省了订货费用，并且容易获得供应商根据每次订货总金额提供的价格折扣，因此适用于物料需求比较稳定的库存控制。

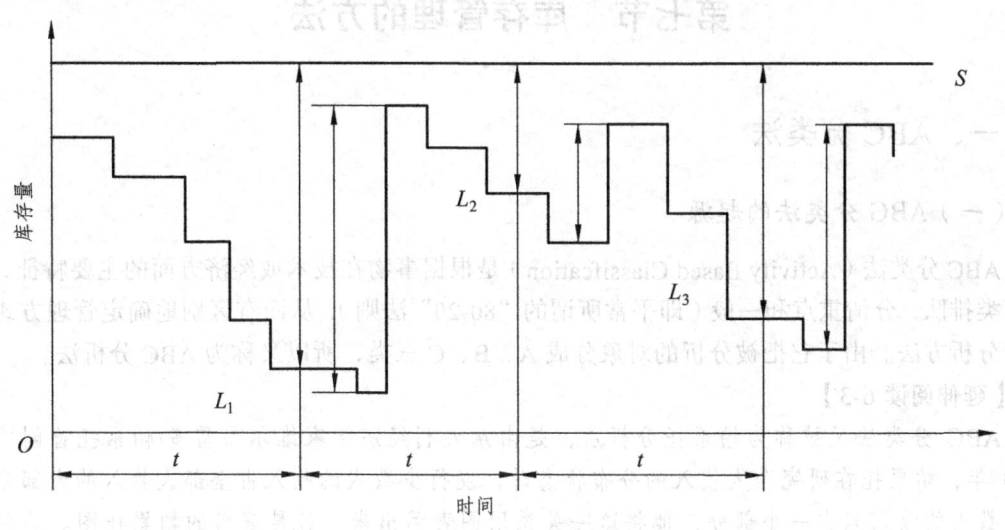

图 6-5　定期控制系统

三、最大最小系统

最大最小控制系统仍然是一种固定间隔期的系统（见图 6-6），只不过它需要确定一个最低库存（S）的订货点。当经过时间间隔（T）时，如果库存降到最低库存（S）及以下，则发出订货通知；如果发现库存还没有降到最低库存（S）及以下，要再经过时间间隔（T）考虑是否发出订货。

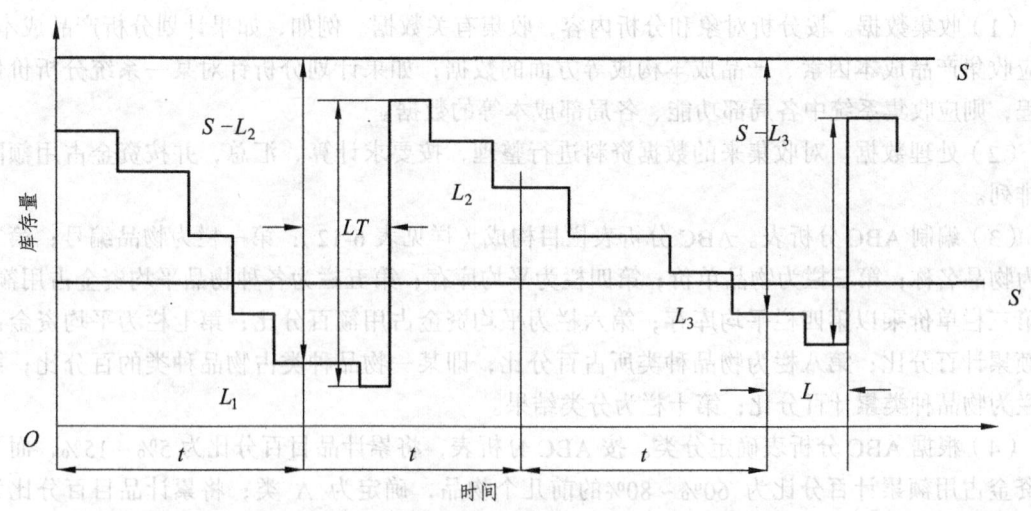

图 6-6　最大最小系统

和定期控制系统相比，最大最小系统的安全库存较大，这增加了企业的库存成本。最大最小系统不一定在每次检查库存时都订货，因此订货的次数较少，节约了订货费用。

第七节　库存管理的方法

一、ABC 分类法

（一）ABC 分类法的起源

ABC 分类法（Activity Based Classifcation）是根据事物在技术或经济方面的主要特征，进行分类排队，分清重点和一般（即平常所谓的"80-20"法则），从而有区别地确定管理方式的一种分析方法。由于它把被分析的对象分成 A、B、C 三类，所以又称为 ABC 分析法。

【延伸阅读 6-3】

ABC 分类法又被称为帕累托分析法，是由意大利经济学家维尔弗雷多·帕累托首创的。1879 年，帕累托在研究个人收入的分布状态时，发行少数人的收入占全部人收入的大部分，而多数人的收入只占一小部分，他将这一关系用图表示出来，就是著名的帕累托图。该分析方法的核心思想是在决定一个事物的众多因素中分析主次，识别出少数的但对事物起决定作用的关键因素和多数的但对事物影响较少的次要因素。后来，帕累托分析法被不断应用于管理的各个方面。

1951 年，管理学家戴克将帕累托分析法应用于库存管理。戴克根据库存品的销售数量、现金流量、提前期和缺货成本将库存品分为三类：A 类库存为重要的产品，B 类库存为次重要的产品，C 类库存为不重要的产品，并对这三类库存品采用不同的管理方法。

（二）ABC 分类法的具体步骤

（1）收集数据。按分析对象和分析内容，收集有关数据。例如，如果计划分析产品成本，则应收集产品成本因素、产品成本构成等方面的数据；如果计划分析针对某一系统分析价值工程，则应收集系统中各局部功能、各局部成本等的数据。

（2）处理数据。对收集来的数据资料进行整理，按要求计算、汇总，并按资金占用额降序排列。

（3）编制 ABC 分析表。ABC 分析表栏目构成（详见表 6-12）：第一栏为物品编号；第二栏为物品名称；第三栏为物品单价；第四栏为平均库存；第五栏为各种物品平均资金占用额，用第三栏单价乘以第四栏平均库存；第六栏为平均资金占用额百分比；第七栏为平均资金占用额累计百分比；第八栏为物品种类所占百分比，即某一物品种类占物品种类的百分比；第九栏为物品种类累计百分比；第十栏为分类结果。

（4）根据 ABC 分析表确定分类。按 ABC 分析表，将累计品目百分比为 5%~15%，而平均资金占用额累计百分比为 60%~80%的前几个物品，确定为 A 类；将累计品目百分比为 20%~30%，而平均资金占用额累计百分比也为 20%~30%的物品，确定为 B 类；其余为 C

类，C 类情况正好和 A 类相反，其累计品目百分比为 60%～80%，而平均资金占用额累计百分比仅为 5%～15%。

（5）根据 ABC 分类结果，对 ABC 三类物品采取不同的管理策略。

【示例 6-2】

某印刷厂库存品的 ABC 分类

某印刷厂的经理希望用 ABC 分类法将这些物品进行分类，以确定哪些材料应该重点监控管理。根据材料品种、单位价格和平均库存的数据，计算出每种物品的年资金占用额（见表 6-11）。

表 6-11　印刷厂的材料品种、单位成本和平均库存列表

物品编号	物品名称	单价/元	平均库存	资金占用额/元
1	纸箱	3.00	500	1 500
2	薄纸板	0.03	18 000	360
3	封面用纸	0.75	10 000	7 500
4	胶水	40.00	75	3 000
5	内封用纸	0.05	20 000	1 000
6	加固带	0.15	3 000	450
7	印贴	0.45	150 000	6 750
合计				81 310

根据资金占用额降序排列各物品，并编制 ABC 分类表（见表 6-12），按照上述原则划分材料的类别。

表 6-12　印刷厂的 ABC 分类表

物品编号	物品名称	单价/元	平均库存	资金占用额/元	资金占用额百分比/%	资金占用额累计百分比/%	物品种类所占百分比/%	物品种类累计百分比/%	物品分类
7	印贴	0.45	150 000	67 500	83.0	83.0	14.3	14.3	A
3	封面用纸	0.75	10 000	7 500	9.2	92.2	14.3	28.6	B
4	胶水	40.00	75	3 000	3.7	95.9	14.3	42.9	B
1	纸箱	3.00	500	1 500	1.8	97.8	14.3	57.2	C
5	内封用纸	0.05	20 000	1 000	1.2	99.0	14.3	71.5	C
6	加固带	0.15	3 000	450	0.6	99.6	14.3	85.8	C
2	薄纸板	0.02	18 000	360	0.4	100.0	14.3	100.0	C

（三）ABC 分类法的管理策略

确定好企业库存品的 ABC 分类后，要针对每一类库存品采取不同的管理策略。

A 类物品是关键的少数，需要进行重点管理，需要投入较大的力量精心管理。对仓储管理来说，由于 A 类库存品的价值较大，因此需要将 A 类库存压缩到最低水平，尽可能地降低库存总量，减少仓储成本，减少资金占用成本，提高资金周转率。具体管理方法如下：

（1）在准确预测需求的基础上，小批量、多批次采购入库，最好能做到准时制管理，能

够提高资金周转率，能够使库存保持最优的有效期，降低仓储管理费用，及时获得降价的收益；当然季节储备和涨价前的储备也是不能避免的。

（2）按照看板订单，小批量、多批次发货，最好能做到准时制出库，避免物品长时间储存在生产线中，造成积压损耗，造成虚假需求和超限额库存，不利于均衡生产和经营。

（3）每天对库存进行盘点和检查，随时监控需求的动态变化，分析预测哪些是日常要求，哪些是临时集中需求，使库存与各种需求相适应。

（4）科学设置最低定额、安全库存和订货点报警点，防止缺货的发生；了解大客户的库存，在需要的时候临时调剂；监控供应商的在途物资品种数量到货时间；与供应商和用户共同研究替代品，尽可能降低单价；制定应急预案，补救措施。

B类物品需要进行次重点管理。每周对库存要进行盘点和检查。对于B类存货的控制不必像A类那样严格，但也不宜过于放松。一般，按大类来确定订购数量和储备金额；根据不同情况，灵活选用存货控制方法。

C类存货品种数量多，资金占用量较小，故对其的控制可粗略一点。可以按年度或季度检查盘存。可以采用集中采购法，适当增大储备定额、保险储备量和每一次的订货批量，从而减少订货次数。在实际工作中，可采用"双堆法"或"红线法"进行管理。所谓双堆法，就是将存货分别放在两个空间（如两堆、两箱、两桶等）中，当第一个空间的存货用完后，即发出订货单，并同时从第二个空间开始供货；当第二个空间的存货用完后，第一个空间的货物到货，开始供应。如此交替存货，不断往复循环，以满足生产、经营上的需要。红线法的具体做法是，在存放货物的箱子上，从底部起在一定的高度处画出一条红线，红线以下的数量代表保险储备量和提前期内的需求量，当货物在供应中降至红线时，即进行订货，以便把存货恢复到原有水平。

二、供应商管理库存（VMI）

（一）VMI概述

传统管理方式下，库存是由库存拥有者管理的。因为无法确切知道用户需求与供应的匹配状态，所以需要库存，库存设置与管理是由同一组织完成的。这种库存管理模式并不总是最优的。一个供应商用库存应付不可预测的或某一用户的不稳定需求，用户也设立库存来应付不稳定的内部需求或供应链的不确定性。虽然供应链中每一个组织独立地寻求保护其各自所在供应链的利益不受意外干扰是可以理解的，但这样做的结果是影响供应链的整体优化运行。供应链的各个不同组织根据各自的需求独立运行，导致重复建立库存，无法达到供应链全局的最低成本，整个供应链系统的库存会随着供应链长度的增加而发生扭曲放大的现象。

供应商管理库存能够突破传统的条块分割的库存管理模式，以系统的、集成的管理思想进行库存管理，使供应链系统能够获得同步化的运营。

供应商管理库存（Vendor Managed Inventory，VMI）是一种以用户和供应商双方都获得最低成本为目的，在一个共同的协议下由供应商管理库存，并不断监督协议执行情况和修正协议内容，使库存管理得到持续地改进的合作性策略。

供应商管理模式是指将某种存货的管理委托给其供应商负责，并将公司内部该存货的库存、销售、生产等信息与供货商共享，由供货商协助公司更好地降低存货的成本，进而提高公司的利润。该模式假定供货商比公司更熟悉该存货的各种特性及管理、营销方式，并且供货商具有良好的商业道德。

近年来，为了降低库存成本，整合供应链资源，越来越多的企业开始尝试一种新型的供应链管理模式——供应商管理库存（VMI）。由于供应商更了解自己商品的情况、供应能力、促销计划、新品计划、季节变化等，配合使用这种先进的信息技术，可以更好地管理订单和库存。这种技术可以提高供应链管理的效率，降低双方的库存，减少商品缺货率，减少运作成本，提高对市场变化的反应速度，更好地满足消费者的需求。特别是零售行业长期以来饱受"长鞭效应"的苦恼，销售某种产品的零售商为了保证产品销售的连续性，会独自管理产品库存，独立承担库存成本，而产品一直由几家供应商负责供应，为了保证自己在市场营销方面的核心竞争力和企业间合作程度的加强，降低成本，抑制"长鞭效应"，重新整合企业资源，零售商决定实施供应商管理库存（VMI）的供应链战略来进行企业之间的联盟。

（二）VMI的实施原则

VMI在实施过程中需要遵循以下四项原则。

1. 合作性原则

在实施该策略时，供应商和用户（零售商）之间的相互信任与信息透明是非常重要的，要有较好的合作精神，才能够相互保持较好的合作。首先，供应商必须向下游客户证明，它有管理整个供应链的能力。其次，下游客户必须确信，为多个竞争客户服务的供应商能够对客户的商品销售信息保密；同样，供应商也必须确信，与多个从事同样产品类别的供应商进行交易的客户，能够正确处理各个供应商的信息保密问题。

2. 互惠互利原则

通过该策略使双方的成本都减少，双方形成互惠互利的格局。

3. 目标一致性原则

双方都明白各自的责任，观念上达成一致的目标。如库存存放地点、支付条款、管理费用等都要体现在框架协议中。

4. 持续改进原则

VMI的主要思想是供应商在用户的允许下设立库存，确定库存水平和补给策略，拥有库存控制权。VMI系统不仅可以降低供应链的库存水平，降低成本，还可使用户获得高水平的服务，改善资金流，与供应商共享需求变化的透明性和获得更高的用户信任度，使供需双方能共享利益和消除浪费。

（三）VMI的实施方法

1. 建立顾客情报信息系统

通过建立顾客的信息库，供应商能够掌握需求变化的有关情况，把由分销商进行的需求预测与分析功能集成到供应商的系统中来。

2. 建立销售网络管理系统

供应商须建立起完善的销售网络管理系统以便管理库存,保证自己的产品需求信息和物流畅通。因此,供应商须做到以下三点:

保证自己产品条码的可读性和唯一性;保证产品分类、编码的标准化;保证商品储存过程中的可识别性。

3. 建立供应商与分销商（批发商）的合作框架协议

在双方企业达成共识后,两家企业要各自组成一支由有关部门组成的跨部门团队,并共同成立一个联合团队,分别就物流、信息管理系统、销售、财务规定等方面进行全面讨论与沟通。在此阶段中,还要制定出双方希望通过实施 VMI 系统要达成的目标,如物流中心库存天数、商品的供应效率、订货前置时间、订货修正率、物流作业的成本率等衡量指标。此阶段应形成一个包含 VMI 系统建设、物流运作、订单确认以及数据传输和确认等各方面问题的合作协议。此合作协议具有法律效力,它的签订有利于规范双方的行为,防止一方做出有损于另一方的不负责任的行为。因此,合作框架协议是顺利实施 VMI 的重要保证。

4. 组织机构的变革

VMI 策略改变了供应商的组织模式,过去一般由会计经理处理与用户有关的工作,引入 VMI 策略后,在订货部门产生了一个新的职能,负责用户库存的控制、补给和服务水平。在正式实施时,仍然可能产生各种意想不到的问题,在 VMI 的运行过程中,仍然需要密切观察,并定期对系统进行修正和完善。

（四）VMI 的支持技术

VMI 的支持技术主要包括 EDI/Internet、ID 代码、条码、连续补给程序等。

1. ID 代码

供应商要有效地管理用户的库存,必须正确识别用户的商品,为此对供应链商品进行编码,通过获得商品的标识（ID）代码并与供应商的产品数据库相连,以实现对用户商品的正确识别。目前国外企业已建立了应用于供应链的 ID 代码的类标准系统,如 EAN-13（UPC-12）、EAN-14（SCC-14）、SSCC-18 以及位置码等,我国也有关于物资分类编码的国家标准,届时可参考使用。

供应商应尽量使自己的产品按国际标准进行编码,以便在用户库存中对本企业的产品进行快速跟踪和分拣。因为用户（批发商、分销商）的商品有多种多样,有来自不同的供应商的同类产品,也有来自同一供应商的不同产品。实现 ID 代码标准化,有利于采用 EDI 系统进行数据交换与传送,提高了供应商对库存管理的效率。目前,国际上通行的商品代码标准是国际物品编码协会（EAN）和美国同一代码委员会（UCC）共同编制的全球通用的 ID 代码标准。

2. EDI/Internet

EDI 是一种处理商业或行政事务时,按照一个公认的标准,形成结构化的事务处理或信息数据格式,完成计算机到计算机的数据传输。我们主要介绍 EDI 如何应用到 VMI 方法体系中,如何实现供应商对用户的库存管理。

供应商要有效地对用户(分销商、批发商)的库存进行管理,采用 EDI 进行供应链的商品数据交换,是一种安全可靠的方法。为了能够实现供应商对用户的库存进行实时测量,供应商必须每天都能了解用户的库存补给状态。因此,采用基于 EDI 标准的库存报告清单能够提高供应链的运作效率,每天的库存水平(或定期的库存检查报告)、最低的库存补给量都能自动生成,这样大大提高了供应商对库存的监控效率。分销商(批发商)的库存状态也可以通过 EDI 报文的方式通知供应商。

在 VMI 库存管理系统中,供应商一方有关装运与发票等工作都不需要特殊的安排,主要的数据是顾客需求的物料信息记录、订货点水平和最小交货量等,需求一方(分销商、批发商)唯一需要做的是能够接受 EDI 订单确认和/或配送建议,以及利用该系统发放采购订单。

3. 条码

条码是 ID 代码的一种符号,是对 ID 代码进行自动识别且将数据自动输入计算机的方法和手段。条码技术的应用解决了数据录入与数据采集的"瓶颈",为供应商管理用户库存提供了有力支持。

条码是目前国际上供应链管理中普遍采用的一种技术手段。为了有效实施 VMI 库存管理系统,应该尽可能地使供应商的产品条码化。条码技术对提高库存管理的效率是非常显著的,是实现库存管理的电子化的重要工具手段。它使供应商对产品的库存控制一直可以延伸到和销售商的 POS 系统进行连接,实现用户库存的供应链网络化控制。

4. 连续补给程序

连续补给程序策略将零售商向供应商发出订单的传统订货方法,变为供应商根据用户库存和销售信息决定商品的补给数量。这是一种实现 VMI 管理策略的有力工具和手段。为了快速响应用户"降低库存"的要求,供应商通过与用户(分销商、批发商或零售商)建立合作伙伴关系,主动提高向用户交货的频率,从过去单纯地执行用户的采购订单变为主动为用户分担补充库存,在加快供应商响应用户需求速度的同时,也使用户减少了库存水平。

本章小结

本章介绍了主生产计划的两类选择策略:第一类被称为生产能力选择策略,第二类被称为需求选择策略。MRP 的基本原理就是由产品的交货期开展零部件的生产进度日程与原材料、外购件的需求数量和需求日期,即将产品产出计划转化成物料需求表,并为编制生产能力需求计划提供信息,减少等待时间,为顾客提供更满意的服务。

所有企业都会保有一部分库存,因为库存能够防止短缺,适应市场变化;防止中断,保持生产均衡;缩短订货提前期;降低采购成本和生产成本。库存有不同分类方法。典型的库存控制系统有定量控制系统、定期控制系统和最大最小系统。常用的库存管理方法有 ABC 分类法和供应商管理库存(VMI)等。

思考练习题

1. 生产计划分为哪几个层次？
2. 主生产计划的影响因素有哪些？
3. MRP 的输入有哪些，输出有哪些？
4. MRP 的运算逻辑是怎样的？
5. 制造业企业排序时都有什么样的优先规则？
6. 什么是库存？它有哪些作用？
7. 结合现实中的企业经营，谈一谈库存的利和弊。
8. 库存控制系统有哪些？
9. 如何实施供应商管理库存（VMI）？

案例分析

上海市级医院全面推进预约诊疗和门诊一站式付费

作为上海医改的重要基础工作之一，上海于 2011 年 4 月启动健康信息化工程，依托上海申康医院发展中心的医联工程，至 6 月 17 日已初步实现 11 家三级医院以及 8 个区的网络联通，实现数据上传及临床信息共享调阅。在推进信息化建设进程中，上海大力推广医联预约服务平台，上海瑞金医院、中医医院、岳阳医院、龙华医院、儿童医院 5 家医院预约平台已上线运行，6 月底第二批 6 家医院将上线，计划到 12 月底力争 34 家三级医院全部上线；同时积极推行门诊一站式付费，上海瑞金医院、市中医院、龙华医院等医疗机构已经在门诊运行一站式付款系统，患者可以在一站式服务机上全程自助预约、挂号、付费等。

在上海最大的医疗机构之一——瑞金医院，专家门诊预约诊疗比例已达 55.29%，通过分时段预约就诊，患者在医院的候诊时间缩短了 60 分钟；采用一站式付费模式的患者约占总门急诊总量的 40%，患者平均付费时间缩短了 60 分钟；推进预约诊疗和一站式付费模式也降低了人力成本，医院挂号窗口的服务人员从 17 人减少到 12 人。

资料摘抄：中国政府网，http://www.gov.cn/jrzg/2011-06/23/content_1891151.htm。

问题：

1. 上述案例中，预约诊疗和门诊一站式付费属于什么作业计划？
2. 案例中的作业计划给人们带来的方便有哪些？

实训设计

1. 某酒吧周一至周天每日所需员工数量如表 6-13 所示，员工每周 5 天上班，2 天休息，请计算该酒吧所需员工数量并为员工排班。

表 6-13　需要员工数量情况表　　　　　　　　　　　　　单位：人

星期一	星期二	星期三	星期四	星期五	星期六	星期天
5	2	3	4	8	9	3

2. 经营鲜鱼的商家每天以每千克 14 元的价格购买某种鲜鱼，加工后以每千克 19 元的价格出售。每日卖剩下的鱼则以每千克 8 元的价格出售给猫粮生产商。该种鲜鱼日需求近似呈正态分布，均值为 80 千克，标准差为 10 千克，请设计每日鲜鱼商家进多少千克的鲜鱼为最佳？

第七章 供应链管理与市场营销

> **学习目的**
> 1. 了解供应链及供应链管理的基本概念
> 2. 了解市场和市场营销的基本概念
> 3. 掌握供应链管理的核心过程
> 4. 掌握企业竞争战略
> 5. 掌握市场营销组合的运用

第一节 供应链管理

一、供应链及供应链管理的基本概念

（一）供应链的定义和分类

1. 供应链的定义

供应链（Supply Chain）的思想源于流通（logistics），原指军方的后勤补给活动。随着商业的发展，供应链逐渐推广应用到商业活动上。关于供应链目前尚未形成统一的定义，许多学者从不同的角度给出了许多不同的定义。美国供应链协会（Supply Chain Council）对供应链提出以下定义："供应链是包括从供应商的供应商到顾客的顾客之间，所有对产品的生产与配销之相关活动流程。"英国的物流专家马丁·克里斯托弗（Martin Christopher）在《物流与供应链管理》一书中对供应链进行了这样的定义："供应链是指涉及将产品或服务提供给最终消费者的过程和活动的上游及下游企业组织所构成的网络。"我国学者单汨源在其《供应链管理及其应用研究》一书中提出："供应链是借助网络技术，将分布在不同地区的供应链合作伙伴，在较大区域范围内进行集成，力图通过各个组织之间相互的责任分担、利益共享等机制来共同获得收益。"

本书采用我国著名学者马士华在其《供应链管理》一书中对供应链的定义，即供应链是围绕核心企业，通过对信息流、物流、资金流的控制，从采购原材料开始，制成中间产品以及最终产品，最后由销售网络把产品送到消费者手中的将供应商、制造商、分销商、零售商、直到最终用户连成一个整体的功能网链结构模式。供应链描述商品的需求到生产再到供应过

程中各经营实体和活动及其相互关系动态变化的网络。

供应链的概念注重围绕核心企业的网链关系，每一个企业在供应链中都是一个节点，节点企业之间是一种供求关系。对于核心企业来说，供应链是连接其供应商、供应商的供应商以及客户、最终用户的网链。企业开展供应链始于运输管理方面，后又延伸至入库、最终产品库存、物料处理、包装、客户服务、采购和原材料等方面。应该说，供应链是用"过程观"对企业活动的一种描述，即企业从最初获取原材料到转换成最终产品直至交付给最终用户的整个生产、销售过程是由若干"供""需"环节作有序链接的。

2. 供应链的分类

根据不同的划分标准，供应链可以分为不同的类型。

（1）根据供应链中企业地位不同，供应链分成盟主型供应链和非盟主型供应链。盟主型供应链是指供应链中某一成员的节点企业在整个供应链中占据主导地位，对其他成员具有很强的辐射能力和吸引能力，通常称该企业为核心企业或主导企业。例如沃尔玛、家乐福这样的零售巨头作为整个供应链上的主导企业，是以零售商为核心的供应链。具体来说，根据供应链的主导主体不同，供应链又可划分为制造业企业主导供应链、商业企业主导供应链和第三方物流企业主导供应链等形式。非盟主型供应链是指供应链中企业的地位彼此差距不大，对供应链的重要程度不分上下。

（2）根据供应链复杂程度不同，供应链可以分为直接型供应链、扩展型供应链和终端型供应链。直接型供应链是产品、服务、资金和信息在往上游和下游的流动过程中，由公司、此公司的供应商和此公司的客户组成的。扩展型供应链把直接供应商和直接客户的客户包含在内，这些成员均参与产品、服务、资金和信息往上游和下游的流动过程。终端型供应链包括参与产品、服务、资金、信息从终端供应商到终端消费者的所有往上游和下游的流动过程中的所有组织。

（3）根据供应链存在的稳定性不同，供应链可以分为稳定的供应链和动态的供应链。基于相对稳定、单一的市场需求而组成的供应链稳定性较强，而基于相对频繁变化、复杂的市场需求而组成的供应链动态性较高。在实际管理运作中，需要根据不断变化的需求，相应地改变供应链的组成。

（4）根据供应链的功能模式不同，供应链可以划分为有效性供应链、反应性供应链和创新性供应链。有效性供应链主要体现供应链的物理功能，即以最低的成本将原材料转化成零部件、半成品、产品，以及在供应链中的运输等；反应性供应链主要体现供应链的市场中介功能，即把产品分配到满足用户需求的市场，对未预知的需求做出快速反应等；创新性供应链主要体现供应链的客户需求功能，即根据最终消费者的喜好或时尚的引导，调整产品内容与形式来满足市场需求。

（二）供应链管理的概念和特点

1. 供应链管理的概念

供应链是一个复杂的系统，所以要想取得良好的绩效，必须找到有效的协调管理方法，供应链管理思想就是在这种情况下提出的。美国生产与库存控制协会（APICS）认为，供应链管理是规划（planning）、组织（organizing）、控制（controlling）所有供应链活动。全球供应链论坛（The Supply Chain Forum）提出，供应链管理是从最终用户到最初供应商的所有为客户及其他投资人提供价值增值的产品、服务和信息的关键业务流程的一体化。我国的《物流术语》中定义供应链管理为"利用计算机网络技术全面规划供应链中的商流、物流、信息流、资金流等，并进行计划、组织、协调与控制"。我国学者马士华认为，供应链管理（Supply Chain Management）是用系统的观点通过对供应链中的物流、信息流和资金流进行设计、规划、控制与优化，整合供应链的上中下游，最大限度地减少内耗与浪费，实现供应链整体效率的最优化并保证供应链中的成员取得相应的绩效和利益，来快速满足顾客需要的整个管理过程。

尽管大家对供应链管理有不同的理解，但不难看出他们都关注到了供应链的另一层含义——增值链。供应链可以看作一种更广的企业机构模式，它不仅是一条连接供应商到用户的物料链、信息链、资金链，更是一条随着物料流转的增值链，各个相关企业受益才能维持这个链条的高效运转。所以，在供应链管理中信息资源共享和实现企业共赢是基本要求。一方面，信息是现代竞争的主要后盾，供应链的参与者要实现信息资源共享。供应链管理采用现代科技方法，以最优流通渠道使信息迅速、准确地传递，在供应链商和企业间实现资源共享。另一方面，供应链管理把供应链的供应商、分销商、零售商等联系在一起，并对之优化，使各个相关企业形成了一个融会贯通的网络整体。在这个网络中，各企业仍保持着个体特性，但它们为整体利益的最大化共同合作、互利共赢。

2. 供应链管理的特点

相对于传统的管理模式而言，供应链管理有如下四个特点：

（1）供应链管理是一种集成化管理模式。传统的管理以职能部门为基础，往往因利益目标冲突、信息分散等原因，各职能部门无法完全发挥其潜在效能，因而很难实现整体目标最优化。而供应链管理把供应链中所有节点企业看成一个整体，以供应链的流程为基础，物流、信息流、价值流、资金流、工作流贯穿于供应链的全过程。通过业务流程重组，消除各职能部门以及供应链成员企业的自我保护主义，实现供应链组织的集成与优化。

（2）供应链管理是全过程的战略管理。供应链是由供应商、制造商、分销商、零售商、客户组成的网络结构，各环节不是彼此分割的，而是环环相扣的一个有机整体。因此，从整体上考虑，如果只依赖于部分环节信息进行管理，则由于信息局限或失真，可能导致决策失误、计划失控、管理失效。进一步讲，由于供应链上供应、制造、分销等职能目标之间的冲突是经济生活中不争的事实，往往只有高层管理层才能充分认识到供应链管理的重要性，因而只有运用战略管理的思想才能有效实现供应链的管理目标。

（3）供应链管理提出了全新的库存观。传统的库存管理思想认为，库存是维系生产与销售的必要措施，因而企业与其上、下游企业之间在不同的市场环境下只是实现了库存的转移，整个社会的库存量并未真正减少。供应链的形成使供应链上各成员间建立了战略合作关系，通过快速反应致力于总体库存的大幅度降低，因而库存是供应链管理的平衡机制。

（4）供应链管理以最终用户为中心。不管供应链的连接企业有多少种类型，也不论供应链层次有多少，供应链都是由客户需求驱动的，也就是说，正是最终用户的需求，才使得供应链得以存在。只有客户取得成功，供应链才能延续发展。因此，供应链管理必须以最终客户为中心，将客户服务、客户满意与客户成功作为管理的出发点，并贯穿于供应链管理的全过程；将改善客户服务质量、实现客户满意、促进客户成功作为创造竞争优势的根本手段。

二、供应链管理的主要流程和内容

面对供应链这一庞杂的系统,要实施高效的管理并非易事。每个行业又有其自身特点,很难总结出一个统一的管理模式。供应链管理不仅仅是企业内部的管理,更包括企业与企业之间的物流与商业活动的管理。按照美国供应链管理专业协会(Council of Supply Chain Management Professionals,CSCMP)提出的《供应链管理流程标准》,供应链管理的主要流程和内容如表 7-1 所示。

表 7-1 供应链管理流程和内容

计划	采购	制造	交付	执行
·供应链计划	·战略采购	·产品工艺	·订单管理	·战略和领导
·供给/需求协同	·供应商管理	·伙伴关系和合作	·仓储/执行	·竞争力标杆
·库存管理	·采购	·产品或服务定制	·定制化/延迟	·产品/服务创新
·库存计划	·进向物料管理	·制造流程	·交付设施	·产品/服务数据管理
		·制造基础架构	·运输	·流程存在和控制
		·支持流程	·电子商务交付	·测量
			·管理客户/客户伙伴关系	·技术
			·售后技术支持	·商务管理
			·客户数据管理	·质量

供应链管理流程还包括回收管理的相关内容。行业之间千差万别,由于不同行业对供应链管理的理解不同,它们在真正实施供应链管理的过程中会存在很大差异。以制造商为例,想要实现高效的供应链管理,主要涉及五大核心过程。这五个过程是:需求管理;客户关系管理;供应商关系管理;产品的开发;物流管理。其中,产品开发在本书第三章探讨过,物流管理将在接下来的第八章专门论述,所以这里讨论其余三个核心管理过程的相关内容。

(一)需求管理

1. 需求管理的概念

需求管理(Requirement Management)是完整管理模式中的一环,预测客户是现代供应链管理的首要程序。正所谓"凡事预则立,不预则废",明确目标顾客的需求,提供合适的产品或服务,就像量体裁衣,力图实现最终产品同需求性的最佳结合。通过需求管理,可以确认:我们客户的需求是什么,以及满足客户需求的最佳解决办法。

从供应链管理的角度看,我们可以把需求管理定义为:以用户为中心,以用户的需求为出发点,集中精力来估计和管理用户需求,并试图利用该信息制订生产决策,以实现用户效用最大化的一种活动。需求管理主要包括预测和客户订单管理,它是高层计划过程的组成部分。

2. 需求管理的必要性

传统模式下只把供应链看作采购或企业的辅助部门,不会看到客户需求,认为客户是销售部门的事情。在把供应链和销售彻底隔离开的落后认知下,生产过程优先于需求,"以产定销",会造成产品的积压或者产品难以适应变化万千的市场,也使整个供应链系统缺乏明确的方向，造成极大的浪费。所以，实施需求管理，以顾客和最终消费者为经营导向，以满足顾客和消费者的最终期望来生产和供应，是供应链管理的起点和基石。可以说，不以客户需求为起点和基石的供应链管理，就没有掌握开启供应链的钥匙，就没有迈进供应链管理的大门。

在实际工作中，通过需求管理可以尽可能多地搜集到客户信息和客户需求，共享客户信息、技术信息等各种信息，在尽可能满足客户多样化和个性化需求的同时，实现供应链与客户服务的良性互动。

3. 需求管理的步骤和方法

一般来说，基于供应链的需求管理的主要活动包括需求预测、需求变更、需求跟踪控制等。

（1）需求预测。

需求预测是指估计未来一定时间内，整个产品或特定产品的需求量和需求金额。其目的在于通过充分利用现在和过去的历史数据、考虑未来各种影响因素，结合本企业的实际情况，采用合适的科学分析方法，提出切合实际的需求目标，从而定制订购需求计划，指导原材料或商品订货、库存控制、必要设施的配合等企业供应链工作的开展。各个行业都需要需求预测，但其重点不尽相同。例如，汽车行业的预测重点在于均衡季节性需求，充分利用产能的同时合理控制成品车库存；快速消费品行业的需求波动非常大，难以准确预测，应增加供应链的灵活性来迎合市场的波动。

需求预测方法大致分为定性预测法和定量预测法。定性预测法是基于判断、直觉和经验判断的方法，本质上来说是主观的。它包括德尔菲法、部门主管人员意见法、用户调查法、销售人员意见法等。定量预测法是根据已掌握的比较完善的历史统计数据，运用一定的数学方法进行科学的加工整理，借以揭示有关变量之间的规律性联系，用于预测和推测未来发展变化情况的一类预测方法。它可分为因果关系模型和时间序列模型两大类。

（2）需求变更。

需求预测时无论怎样谨慎小心，也总会有可变因素。变更的需求之所以变得难以管理，不仅是因为一个变更了的需求意味着要花费或多或少的时间来实现某一个新特性，而且是因为对某个需求的变更很可能影响到其他需求。但是需求变更往往难以完全避免。所以，我们在前面的需求预测和确认中就要把工作尽量做足做细，进行充分的调研、跟踪、分析、评审，并请客户尽早参与，避免不必要的变更。

如果确实发生了需求变更，应引入需求变更管理机制，以降低需求变更带来的风险。需求变更管理的核心是减少变更所产生的影响，而非消灭变更。通过变更管理可以降低开发返工的工作量，以减少项目风险。需求变更属于需求管理范围，也属于风险控制范围，产品经理要随时关注产品，定期对需求进行跟踪，做到"早发现、早治疗"。

（3）需求跟踪控制。

在整个过程中，进行需求跟踪的目的是建立和维护从用户需求到测试之间的一致性与完整性，确保所有的实现是以用户需求为基础的。需求跟踪包括编制每个需求同系统元素之间的联系文档，这些元素包括其他类型的需求、体系结构、其他设计部件、源代码模块、测试、帮助文件等。需求跟踪为我们提供了由用户需求到产品实现整个过程范围的明确查阅的能力。

（二）客户关系管理

1. 客户关系管理的定义

客户关系管理（Customer Relationship Management，CRM），是指企业为提高核心竞争力，利用相应的信息技术以及互联网技术协调企业与顾客间在营销和服务上的交互，从而提升其管理方式，向客户提供创新式的个性化的客户交互和服务的过程。

从字义上看，客户关系管理指企业用 CRM 来管理与客户之间的关系，它要求以客户为中心的商业哲学和企业文化来支持有效的市场营销流程。如果企业拥有正确的领导、策略和企业文化，CRM 应用将为企业实现有效的客户关系管理。因此，CRM 是一个获取、保持和增加可获利客户的方法和过程。CRM 也是一种以信息技术为手段，有效提高企业收益、客户满意度、雇员生产力的具体软件和实现方法。在充满移动终端的现代社会，作为解决方案的 CRM，它集合了当今最新的信息技术，包括 Internet 和电子商务、多媒体技术、数据仓库和数据挖掘、专家系统和人工智能、呼叫中心等。因此，CRM 至少有三层含义：一是新态企业管理的指导思想和理念；二是创新的企业管理模式和运营机制；三是企业管理中信息技术、软硬件系统集成的管理方法和应用解决方案的总和。

2. 客户关系管理的主要步骤

通常，客户关系管理包括六个主要步骤：

（1）确立业务计划。企业在考虑部署具体 CRM 方案之前，首先确定企业要实现的具体的生意目标，如提高客户满意度、提高市场占有率等。企业要清楚地认识到自身对于 CRM 系统的需求，以及 CRM 系统将如何影响自己的商业活动。在准确把握和描述企业应用需求的基础上，企业应制订一份最高级别的业务计划，力争实现合理的技术解决方案与企业资源的有机结合。

（2）建立 CRM 员工队伍。CRM 并不是哪个项目小组的事，而是全员的工作。企业全体员工都能认识到客户关系管理系统的价值，并且身体力行，全力配合，才能使 CRM 项目成功推进。所以，为实现 CRM 方案，管理者还须对企业业务进行统筹考虑，建立一支有效的员工队伍。

（3）评估销售、服务过程。在评估一个 CRM 方案的可行性之前，使用者需多花费一些时间，详细规划和分析自身具体业务流程。为此，企业需广泛地征求员工意见，了解他们对销售、服务过程的理解和需求；确保企业高层管理人员的参与，以确立最佳方案。

（4）明确实际需求。充分了解企业的业务运作情况后，接下来需从销售和服务人员的角度出发，确定其所需功能，并令最终使用者寻找出对其有益的及其所希望使用的功能。就产品的销售而言，企业中存在着两大用户群：销售管理人员和销售人员。其中，销售管理人员偏好于市场预测、销售渠道管理以及销售报告的提交；销售人员则希望迅速生成精确的销售额和销售建议、产品目录以及客户资料等。

（5）选择供应商。确保所选择的供应商对你的企业所要解决的问题有充分的理解。了解其方案可以提供的功能及应如何使用其 CRM 方案。确保该供应商所提交的每一软硬件设施具有详尽的文字说明。

（6）开发与部署。CRM 方案的设计，需要企业与供应商双方的共同努力。为使这一方案得以迅速实现，企业应先安排那些当前最为需要的功能，然后再分阶段不断向其中添加新功能。其中，应优先考虑使用这一系统的员工的需求，并针对某一用户群对这一系统进行测试。另外，企业还应针对其 CRM 方案确立相应的培训计划。

3. 客户关系管理的运用范围

客户关系管理是整个企业管理活动中十分重要的组成部分，需要管理者和员工的共同参与。从供应链管理实际工作的角度来说，销售业务员和采购人员的日常工作与客户关系管理更加密不可分。作为销售业务员，他们要及时正确地进行相关数据的录入。例如在日常业务拓展过程中，将名片或从其他途径收集到的客户及相关联系人的信息及时录入系统，如果客户的地址、电话或联系人等信息发生变更时，对系统中的客户资料进行及时更新；联系客户，无论采用电话、邮件还是上门拜访等联系方式，都应将与客户联系沟通的内容及时录入系统；给客户报价，可将报价信息录入系统，大大节省手工制作的时间，方便查询历史报价等。在日常使用中，进行客户联系的提醒、客户资料的查询和分析统计、业绩查询和统计等。采购人员的管理重点是采购订单和收货单的统计和分析。

（三）供应商关系管理

1. 供应商关系管理的概念和意义

如果客户关系管理（CRM）是站在"卖"方，面向供应链下游的重要管理活动，供应商关系管理则是立足于"买"方，改善与供应链上游供应商的关系，致力于实现与供应商建立和维持长久、紧密的伙伴关系。供应商关系管理（Supplier Relationship Management，SRM）是企业供应链上的一个基本环节，它建立在对企业的供应方（包括原料供应商、设备及其他资源供应商、服务供应商等）以及与供应相关信息完整有效的管理与运用的基础上，对供应商的现状、历史，提供的产品或服务，沟通、信息交流、合同、资金、合作关系、合作项目以及相关的业务决策等进行全面的管理与支持。

传统的供应商与企业的关系就是简单的买卖关系，其出发点为买卖双方围绕着生意讨价还价，相互之间存在的是竞争关系，因此往往将供应商看成生意场上的对手或敌人。但随着全球经济一体化进程的加速、互联网在全球范围内的蓬勃发展以及推广应用，企业已经无法仅仅依靠自己的资源和力量获得竞争的优势，如何获得企业的合作"伙伴"，并充分利用"伙伴"的资源，使得企业及合作伙伴的资源整合且一体化发展，成为企业发展所需解决的问题。所以，相互争斗的时代和状况开始分崩殆尽，取而代之的是供应链上的成员为了市场价值而彼此合作联手。对许多企业而言，与其供应商之间的伙伴关系已然成为它们对资源的获取、供应链上产品与服务传送的主要模式。尤其在零售等行业，与供应商建立伙伴关系，通过现代科技手段管理存货和产品补充系统，对于提高效率、削减成本有十分重要的意义。另外，在某些产业中，供应链上的企业之间结合彼此的核心能力，研发新的产品或推出新的方案，甚至可能扭转整合产业的方向，合作共同创造新的市场价值，更为结为伙伴的厂商带来强而有力的竞争优势。这种强大的伙伴关系也会为客户带来完整的解决方案，提供更优良的产品和服务。

2. 供应商关系管理的主要内容

供应商关系管理主要有以下内容：

(1) 供应关系建立。

供应商关系建立的第一步是供应关系开发，一种是现有供应商的关系开发，即通过和现有供应商的合作，对彼此关系进行重新评估、维护、促进等一系列活动，使双方关系越来越稳定紧密；另一种是新的潜在供应商关系的开发，即新供应商的开发、选择、详细的考察、分析、商务谈判、评估等活动转变潜在供应商变为正式供应商的过程。根据供应物资的重要程度，采用不同的开发流程。若是一般重要的物资，比如印刷件等，可以简化开发流程，以性价比为导向。如果是选择和企业竞争优势、关键技术相关的重要物资，则应进行系统的分析、评估，进行慎重的选择。这一流程一般包括寻找供应商、初选供应商、实地考察供应商、评估供应商、进行商务谈判、试订单、正式建立供应关系等关键步骤。

(2) 供应商选择评估。

供应商的选择评估是整个采购体系的核心。供应商的选择标准依据伙伴关系战略地位的不同而不同，着眼于短期导向的企业关心现在的选择及成果，追求单次市场交换的效率和单次获得的利润最大化，采用质量、成本、交付与服务并重的原则；而需要长期合作的供应商，是以后续一系列交易所带来的双方总利润最大化，包括削减交易成本和经营成本，共同提高顾客价值，提高营业收入为导向，因此需要对其内部管理、财务状况、技术能力等综合状况进行评估。

在进行评估时，一般要考虑供应商的物料质量、成本、交付情况、服务等因素。其中质量是采购物料的首要因素。首先要确认供应商是否有一套保证产品质量的、稳定有效运行的质量体系，然后要确认其设备和工艺能力是否满足所购产品的要求。另外，如果选择长期合作的供应商还需要考察供应商的内部管理水平、财务状况、技术能力等因素，从而更科学地选择长期合作的伙伴。供应商的选择方法有很多，采购方可以根据实际情况选择适合的方法对供应商进行甄选，如招标法、比质比价法、层次分析法、直观判断法等。

(3) 供应商绩效考核。

对供应商进行科学、合理、有效的绩效管理是整个供应商关系管理的重要环节，是建立战略合作联盟的基础，是对一个阶段内双方合作成效的评估以及采购管理工作问题的反馈，也是下一次供应商关系调整的基础。

要进行科学的供应商绩效管理，首先要制定一套全面的供应商综合评价体系，综合考虑供应商的发展阶段、业绩、管理状况、成本控制、技术水平等方面进行客观具体的评价；其次要确定评估标准，组成评估团队、确定评估流程和评估内容，可以从质量、技术、交货、服务、成本等关键方面进行评估；最后实施考核，对供应商绩效评估要做到公正、公平、公开，双方通过开放的渠道，了解供应商的优势和劣势，持续不断地改进，也可提升彼此的关系。同时，供应商也可以向企业反馈信息，提出不同意见和看法，有助于绩效管理工作的不断改进。

(4) 供应商激励。

要提升供应商的合作积极性，建立合理有效的供应商激励策略便是一个有效的途径。具体的激励手段包括有价格激励、订单激励、商誉激励、信任激励等。

(5) 供应商冲突管理。在供应链管理中，制造商与供应商的冲突是相互依赖且不对称的，这种组织关系导致了企业间地位和权力的不均衡，而企业成员间也存在着信息、认识、管理模式、企业文化等各种差异，加之供应链管理机制的不完善和外部环境因素，容易导致企业间的冲突。有些比较大的冲突可能会影响到企业的经营状况甚至是整个供应链的稳定运作。因此，制造商与供应商应有效地处理冲突，改善企业间的合作关系。首先，制造商和供应商之间应建立充分的理解和信任，互相了解企业文化和组织结构，建立统一的运作模式，同时在管理模式、利润分配、财务稳定等方面保留一定的兼容性，以协调彼此的关系。其次，应建立有效的沟通机制，加强信息交流与沟通，实现信息共享，定期互访沟通和意见反馈，同时在相互信任的基础上彼此间适当授权。再次，建立稳定顺畅的合作伙伴关系，通过相互合作更有效地提高供应链的整体利益，避免制造商和供应商资源的重复投入。

第二节　市场营销

一、市场和市场营销

（一）市场的概念

市场营销可以理解为企业与市场有关的经济活动，因此我们要首先了解市场及其相关概念。

在日常活动中，市场通常被看作产品和服务的买方和卖方交易的场所，如集市、商场等。我国古书《易经·系辞下》中就有"日中为市，致天下之民，聚天下之货，交易而退，各得其所，盖取诸《噬嗑》"的记载。目前我国有的农村或小城镇还保留着到固定的时间和地点去"赶集"的传统。许多学者或专业机构也是从场所的角度来界定市场概念的。美国市场营销协会（American Marketing Association，AMA）于1948年将市场定义为一些买主和卖主发生作用的场所（地点）或地区。美国经济学家约瑟夫·斯蒂格利茨（Joseph E. Stiglitz）认为，市场的现代概念是买卖双方在一起交换物品这种传统村镇市场的延伸。当然，随着时代的发展，市场作为一种场所，其时间和空间的概念有较大的扩展。例如资本市场是一种市场形式，而不是某个具体的物理地点，它指所有在这个市场上交易的人、机构以及他们之间的关系。而电商市场的兴起和扩张更是模糊了市场场所时间和空间的边界。

营销学中通常会谈及市场的大小，即购买者多少的问题。在这里，我们结合著名营销学家菲利普·科特勒（Philip Kotler）对市场的定义"某种产品或劳务的所有实际的和潜在的购买者的集合"（例如消费者市场、组织市场的界定就采用了这个概念），可以从实际和潜在购买者的数量、购买者的购买能力、购买意向等要素判断一个市场集合的大小。一般来说，购买者的需求是决定性的。当然，在整个市场格局中，必须有产品或服务的供给者的存在，他们能够提供满足消费者（用户）需求的产品或服务。因此，简言之，卖者构成产业，买者构成市场。

（二）市场营销的概念

1. 市场营销的含义

随着营销理论的不断创新，市场营销的概念在不同时期有不同的表述。例如美国市场营销协会（AMA）于 1985 年对市场营销是这样定义的："市场营销是（个人和组织）对思想、产品和服务的构思、定价、促销和分销的计划和执行过程，以创造达到个人和组织目标的交换。"该定义显然强调了"4p 组合"和"交换"目标。AMA 于 2004 年对营销的定义为"市场营销既是一种组织职能，也是为了组织自身及利益相关者的利益而创造、传播、传递客户价值，管理客户关系的一系列过程"。该定义用"价值"代替了以前的"产品、服务"等说法，而且强调了和利益相关者关系的维护。到了 2008 年，AMA 认为"市场营销既是一种行为、一套制度，也是创造、传播、传递和交换对消费者、代理商、合作伙伴和全社会有价值的物品的过程"。这一概念进一步明确了"利益相关者"的内容，最大的变化是强调了对"全社会"的价值。上述三个概念的变化，说明了营销的发展趋势，即由早期的"交易驱动"，发展到"客户关系驱动"、"价值驱动"和全社会"价值网"的驱动。

本书沿用菲利普·科特勒的定义，市场营销指个人和集体通过创造，提供出售，并同别人交换产品和价值，以获得其所需所欲之物的一种社会和管理过程。从这一定义中，我们可以清楚地看到，现代营销的主体已经不只是企业，而是发展为"一切面向市场的个人和组织"；营销的客体扩大为产品和价值，交换的过程能否实现取决于营销者创造的产品和价值满足顾客需求的程度；营销的内容并不是单纯的"销售"，而是有目的、有计划的实施和管理过程。

2. 市场营销的相关概念

（1）需要、欲望和需求。

人们的需要是市场营销存在的前提。所谓需要（Need），指人们感到缺乏的一种状态，是人们固有的没有得到满足而产生的客观感受，是与生俱来的基本要求。吃、穿、住、安全、社交等都是人们固有的，存在于人类自身生理和社会中的，因此需要不能被凭空创造。

欲望（Want）是由需要派生出的一种形式，是为了得到满足而对具体物品的需要。例如为满足"饥饿"的生理需要，人们可能选择吃馒头、面包、饺子等。作为市场营销者，虽然不能创造需要，但是可以通过创造、开发及销售特定的产品或服务来引导和满足欲望。

需求（Demand）指有货币支付能力的欲望，即具有购买意向、具有支付能力的具体物的需要。在成功营销的公司中，各层次人员直接与顾客接触，以便真正了解他们的欲望和需求。

（2）产品和服务。

产品（Product）是指能够提供到市场上来满足人们需要和欲望的任何事物。产品的价值并不是实体本身，而在于它给人们带来对欲望的满足。如人们购买一部手机不是为了得到一个通信设备，而是要得到它所提供的交流、娱乐等服务。相对于实体产品而言，服务也是产品的一种表现形式。服务（Service）是由活动、利益或满足组成的用于出售的一种产品形式，它本质上是无形的，其销售对象是一种不可触摸也不会涉及所有权的活动或利益。

更广泛的产品还包括经验、个人、地点、组织、信息和思想等。当前，随着产品和服务越来越大众化，许多公司正努力为顾客创造价值方面的勇攀新高。为了使提供给顾客的东西能够差异化，它们正创造并且提供全面的顾客体验，"体验经济"这一全新的领域正在蓬勃发展。从工业到农业、旅游业、商业、服务业、餐饮业、娱乐业等各行业都上演着体验或体验经济，尤其是娱乐业（如影视、主题乐园等）已成为现在世界上成长最快的经济领域。

（3）交换、交易和关系。

交换（Exchange）指从他人那里取得想要的物品，同时以某种物品作为回报的行为。交换是市场营销的核心概念。

交易（Transaction）是营销的度量单位，是指双方价值的交换。在交换过程中，如果双方达成一项协议，我们就称之为发生了一项交易。交易可以是以货币为媒介的一种过程，也可以是以物易物，例如一只牛交换五只羊。

在现代市场环境下，为了使企业获得更多的交易和资源，需要建立关系营销。所谓关系营销（Relationship Marketing），指营销人员除了创造短期的交易以外，还需要与有价值的顾客、分销商、零售商等建立长期的关系。在这种营销认知中，与利益相关者建立良好的关系，节约交易成本，从追求自身利益最大化扩大为"多赢"的格局，也使竞争模式从原来单个公司之间的竞争转变为整个网络团队之间的竞争。

二、企业战略与营销管理

一个企业想要生存和发展，固然需要"摸着石头过河"的开拓精神，更需要睿智清晰的战略眼光。只有清楚自身的目标和使命，为长期生存进行合理的部署和安排，企业才能不断发现、创造顾客，赢得先机。

（一）企业战略的特征和层次

企业战略是指企业发展过程中，在一定时期内，各个层次、各个部门战略规划和战略计划的统称。企业战略具有以下基本特征：① 全局性。企业战略立足于未来，通过对国际、国内的政治、经济、文化及行业等经营环境的深入分析，结合自身资源，站在系统管理的高度，对企业的远景发展轨迹进行了全面的规划。② 指导性。企业战略界定了企业的经营方向、远景目标，明确了企业的经营方针和行动指南，并筹划了实现目标的发展轨迹及指导性的措施、对策，在企业经营管理活动中起着导向的作用。③ 长远性。企业战略着眼于长期生存和长远发展的思考，确立了远景目标，并谋划了实现远景目标的发展轨迹及宏观管理的措施、对策。④ 抗争性。制定企业战略的出发点之一就是如何与竞争者抗衡，也包括了针对各种压力、困难、风险的基本安排。

一般来说，企业战略包括三个层次，即总体战略、经营战略和职能战略。其中，总体层战略又称公司战略，是企业最高层次的战略，是企业整体的战略总纲。它主要强调两个方面的问题：一是"应该做什么业务"，即从公司全局出发，根据外部环境的变化及企业的内部条件，确定企业的使命与任务、产品与市场领域；二是"怎样管理这些业务"，即在企业不同的战略事业单位之间如何分配资源以及采取何种成长模式等，以实现公司整体的战略意图。第二个层次是经营战略，又称业务层战略。现代大型企业一般同时从事多种经营业务，或者生产多种不同的产品，有若干个相对独立的产品或市场部门，这些部门即事业部或战略经营单位。由于各个业务部门的产品或服务不同，所面对的外部环境（特别是市场环境）不同，企业能够对各项业务提供的资源支持也不同，因此，各部门在参与经营过程中所采取的战略也不尽相同，各经营单位有必要制定指导本部门产品或服务经营活动的战略。第三个层次是职能战略，是为贯彻、实施和支持公司战略与经营战略而在企业特定的职能管理领域制定的战略，主要涉及营销、生产、财务、人事和研发等具体职能领域。

（二）企业总体战略的规划

规划总体战略一般分为四个步骤。

1. 认识和界定企业使命

所谓企业使命，是指企业在社会经济发展中所应担当的角色和责任。它是企业的根本性质和存在的理由，说明企业的经营领域、经营思想，为企业目标的确立与战略的制定提供依据。我们可以从企业关于未来的愿景、业务领域、经营政策等方面来思考和归纳企业的使命。例如，美国石油公司这样表述企业使命："美国石油公司是一个在全世界使炼油到化工一体化的公司。我们寻找和开发石油资源，并向我们的顾客提供优质的产品与服务。我们的业务责任是获得优秀的财务收益，平衡我们的长期成长计划，使股东利益和履行对社会和环境的义务"。

2. 区分战略业务单位

现代企业经营的业务，可能涉及多个领域。企业要合理配置资源，就要明确自己的业务和领域，从而制定不同的具体战略。所谓战略业务单位，指企业的一部分，其产品或服务与其他业务单位有不同的外部市场。业务单位不是按企业的组织结构划分的，而是按市场划分的。业务单位可能是一个事业部，也可能不是一个事业部。一个事业部内，由于面向不同市场，也需要不同的战略。例如，一个汽车公司划分为轿车部和卡车部，卡车部有面向农村的卡车和面向矿山的卡车。市场不同、需要不同的战略，属于不同的战略业务单位。

3. 规划业务组合

在第二步的基础上，企业要考虑如何在战略业务单位中配置有限的资源，就要对各个业务单位进行评估和分类，以确定它们的战略价值和发展潜力。在实务过程中，可以使用美国波士顿咨询公司的"市场成长率/市场占有率"矩阵等模型来对战略业务单位进行评估，以分析在当前的业务组合中，决定哪些业务应当增加投资，哪些应当减少或停止投资。

4. 规划成长战略

一旦决定发展或放弃哪些业务后，企业应该适时制定成长战略，以便在业务组合中增添新产品或新业务。企业的成长战略一般有三种模式：①密集式成长。密集式成长指企业在原有业务范围内，充分利用在产品和市场方面的潜力来求得成长的战略，即将企业的营销目标集中到某一特定细分市场，这一特定的细分市场可以是特定的顾客群，可以是特定的地区，也可以是特定用途的产品等。②一体化成长。一体化成长是指企业利用社会化生产链中的直接关系来扩大经营范围和经营规模，在供产、产销方面实行纵向或横向联合的战略。③多角化成长。企业尽量扩大产品大类和品种，跨行业生产经营多种多样的产品或业务，扩大企业的生产经营范围和市场范围。

（三）经营战略

经营战略也称竞争战略，重点规划一个战略业务单位如何开展业务，建立竞争优势。

1. 分析竞争环境

被称为"竞争战略之父"的迈克尔·波特认为，有五种竞争力量影响和决定一个行业现在和未来的竞争格局，这"五力"分别是供应商的讨价还价能力、购买者的讨价还价能力、潜在竞争者进入的能力、替代品的替代能力、行业内竞争者现在的竞争能力。

（1）新进入者的威胁。

新进入者会带来新的生产能力，并怀着获得市场占有率的愿望，这很可能造成产品价格暴跌，减少企业的获利能力，严重的还会影响到企业的生存。新进入者威胁的严重程度取决于进入障碍的大小和新进入者对现有竞争者反应的预料。如果进入障碍高，新进入者能够预料到被侵犯竞争者会进行严厉的报复，显然，新进入者不会造成进入所产生的严重威胁。

（2）供应商的讨价还价能力。

供应商对企业的生产经营具有很大的影响力，特别是当企业所需资源供应来源十分集中或稀缺时，供应商可以通过提价、限制供应、降低所售产品和服务的质量，在参与某行业时发挥其讨价还价能力。因此，企业既要设法与一些主要的供应商建立长期稳定的供货关系，以获得稳定的供应渠道及某些优惠条件，同时也需要避免单边垄断，给本企业造成损失。

（3）客户的讨价还价能力。

企业对自己投入的资本追求利润最大化，而买方则希望以尽可能低的价格来购买产品。为降低成本，买方与供应商议价以获得高质量的产品、高水平的服务和低廉的价格，这些可以通过鼓励行业内公司间的相互竞争获得。

（4）替代产品或服务的威胁。

替代产品或服务给行业设置了销售价格的上限，从而限制了行业的潜力。除非能提高产品或服务的质量，或在某种程度上将其差异化，否则该行业会遭受盈利损失，从而影响自身发展。很明显，如果替代产品提供的性价比越具有吸引力，那么对原行业盈利潜力设置的限制越严格。替代品不仅在平时限制盈利，而且在行业繁荣时也减少其可获得的财富。

（5）行业内部竞争。

行业竞争结构是指行业内企业的数量和规模的分布。理论上，它可以分为完全竞争、寡头垄断、双头垄断、完全垄断四种，从市场集中程度、进入和退出障碍、产品差异和信息完全程度方面有不同的特征。很多原因可能会导致行业内部竞争加剧，如竞争者数量较多，竞争力量大致相当；竞争对手提供的产品或服务大致相同，或者体现不出差异；某些企业为了规模经济利益，扩大生产规模，市场竞争均势被打破，产品大量过剩，企业开始诉诸削价竞销等。

2. 选择竞争战略

波特认为，在与五种竞争力量的抗争中，蕴含着三类成功型战略思想。

（1）成本领先战略。

成本领先战略要求坚决地建立起高效运行的生产设施，在经验的基础上全力以赴地降低成本，抓成本与管理费用的控制，以及最大限度地减少研究开发、服务、推销、广告等方面的成本费用。为了达到这些目标，就要在管理方面对成本给予高度的重视。尽管质量、服务以及其他方面也不容忽视，但贯穿于整个战略之中的是使成本低于竞争对手。该公司成本较低，意味着当别的公司在竞争过程中已失去利润时，这个公司依然可以获得利润。赢得总成本最低的有利地位通常要求具备较高的相对市场份额或其他优势，诸如与原材料供应方面的良好联系等，或许也可能要求产品的设计要便于制造生产，易于保持一个较宽的相关产品线以分散固定成本，以及为建立起批量而对所有主要顾客群进行服务。

（2）差别化战略。

差别化战略是将产品或公司提供的服务差别化，树立起一些全产业范围内具有独特性的东西。实现差别化战略的方式有许多：设计名牌形象、技术上的独特、性能特点、顾客服务、商业网络及其他方面的独特性。其中最理想的情况是公司在这些方面都有其差别化的特点。

如果差别化战略实施成功了，它就成为在一个产业中赢得高水平收益的积极战略，因为它建立起防御阵地对付五种竞争力量，虽然其防御的形式与成本领先有所不同。波特认为，推行差别化战略有时会与争取占有更大的市场份额的活动相矛盾。推行差别化战略往往要求公司对于这一战略的排他性有思想准备。这一战略与提高市场份额两者不可兼顾。建立公司的差别化战略的活动总是伴随着很高的成本代价，有时即便全产业范围的顾客都了解公司的独特性，也并不是所有顾客都将愿意或有能力支付公司要求的高价格。

（3）专一化战略。

专一化战略是主攻某个特殊的顾客群、某产品线的一个细分区段或某一地区市场。正如差别化战略一样，专一化战略具有许多形式。虽然成本领先与差别化战略都是要在全产业范围内实现其目标，但专一化战略的整体却是围绕着"很好地为某一特殊目标服务"这一中心建立的，它所开发推行的每一项职能化方针都要考虑这一中心思想。这一战略依靠的前提思想是：公司业务的专一化能够以高的效率、更好的效果为某一狭窄的战略对象服务，从而超过在较广阔范围内竞争的对手们。波特认为这样做的结果是，公司或者通过满足特殊对象的需要实现了差别化，或者在为这一对象服务时实现了低成本，或者两者兼得。这样的公司可以使其赢利的潜力超过产业的普遍水平。这些优势保护公司抵御各种竞争力量的威胁。

（四）营销过程与营销管理

在正确的经营战略的基础上，营销职能部门要分析、解读经营战略，作为决策和营销管理的依据。现代企业营销过程主要分目标市场营销战略和发展营销组合两个步骤。

1. 目标市场营销战略

明确经营战略及其目标要求后，企业通常需要经过周密的调研和科学的预测，了解自身优势和核心竞争力，从而决定经营的方向。在调研基础上展开所谓的"STP"，即市场细分、目标市场选择、市场定位等步骤。

（1）市场细分（Segmentation），即根据消费者的不同需求、特征和行为，将一个市场分为几个有明显区别的消费者群体，确定提供不同的产品和市场营销组合的依据。只有对潜在顾客及其需求分类，才能对各个市场进行客观、科学的评估。

（2）目标市场选择（Targeting），即企业根据自身的资源和优势，结合细分市场的吸引力和发展前景，明确愿意进入和需要占领的细高跟市场。

（3）市场定位（Positioning），即消费者根据产品的重要属性定义产品的方法，或者是相对于其他竞争产品而言，产品在消费者心目中占有的位置。在选定的目标市场上，为企业、产品树立一定的特色，以突出与竞争者的不同和差异。

2. 发展营销组合

营销组合（Marketing Mix），即营销手段，是指企业根据顾客的需求和企业的营销目标来确定可控营销因素的最佳组合。这些因素包括产品、价格、分销和促销等。后面会就营销组合的具体过程和运用展开谈论，在此不做具体阐述。

3. 营销管理

公司希望能够设计并实施能最好实现其在目标市场中的目标的营销组合，就需要进行营销管理活动——分析、计划、实施和控制。

首先，通过营销分析，了解市场和营销环境，发现有吸引力的机会并规避环境中的威胁，为其他营销管理职能提供信息。其次，制订营销计划有助于公司实现整体战略目标的营销战略。所谓营销计划，指公司希望实现营销目标所依据的思维逻辑，它由目标市场、定位、营销组合和营销开支水平的各个特定战略组成。一个典型的产品（品牌）营销计划的主要内容有：执行总结；当前营销形式分析（市场状况、产品、竞争、分销回顾）；机会和威胁分析；目标和存在的问题；营销战略；行动计划；预算；控制等。再次，实施营销计划，将营销计划转化为营销活动。最后，在实施过程中，要通过营销控制评估战略和计划的实施结果，并采取纠偏措施确保目标实现。

三、市场营销组合的运用

（一）市场营销组合的概念和由来

市场营销组合（Marketing Mix）是指企业针对目标市场的需要，综合考虑环境、能力、竞争状况，对自己可控制的各种营销因素（产品、价格、分销、促销等）进行优化组合和综合运用，使之协调配合，扬长避短，发挥优势，以取得更好的经济效益和社会效益。

这一概念是由美国哈佛大学教授尼尔·鲍顿于1964年在美国市场营销协会的就职演讲中最早采用的。在20世纪50年代初，根据需求中心论的营销观念，麦卡锡教授把企业开展营销活动的可控因素归纳为四类，即产品（Product）、价格（Price）、分销渠道（Place）和促销（Promotion），从而提出了市场营销的"4P"组合（见表7-2）。

表7-2 麦卡锡的"4P"组合

产品	价格	分销	促销
·有形产品	·目标	·目标	·目标
·服务	·灵活性	·渠道类型	·促销组合
·特性	·产品生命周期阶段	·市场展示	·销售人员
·质量水平	·地理术语	·中间商类型	种类
·附件	·折扣	·商店的位置和种类	数量
·安装	·津贴	·运输	挑选
·说明书		·储存	培训
·担保		·服务	激励
·产品线		·招聘中间商	·广告
·包装		·管理渠道	目标
·品牌			媒体选择
			广告冲击
			销售促进
			公共宣传

后来，市场营销组合又由"4P"发展为"6P"。"6P"是由科特勒提出的，它在原"4P"的基础上增加了政治（Politics）和公共关系（Public Relations）。随后，科特勒又进一步把"6P"发展为"10P"。他把已有的"6P"称为战术性营销组合，把新提出的"4P"——研究（Probing）、划分（Partitioning）即细分（Segmentation）、优先（Prioritizing）即目标选定（Targeting）、定位（Positioning）——称为战略营销。他认为，战略营销计划过程必须先于战术性营销组合的制订，只有在搞好战略营销计划过程的基础上，战术性营销组合的制订才能顺利进行。但目前广为流传的，仍然是以"4P"为基础的营销组合。下文将重点讨论产品策略和价格策略。

无论采用哪种框架，营销组合都有以下特性：①可控性。市场营销组合即企业可以控制的因素。企业在综合运用市场营销因素组合时，既要善于有效地利用各种可控制的因素，又要善于灵活地适应外部不可控制因素的变化，才能在市场上争取主动。②动态性。市场营销组合是一个变数，是变化多端的动态组合。它包括4个基本变量，而每一个变量（因素）又包含着许多因素，只要其中一个发生变化就会出现一个新的组合。企业营销策略的生命力就存在于无穷的变化和组合之中，企业营销策略的进攻性存在于它的应变和灵活性之中。③复合性。市场营销组合由许多次组合组成。即使市场营销条件相同，不同的企业也有不同的营销组合。企业进行整体营销活动，必须针对目标市场的要求，协调内部的人力、物力资源，考虑外部环境因素，从中选择最佳的组合。④整体性。构成营销组合的各个要素并不是简单拼凑的，应成为一个有机的整体。

（二）产品和品牌策略

1. 产品整体概念和分类

之前解释过产品的概念，产品是能够提供到市场上来满足人们需要和欲望的任何事物。在现代市场营销学中，产品的概念具有极其宽广的外延和丰富的内涵。通常产品整体概念可以分为三个层次：一是核心产品（Core Product），由消费者在购买产品或服务时所寻求的解决问题的核心利益构成；二是实体产品（Actual Product），指产品的质量水平、特色、设计、品牌名称和包装等特性综合；三是扩展产品（Augment Product），指向消费者提供的一些附加的服务和利益。例如购买手机，它提供的通话服务属于核心产品层次，手机的品牌是华为还是苹果属于实体产品层次，而手机摔坏了提供的以旧换新服务就属于扩展产品层次。

产品通常可以按表 7-3 的方法进行分类。

表 7-3 产品的习惯分类法

产品习惯分类法	根据其耐用性和是否有形	非耐用品
		耐用品
		服务
	消费品分类（根据产品及其购买特性）	便利品
		选购品
		特殊品
		非渴求品
	产品用品分类（根据产品特性）	材料和部件
		资本项目
		供应品和服务

其中，根据消费者的购买行为和购买习惯，消费品可以分为便利品、选购品、特殊品和非渴求品四类。便利品是指消费者要经常购买、反复购买、即时购买、就近购买、惯性购买，且购买时消费品不用花时间比较和选择的商品。选购品是指顾客对使用性、质量、价格和式样等基本方面要做认真权衡比较的产品。特殊品指具有特定品牌或独具特色的商品，或对消费者具有特殊意义、特别价值的商品，如具有收藏价值的收藏品以及结婚戒指等。非渴求品指消费者不熟悉，或虽然熟悉但不感兴趣，不主动寻求购买的商品，如环保产品、人寿保险以及专业性很强的书籍等。

2. 产品生命周期

产品从投放市场开始，到最终被淘汰退出市场所经历的全部时间和过程就是产品的生命周期。典型的产品生命周期一般可分为四个阶段，即引入期、成长期、成熟期和衰退期，其形态如图 7-1 所示。

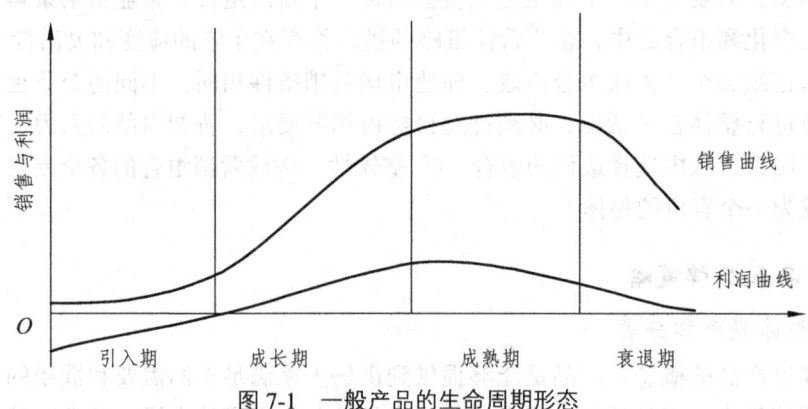

图 7-1　一般产品的生命周期形态

产品生命周期各阶段的市场特点是：

（1）引入期。新产品投入市场，便进入引入期。此时，顾客对产品还不了解，只有少数追求新奇的顾客可能购买，销售量很低。为了扩展销路，需要大量的促销费用，对产品进行宣传。在这一阶段，由于技术方面的原因，产品不能大批量生产，因而成本高，销售额增长缓慢，企业不但得不到利润，反而可能亏损。产品有待进一步完善。

（2）成长期。这时顾客对产品已经熟悉，大量的新顾客开始购买，市场逐步扩大。产品大批量生产，生产成本相对降低，企业的销售额迅速上升，利润也迅速增长。竞争者看到有利可图，将纷纷进入市场参与竞争，使同类产品供给量增加，价格随之下降，企业利润增长速度逐步减慢，最后达到生命周期利润的最高点。

（3）成熟期。市场需求趋向饱和，潜在顾客已经很少，销售额增长缓慢直至转而下降，标志着产品进入了成熟期。在这一阶段，竞争逐渐加剧，产品售价降低，促销费用增加，企业利润下降。

（4）衰退期。随着科学技术的发展，新产品或新的替代品出现，顾客的消费习惯发生改变，从原产品转向其他产品，从而使原产品的销售额和利润额迅速下降。于是，产品又进入了衰退期。

所以作为企业营销人员，要认真分析自身的产品所处的生命周期阶段，审时度势，采取相应的市场营销策略。如成长期的营销策略的核心是尽可能延长这一黄金时期。应该改善产品品质，通过增加新的功能、改变产品款式、发展新的型号、开发新的用途等对产品进行改进，满足顾客更广泛的需求，吸引更多的顾客。要把广告宣传的重心从介绍产品转到建立产品形象上来，树立产品名牌，维系老顾客，吸引新顾客。另外，在适当的时机，可以采取降价策略，以激发那些对价格比较敏感的消费者产生购买动机和采取购买行动。当企业的产品面临衰退的时候，应在立即停产还是逐步停产的关键问题上慎重决策，处理好善后事宜，使企业有序转向新产品的经营。

3. 品牌策略

品牌是产品整体概念下的重要组成部分。品牌（Brand），指用于识别一种产品或服务的生产者或销售者的名称、术语、标记、符号、设计或者上述这些的组合。消费者将品牌视为产品的重要部分，而且品牌管理能够为产品增值。一个强势品牌具有较高的品牌资产（Brand Equity），意味着具有较高的品牌忠诚度、知名度、感知质量、强烈的品牌联想以及其他一些诸如专利、商标和分销渠道关系等资产。

品牌策略是一系列能够产生品牌积累的企业管理与市场营销方法，包括"4P"与品牌识别在内的所有要素。它主要有品牌化决策、品牌使用者决策、品牌名称决策、品牌战略决策、品牌再定位决策、品牌延伸策略、品牌更新等。其中的关键策略是：① 品牌使用者决策，指企业决定使用本企业（制造商）的品牌，还是使用经销商的品牌，或两种品牌同时兼用。它主要有制造商品牌、商店品牌、许可品牌和联合品牌四种形式。② 品牌名称决策，即企业决定所有的产品使用一个或几个品牌，还是不同产品分别使用不同的品牌。如果企业每个产品使用不同的品牌，即个别品牌名称，旨在为每种产品寻求不同的市场定位；对于享有高声誉的品牌企业，全部产品通常会采用统一的家族品牌名称策略，从而充分利用其名牌效应。③ 品牌战略决策，一般来说有四种：产品线扩展策略、品牌延伸策略、多品牌策略和新品牌策略。

（三）价格策略

价格（Price）是一种产品和服务的标价。广义地看，价格表现的是消费者在交换中，所获得和使用产品和服务的价值。所有营利组织和非营利组织都必须为产品或服务定价，如房租、学费、诊疗费、保险费、养路费、会员费。企业支付给员工的薪水、工资等是劳动力的价格，包括所得税，都可看作个人或企业取得收入的代价。在市场营销中，定价策略的核心内容是：定价考虑因素和方法，定价的基本策略及价格调整策略。

1. 影响定价的主要因素

影响产品定价的因素有很多，有企业内部因素，也有企业外部因素；有主观的因素，也有客观的因素。一般来说，产品定价的上线取决于市场需求，下限取决于该产品的成本、费用等。大体上可以从企业目标、产品成本、市场需求、竞争因素和政策因素等方面来分析影响企业定价的主要因素。

（1）定价目标。

企业制定价格必须考虑目标市场战略。在市场经济中，定价的目标包括：其一，利润导向性目标，即企业在所能掌握的市场信息和需求预测的基础上，按照已达到的成本水平，适当定价，以追求所能得到的最大利润。其二，市竞争导向型目标，如在竞争激烈的情况下，有些企业的定价目标是大幅度增加销售量，以提高市场占有率，为此，需制定相当低的价格，不惜放弃目前的利润水平,甚至不顾目前的生产成本。其三,销售导向型目标,当企业为了增加整条产品线的销售额,而不是增加定价产品本身的利润或者市场份额时,就会采取销售收入最大化的目标来定价。

(2) 产品成本。

对企业的定价来说,成本是一个关键因素。企业产品定价以成本为最低界限,只有产品价格高于成本,企业才能补偿生产上的耗费,从而获得一定盈利。但这并不排斥在一段时间内个别产品价格低于成本。产品成本是定价的最低经济界限。按量本利盈亏分析法,一定时期内总的价格水平必须超过盈亏平衡点的产销数量,这时候才有利润。但在市场情况恶劣的情况下,作为短期权宜之计,可以把售价降到比变动成本稍高一点卖出产品。

(3) 市场需求。

当商品的市场需求大于供给时,价格应高一些;当商品的市场需求小于供给时,价格应低一些。反过来,价格变动影响市场需求总量,从而影响销售量,进而影响企业目标的实现。因此,企业制定价格就必须了解价格变动对市场需求的影响程度。

(4) 竞争因素。

按照市场竞争程度不同,市场竞争可以分为完全竞争、不完全竞争与完全垄断三种情况。在完全竞争条件下,买者和卖者都大量存在,产品都是同质的,不存在质量与功能上的差异,企业自由地选择产品生产,买卖双方能充分地获得市场情报。在这种情况下,无论是买方还是卖方都不能对产品价格进行影响,只能在市场既定价格下从事生产和交易。不完全竞争条件下最少有两个以上买者或卖者,少数买者或卖者对价格和交易数量影响较大,买卖各方获得的市场信息是不充分的,它们的活动受到一定的限制,它们提供的同类商品也有差异,因此它们之间存在着一定程度的竞争。在不完全竞争条件下,企业的定价策略有比较大的回旋余地,它既要考虑竞争对象的价格策略,也要考虑本企业定价策略对竞争态势的影响。而完全垄断是指一种商品的供应完全由独家控制,形成独占市场。在完全垄断竞争情况下,交易的数量与价格由垄断者单方面决定。完全垄断在现实中也很少见。

(5) 政策因素。

政策因素对产品定价的影响表现在诸多方面,如国家的价格政策、金融政策、税收政策、产业政策等,都会直接影响企业产品的定价。

2. 确定价格的一般方法

企业定价的高低,受到成本费用、市场需求、竞争等多方面因素的共同影响,但在实际定价过程中,企业往往只能侧重考虑某一方面。大体上企业定价有三种导向,即成本导向、需求导向和竞争导向。

(1) 成本导向定价法。

成本导向定价法是一种最简单的定价方法,即在产品单位成本的基础上,加上预期利润作为产品的销售价格。售价与成本之间的差额就是利润。由于利润的多少是有一定比例的,这种比例就是人们俗称的"几成",因此最为常见的成本导向定价法是成本加成定价法。依据核算成本的标准不同,成本加成定价法可分为平均成本加成定价法和边际成本加成定价法。成本加成定价法是广泛使用的理性定价方法,易于理解和使用,但其不足之处在于成本导向定价是基于提前预估成本所制定的,如果实际生产发生改变则会直接导致成本发生改变,而且如果企业成本高于竞争者，使用此方法会造成企业竞争力不足。

（2）需求导向定价法。

需求导向定价法是指根据国内外市场需求强度和消费者对产品价值的理解来制定产品销售价格。这种定价方法主要是考虑顾客可以接受的价格以及在这一价格水平上的需求数量，而不是产品的成本。它以消费者对商品价值的感受及理解程度作为定价的基本依据，把买方的价值判断与卖方的成本费用相比较，实际定价时更应侧重考虑顾客可以接受的价格。消费者对商品价值的理解不同，会形成不同的价格限度。

（3）竞争导向定价法。

竞争导向定价法是指企业对竞争对手的价格保持密切关注，以对手的价格作为自己产品定价的主要依据。当然，这并不意味着保持一致，而是指企业可以根据几个对手制定出高于、低于或相同的价格。比较常见的是随行就市定价法和封标定价法。其优点在于，充分考虑到产品价格在市场上的竞争力，但过分关注价格上的竞争，容易忽略其他营销组合可能造成产品差异化的竞争优势。

3. 定价的基本策略

一般，企业依据成本、需求和竞争等因素制定产品的基础价格，但实践中企业还需考虑多种因素制定不同的定价策略，以修正或调整产品价格。

（1）新产品定价策略。

新产品定价策略主要有撇脂定价策略和渗透定价策略。所谓撇脂定价，指在产品生命周期的最初阶段，把产品的价格定得很高，以攫取最大利润。所谓渗透定价，指企业把其创新产品的价格定得相对较低，以吸引大量顾客，提高市场占有率。

（2）产品组合策略。

当产品只是产品组合的一部分时，就必须对定价法进行调整（见表7-4）。

表7-4 产品组合定价

定价策略	描述
产品线定价	对同一产品线内的不同产品差别定价
备选产品定价	对与主体产品同时卖出的备选品附件定价
附属产品定价	对必须与主体产品一起使用的产品定价
副产品定价	对低价值的副产品定价以抵消处理成本
产品束定价	对共同出售的产品组合定价

（3）地理定价策略（见表7-5）。

表7-5 地理定价

定价策略	描述
产地交货定价	卖方按出厂价格交货或将货物送到买方指定的某种运输工具上交货的价格
目的地交货定价	由卖方承担从产地到目的地的运费及保险费的价格
统一交货定价	卖方将产品送到买方所在地，不分路途远近，统一制定同样的价格
分区定价	卖方根据顾客所在地区距离的远近，将产品覆盖的整个市场分成若干个区域，在每个区域内实行统一价格

4. 价格调整策略

企业为某种产品制定出价格，并不意味着大功告成。随着市场营销环境的变化，企业必须对现行价格予以适当的调整。一方面，由于企业的生产能力过剩，竞争压力大，企业的成本费用低于竞争者，或由于技术的进步使行业生产成本大大降低等，企业可能会主动降价；另一方面，由于通货膨胀，企业的产品供不应求，产品的包装、款式、性能等有所改进，企业可能会主动提价。

面对竞争对手的价格变动，贸然跟进或无动于衷都是不对的，应尽快进行调查研究，了解竞争者调价的目的、竞争者调价的期限等问题，结合所经营的产品特性确定对策。如同质性较强的产品市场上，如果竞争者削价，企业必须随之削价，否则大部分顾客将转向价格较低的竞争者；但是，面对竞争者的提价，本企业既可以跟进，也可以暂且观望。如果大多数企业都维持原价，最终迫使竞争者降低价格，使竞争者涨价失败。

（四）分销策略

分销渠道（Place）是由一些相互依赖的组织构成的，参与提供产品或服务以供消费者或产业用户使用的过程。上一节谈到的供应链就属于分销渠道的重要构成部分。制造商将一部分销售工作交给营销中介，会散失一些销售的主动权，但企业生产经营的产品或服务会更顺利地被使用或消费，商品能从生产者那里顺利转移到消费者或用户手里，使消费者或用户能在适当的时间、适当的地点买到能满足自己需求的商品。

现代经济条件下，除了厂家和消费者，分销渠道成员还有其他类型（见表7-6）。

表7-6 分销渠道成员

渠道成员	特征
经纪人	一个中间机构，其工作是把买卖双方汇集在一起，它没有存货，但需要参与融资和承担风险
服务商	一个中间机构，它参与分销过程，但不拥有商品所有权，也不谈判采购或销售
制造商代表	一个公司，它代表几家制造商并销售商品，它受数个公司雇佣，代替或增强它们的内部销售力量
经销商	一个中间机构，它购买产品，取得所有权并再销售
零售商	一个商业企业，它直接向自用和不是商业用途的最终消费者出售商品或服务
代理商	一个中间机构，它为顾客寻找对象和谈判、维护生产商的利益，但对商品没有所有权
销售队	直接受公司雇佣的一群员工，它根据公司的要求出售产品和服务
批发商	一个商业企业，它为了再出售或商业用途而出售商品或服务

（五）促销策略

促销（Promotion）是指企业通过人员推销或非人员推销的方式，向目标顾客传递商品或劳务的存在及其性能、特征等信息，帮助消费者认识商品或劳务所带给购买者的利益，从而引起消费者的兴趣，激发消费者的购买欲望及购买行为的活动。促销组合指企业根据产品的特点和营销目标，综合各种影响因素，对各种促销方式的选择、编配和运用。促销的基本方式有人员推销、广告、公共关系、销售促进。

本章小结

供应商的讨价还价能力、购买者的讨价还价能力、潜在竞争者进入的能力、替代品的替代能力、行业内竞争者现在的竞争能力是影响企业的竞争力。成本领先战略、差异化战略、专一化策略是企业可选的三种竞争策略。在正确的经营战略的基础上，企业营销过程主要分目标市场营销战略和发展营销组合两个步骤，即在"STP"基础上，通过产品、价格、分销、促销来规划企业营销组合。

思考练习题

1. 实现全面供应链管理对于企业有什么重要意义？
2. 供应链管理的核心过程是什么？
3. 什么是市场营销？它和推销有什么本质区别？
4. 如何分析竞争环境，它们对选择经营战略有什么影响？
5. 在产品的不同生命周期应当采取哪些营销手段？

案例分析

随着诺基亚正式回归，第一款智能手机产品——诺基亚 6 终于水落石头，不过，大家对它的看法是褒贬不一。新机选择只在中国市场推出，并且通过京东平台首发，对于"诺粉"（尤其是中国市场的"诺粉"）来说，"猜到了开头，却没有猜中结局"。

单凭一款配置刚刚及格（或者谈不上及格）的产品，喊着"I'm back!"的口号，诺基亚就想撼动当前中国智能机市场的格局吗？那么试问诺基亚的品牌号召力到底在中国市场还残留有几成"功力"？

单从诺基亚 6 的产品配置，很难看出这款产品的核心竞争力。而诺基亚选择在这个时候进军中国市场，或是盯上了中国市场在 2016 年有着不错的表现。市场调查机构 IDC 公布的报告显示，2016 年全球智能手机出货量预计将达到 14.5 亿部，同比涨幅仅为 0.6%。反观中国市场，据 IDC 数据显示，2016 年 Q3 中国智能手机市场出货量 1.15 亿台，同比增长 5.8%，涨幅程度远高于全球智能机市场水平。

但是，在中国智能机市场内部，两极分化非常严重，"马太效应"下，品牌影响力的重要性日趋显著。从 2016 年中国智能机市场份额来看，国产手机厂商已经远超苹果、三星这样的国际巨头。据瑞银集团分析师的研究报告显示，当前中国消费者购买国产手机已经不会觉得尴尬或者没有面子。这份分析报告能够说明的问题是，国产手机的品牌价值正在不断提升。与此同时，苹果与三星却出现了衰退，这两家的品牌号召力明显下滑，但这对于诺基亚来说，同样是一个危险的讯号。

自从诺基亚退出市场后，品牌影响力逐年下滑，据品牌价值咨询公司 Brand Finance 的统计，自 2008 年以来，诺基亚的品牌价值一路走低，并且早在 2014 年就被踢出了全球最有价值企业 500 强的榜单。如今，诺基亚的品牌价值更多被冠以"情怀"元素，但情怀二字也只是对于"诺粉"而言。昔日的"诺粉"如今已经不再年轻，这些年也早已转投其他厂商的怀抱，而国内年轻的消费者如今更多被 OPPO 与 vivo 这样具备活力的手机品牌所吸引。相对而言，诺基亚的品牌号召力，更像是一堆成年人面对儿时回忆时心中的感触，怀旧或者情怀究竟能不能成为诺基亚在国内市场拉动终端销量的武器？恐怕更多可能只是诺基亚（HDM）的一厢情愿。如果说这不是一款诺基亚的产品，恐怕会直接被市场淘汰，抑或根本就不会有人关注。但关键这款产品来自一个充满传奇色彩的手机企业，并且是针对中国市场推出的。但是，笔者深深怀疑，HDM 到底有没有为这款诺基亚新机展开过基本的市场调研工作。

如今，国产手机均以性价比著称，这种优势让国产厂商在多个新兴市场取得了较大突破，在中国市场自然也不会例外。反观诺基亚 6 的产品设计：5.5 英寸 1 080 P 屏幕；双卡双待；高通骁龙 430 芯片；4 GB 运存+64 GB 存储；支持外接存储卡；后置摄像头 1 600 万像素+前置摄像头 800 万像素；安卓原生 7.0 系统，怎么看都不是国产手机的对手。尤其是 1 699 元的价格，当前同样搭载了骁龙 430 处理器的小米 3S 起售价不过 699 元，而配备了骁龙 820 处理器的联想 ZUK Z2 也已经降到了千元档，同这些产品相比，诺基亚 6 的胜算又有几何？或许诺基亚 6 是一款尝试性的产品，但强推这么一款产品是否有必要值得商榷。

众所周知，HDM 这次主掌诺基亚回归，在渠道上，选择与京东进行合作。据业内人士透露，在诺基亚 6 的发布会上，京东集团副总裁、3C 事业部总裁胡胜利和 HDM 首席执行官 Arto Nummela 签下了一份长达五年之久的战略合作协议。事后，HDM 大中华区副总裁许立新表示："中国是全世界规模最大、竞争最激烈的智能手机市场。我们选择通过一个长期合作伙伴在中国推出我们的第一款安卓手机，绝不是偶然。"

但事实上是，诺基亚想在中国线下求得市场发展空间，根本无从下手。

早在 2011 年，昔日的诺基亚渠道崩盘之后，基本上原来的渠道合作伙伴就被其他手机厂商所瓜分。当年作为手机行业中的老大，诺基亚曾经依靠 FD 模式在中国市场内打造了一个相当强大的渠道系统，从一线到四线城市基本都能看见诺基亚的身影。但就是因为这么庞大的渠道体系，因为其在后期不断向渠道代理商压货，从而导致众多代理商出现了严重的库存问题，赔钱成为诺基亚代理商的主流现象，随后大批渠道代理商选择脱离诺基亚的控制，导致庞大的帝国在中国市场轰然崩塌。

先不说 HDM 基本没有可能重现昔日诺基亚的渠道优势，另外在面对如今的中国市场上，唯有轻资产，尽量实施本土化的发展，才有可能获得一线生机，这也是为何诺基亚要捆绑京东的重要原因之一。这虽然不是长期发展的方法，但是短期来看确实能够起到一定的效果，当然这样做的弊端同样是无法规避的。从 2016 年线上手机品牌纷纷专攻线下市场来看，电商渠道的优势已经逐渐消失，线下渠道才是未来中国智能机市场发展的主导方向，况且对于京东来说，诺基亚只是其众多合作厂商之一，一旦终端销量成绩不佳，京东不可能为了一棵树而失去整个森林。所以说，诺基亚的渠道悲剧很可能将再次上演。

资料来源：http: //tech.ifeng.com/a/20170111/44529592_0.shtml。

案例思考：

面对激烈的竞争，你认为诺基亚的回归有可能再创辉煌吗？诺基亚手机业务可以采取哪一种经营战略？

实训设计

1. 按班级分组，每组 5~8 人，到大型零售商进行关于消费者行为的市场调查；要求制作调查问卷，随机采访 10~20 名消费者，对其年龄段、消费金额、购买商品类型、每月消费次数等信息进行调查，将调查过程录成小段视频，调查结果和分析做成 PPT，带到课堂上进行分享。

第八章 物流管理与准时制生产方式

> **学习目的**
> 1. 重点掌握物流的产生、定义及功能,尤其要把握物流的经济价值与对社会的作用
> 2. 了解物流管理的概念及核心内容,重点把握物流管理的研究对象
> 3. 理解准时制生产方式的定义、特点以及在案例分析中深入该方式对于企业的重要意义

物流是与人们生活最为密切相关的社会经济活动之一,它存在于国民经济和社会生活的各个方面,维系着社会再生产的顺利进行,同时也是重要的经济增长点。物流是一个现代化的概念,随着经济的发展和社会的进步,人们对物流概念的认识也在不断地深化。对物流概念的科学认识,决定和影响着人们对物流规律的认识程度,也决定和影响着物流科学发展和应用实践的水平,进而影响着物流发展的程度和水平。

第一节 物流概述

一、物流的产生及含义

(一)物流的产生

物流的产生历史久远,自从有了人类,物流这种形态就存在于人类社会中了,但是由于人类初期的生产力水平低下,这一阶段的物流组织处于早期的原始状态。物流概念是在社会经济高度发展的条件下才出现的,即它是市场经济发展的产物。大机器生产的出现,大大提高了人们的劳动生产率。但是从整个社会来看,总的产品数量还很有限,一般来说,产品生产出来总可以分销出去。所以,人们的注意力都放在怎样改进生产技术和多生产产品上,而不必过多担心产品分销不出去,进而就不关心分销及其运输成本和效益,因此也不会产生物流的概念。

现代"物流"最早出现于 20 世纪初的美国,被称为"Physical Distribution (PD)",即"实物分配"或"货物配送"。当时西方国家已开始出现生产大量过剩、需求严重不足的经济危机,迫切需要解决商品的销售和物资流通问题。直到 20 世纪初,在一些经济发达的国家,其生产力发展到较高的水平,社会总产品数量达到比较饱和的程度,社会的总需求也相应有较大程度的增长,市场竞争激烈,企业生产出来的产品不一定都能分销出去,而且再靠提高生产技

术已经有一定难度。这时，人们不得不关心分销工作，希望通过抓分销来打开市场。这样，降低分销成本、提高分销经济效益就成为企业关注的大事。由此，人们才逐渐关注分销物流，物流的概念开始萌芽。在这种背景下，1915 年，美国市场营销学创始人阿奇·萧在《市场流通中的若干问题》中首次提出了"Physical Distribution"的概念，有人把它译成"实体分销"，也有的译成"物流"，这就是最早的物流概念，其实质是"分销物流"。1935 年，美国销售协会进一步阐述了物流（Physical Distribution）的概念："物流是包含于销售之中的物质资料和服务在从生产场所到消费场所的流动过程中所伴随的种种经济活动。"

第二次世界大战期间，针对战争中的物资供应问题，美国提出了"Logistics"的概念，其原意为"后勤"，也就是所谓的"军事后勤学"。它是指将战时的物资生产、采购、运输、配给等活动作为一个整体统一部署，使战略物资补给的费用更低、速度更快、服务更好。随后，企业中开始广泛应用"后勤"的概念，它同时包含了生产过程和流通过程的物流管理。

战后，发达国家的经济进一步发展，生产力水平进一步提高，需求规模进一步扩大，市场竞争进一步加剧，于是社会进入了大量生产、大量销售时期。这时候，为了进一步扩大市场占有率、降低流通成本，企业和社会就更加关注"物流"，使"物流"的概念更为系统化和普遍化。20 世纪 80 年代末，人们对"物流"的概念有了较全面深刻的认识，认为原来的 Physical Distribution 作为"物流"的概念已经不够确切，因为它只描述分销物流。而实际上物流不仅包括分销物流，还包括购进物流、生产（制造）物流、回收物流、废弃物流、再生物流等。应该说，这是一个闭环的全过程，就像军事后勤管理（Logistics Management）的内容一样广泛，于是在 20 世纪 80 年代末 90 年代初，人们正式把"Logistics"作为物流的概念。此后，Logistics 逐渐取代 physical Distribution，成为"物流"的概念和英文名词，这也是物流科学走向成熟的标志。

（二）物流的含义

关于物流的定义出处有很多，比较有影响的有：

物流作为一种先进的组织方式和管理技术，被广泛认为是企业除降低物资消耗、提高劳动生产率以外重要的第三利润源泉。

物流是为满足消费者需求而进行的对原材料、中间库存、最终产品及相关信息从起始点到消费地的有效流动，以及为实现这一流动而进行的计划、管理和控制过程。

物流作为客户生产过程中供应环节的一部分，它的实施及控制提供了有效的、经济的货物流动及存储服务，并提供从货物原始地到消费地的相关信息，以期满足客户的需求。

物流是有计划地将原材料、半成品及产成品由生产地送到消费地的所有流通活动，它包括为用户服务、需求预测、情报信息联系、材料搬运、订单处理、选址、采购、包装、运输、装卸、废料处理及仓库管理等内容。（美国物流管理协会的定义）

物流是产品从卖方到买方的全部转移过程。为了全面实现某一战略、目标或任务，把运输、供应仓储、维护、采购、承包和自动化综合成一个单一的功能，以确保每个环节的最优化。（日本通商产业省运输综合研究所的定义）

物流是一种物的实体流通活动，在流通过程中，通过管理程序有效结合运输、仓储、装卸、包装、流通加工、资讯等相关物流机能性活动，以创造价值、满足顾客及社会需求。简单地说，物流是货品从生产地至消费者或使用地的整个流通过程。（中国台湾物流协会的定义）

2006 年颁布的《中华人民共和国国家标准物流术语》（以下简称《物流术语》）（GB/T 18354—2006）对物流的定义是："物品从供应地向接收地的实体流动过程。根据实际需要，将运输、储存、装卸、搬运、包装、流通加工、配送、信息处理等基本功能实施有机结合。"

（三）我国物流的发展现状及趋势

我国从 20 世纪 80 年代初从国外引进了物流的概念，但人们一直没有很好地重视它，与欧美、日本等发达国家相比，中国物流的发展正处于起步阶段，人们对物流的认识也还处于启蒙、初级阶段。物流的概念主要通过两条途径从国外传入我国：一是在 20 世纪 80 年代初随"市场营销"理论的引入而从欧美传入，因为在欧美的所有市场营销教科书中，都毫无例外地要介绍"Physical Distribution"，这两个单词直译为中文，即"实体分配"或"实物流通"，所谓"实体分配"，指商品实体从供给者向需求者的物理性移动。二是"Physical Distribution"从欧美传入日本，20 世纪 80 年代初，我国从日本直接引入"物流"这一概念。

在物流概念传入我国之前，实际上我国一直存在着物流活动，即运输、保管、包装、流通加工等，其中主要是存储运输即储运活动。我国的物流业基本上就是国外的储运业，但其实两者并不完全相同，其主要差别在于：首先，物流比储运所包含的内容更广泛，一般认为物流包括运输、保管、配送、包装、装卸、流通加工及相关信息活动；而储运仅指储存和运输两个环节，虽然其中也涉及包装、装卸、流通加工及信息活动，但这些活动并不包含在储运概念之中。其次，物流强调诸项活动的系统化，达到整个物流活动的整体最优化，储运概念则不涉及存储与运输及其他活动整体的系统化和最优化问题。最后，物流是一个现代化的概念，在第二次世界大战后才在各国兴起；而在我国，储运是一个十分古老、传统的概念。

二、物流的功能与作用

（一）物流的功能

物流活动或者说物流的功能，一般包括仓储、采购、运输、包装、搬运装卸、流通加工、配送以及物流信息服务等内容。另外，还有一个相当重要的概念，即物流的功能范围。物流的功能范围是指在运输、保管、包装、装卸、信息等诸物流功能中把哪些功能、哪些业务、哪些活动作为物流成本的计算对象。把所有物流功能作为计算对象的成本与只把运输、保管两个功能作为计算对象的成本相比，显然有较大差别。

1. 仓储功能

仓储这一项重要的物流功能主要是通过仓库设施来实现的。仓库是企业物流系统的重要组成部分，目前全球大约有 750 000 个大型仓库设施，包括人工管理和计算机管理的仓库。在追求以最低的成本向顾客提供优质的产品服务的过程中，仓库这一环节扮演着极其重要的角色。作为连接生产者和消费者的中间环节，仓储活动的组织与管理已发展成为物流系统中一个举足轻重的职能。仓储在物流系统中起着包括运输整合、产品组合、物流服务、防范偶发事件、物流过程平稳等一系列附加值的作用。

一般来讲，仓库具有三个最基本的功能：储存、移动以及信息传递。近年来，移动功能和信息传递已经受到越来越多的重视，这不仅涉及仓库的运行效率，而且还影响到仓库产品的周转率。其目的就是要迅速完成产品存储和运输需求，以满足顾客的需要。

2. 采购功能

采购功能是指物流中心从制造业或供应商那里采购大量的、品种齐全的货物。一般而言，在执行采购功能时，应考虑以下要求：

（1）加强对货物采购信息的收集和分析，包括货源信息、价格信息和运输信息等。

（2）与制造商或供应商建立稳定的合作伙伴关系，通过合作过程，选择诚实可信、信誉良好的供应商。这样可以杜绝假冒伪劣商品的混入，提高企业形象。

（3）尽力降低采购集货风险，通过对商品市场的调查，了解商品供需状况，减少因采购批量不当而造成的库存积压。

（4）确定采购集货操作时间，防止因采购不及时造成脱销或停止生产。

3. 运输功能

物流的运输功能负责为客户选择满足需求的运输方式，然后具体组织网络内部的运输作业，在规定的时间内将客户的商品运抵目的地。它包括供应和销售物流中的车、船、飞机等方式的运输，生产物流中的管道、传送带等方式的运输。对运输活动的管理要求选择经济便捷的运输方式和运输路线，以实现安全、迅速、准时和经济的目的。

4. 包装功能

包装功能包括产品的出厂包装、生产过程中在制品和半成品的包装以及在物流过程中的换装、分装和再包装等活动。物流包装作业的目的不是要改变商品的销售包装，而是通过对销售包装进行组合、拼配和加固，形成适用于物流中配送的组合包装单元。对包装活动的管理应根据物流方式和销售要求来确定，要全面考虑包装对产品的保护作用、促销作用、提高装运率的作用、包拆装的便利性以及废包装的回收与处理等因素。对包装活动的管理还要根据整个物流的全过程的经济效率来具体决定包装材料及其强度、尺寸以及包装方式等。

5. 装卸搬运功能

装卸搬运指在同一地域范围内进行的、以改变物的存放状态和空间位置为主要内容和目的的活动，包括装上、卸下、移送、分拣、入库、出库等。

装卸搬运是伴随输送和保管而产生的必要的物流功能，它与运输产生位移效用、保管产生时间效用不同，其本身并不产生任何价值，但这并不说明装卸搬运在物流过程中不占有重要地位。物流的主要环节如运输和保管，都是靠装卸搬运衔接起来的，物流的其他环节也是靠装卸搬运连接起来的，由此可见，装卸搬运在物流系统的合理化中占有相当重要的地位。装卸搬运不仅发生次数频繁，作业内容也复杂多样，尤其是劳动密集型、耗费人力努力的作业，它所消耗的费用在物流中占有相当大的比重。另外，由于装卸搬运活动频繁发生，作业繁多也是产品损坏的重要原因。

装卸作业的代表形式是集装箱化和托盘化，使用的装卸机械设备有吊车、叉车、传送带和各种台车等。在物流活动的全过程中，对装卸搬运的管理主要体现在对装卸搬运方式、装卸搬运机械设备的选择、合理配置与使用以及装卸物运合理化等方面，应尽可能减少装卸搬运次数，以节约物流费用，获得较好的经济效益。

6. 流通加工功能

流通加工功能，又称流通过程中的辅助加工活动，它不仅存在于社会流通过程中，也存在于企业内部的流通过程中，它实际上是在物流过程中进行的辅助加工活动。企业、物资部以及商业部门为了弥补生产过程中加工程度的不足，更有效地满足用户或本企业的需求，更好地衔接供需，往往需要进行这种加工活动。

7. 配送功能

配送功能是物流进入最终阶段，以配货、送货形式完成社会物流，并最终实现资源配置的活动。配送活动过去一直被看作是运输活动中的一个组成部分或运输形式，所以未将其独立出来作为物流系统实现的功能，而是将其作为运输中的末端运输对待。但是，配送作为一种现代流通方式，在现代物流中的作用尤其突出，它集经营、服务、社会集中库存、分拣和装卸搬运于一体，已不是简单的送货运输，而在现代物流中已成为独立的功能。

8. 物流信息服务功能

现代物流是需要依靠信息技术来保证物流体系正常运作的。物流系统的信息服务功能包括进行与上述各项功能有关的计划、预测、动态（运输、收、发、存储）的情报及有关的费用情报、生产情报、市场情报活动。对物流情报活动的管理要求建立情报系统和情报渠道，正确选定情报科目以及情报的搜集、汇总、统计、使用方式，以保证其可靠性和及时性。

从信息的载体及服务对象来看，该功能还可分为物流信息服务功能和商流信息服务功能。商流信息主要包括进行交易的有关信息，如货源信息、物价信息、市场信息、资金信息、合同信息、付款结算信息等。商流中的交易、合同等信息，既提供了交易的结果，也提供了物流的依据，是两种信息流主要的交汇处。物流信息主要包括物流数量、物流地区、物流费用等信息。物流信息中的库存量信息，不但是物流的结果，而且是商流的依据。

物流系统的信息服务功能必须建立在计算机网络技术和国际通用的 EDI 信息技术的基础之上，才能高效地实现物流活动中一系列环节的准确对接，真正创造"场所效用"和"时间效用"，可以说，信息服务是物流活动的中枢神经，该功能在物流系统中处于不可或缺的重要地位。

信息服务功能的主要作用表现为：缩短从接受订货到发货的时间、库存适量化、提高搬运作业效率、提高运输效率、使接受订货和发出订货更为省力、提高订单处理的精度、防止发货和配送出现差错、调整需求和供给以及提供信息咨询等。

（二）物流的作用

在市场经济条件下，社会经济发展离不开物流，市场经济日益发达，物流的作用无论从微观经济的运行上还是从宏观经济的运行上，都显得尤为重要。

1. 物流在微观经济运行中的作用

（1）物流是企业生产连续进行的前提条件。

在现代企业生产经营中，物流贯穿于从生产计划到把产成品送达顾客手中的整个循环过程之中，并紧紧围绕着物品使用价值形态功能的更替和价值实现的转移。企业生产经营的全部职能都要通过物流得以实现，企业生产经营管理活动无一不伴随着物流的开发与运行。不论是供应物流、生产物流还是销售物流，如果出现阻塞，企业整个生产经营系统的运行就必然要受到影响。因此，可以说，物流是企业生产连续进行的必要前提条件。

（2）物流是实现商品价值和使用价值的条件。

任何产品从生产出来到最终消费，都必须经过一段时间和距离，都要经过运输、保管、包装、装卸、搬运等多环节、多次数的物流活动。无论是生产资料商品还是生活资料商品，在进入生产性消费和生活消费之前，其价值和使用价值始终是潜在的。为了能把这种潜在的变为现实的，物品必须借助于其实物运动即物流来得以实现。在这个过程中，产品可能会淋雨受潮、水浸、生锈、破损、丢失等。物流的使命就是防止上述现象的发生，保证产品从生产者到消费者转移过程中的质量和数量，顺利实现商品价值和使用价值的转移。

（3）物流是保证商流顺畅进行的物质基础。

在商品流通过程中，一方面要发生商品所有权的转移，即实现商品的价值（商流）；另一方面要完成商品从生产地到消费地的空间转移，即发生商品的实体流动（物流），以便实现商品的使用价值。商流引起物流，物流为商流服务。没有物流过程，商流就不能最后完成，包括在商品中的价值和使用价值就不能真正实现，而且物流能力的大小直接决定着整个流通的规模和速度。如果物流效能过小，整个市场流通就不会顺畅，就不能适应整个市场经济发展对物品快进快出、大进大出的客观要求。

（4）物流信息是企业经营决策的重要依据。

在当今知识经济的时代，信息就是生命，信息就是金钱。近年来，物流信息在整个经济信息系统中占有越来越重要的地位，许多生产企业和流通企业都建立了设备先进的物流信息中心，以便及时掌握企业内部和外部的物流信息，作为企业生产经营决策的重要依据。例如，利用计算机网络，将超市、配送中心和供应商、生产企业链接，形成一个以配送中心为枢纽的商品、物流业和生产企业的有效组合。借助于计算机迅速及时的信息传递和分析，通过配送中心的高效率作业与及时配送，将信息快速反馈给供应商和生产企业，从而形成一个高效率、高能量的商品流通网络，为企业管理决策提供重要依据。

（5）增强企业竞争力，实现企业战略。

在当今经济全球化、消费需求多样化的时代，企业面临范围更大、速度更快、种类更多的生产要素组合与产品组合，特别是大型企业、跨国企业，不仅其品与服务的销售范围是全球化的，而且生产或原材料供应也是全球化的，这就要求企业必须在更大的范围内组织供应、生产、销售等阶段的物流，以获得产品、价格、服务等竞争优势。因此，物流已不仅仅是实现价值、降低成本、促进销售的手段，而且直接决定产品、价格与销售，从而直接参与价值创造过程，是决定企业经营成败的战略问题。

2. 物流在宏观经济运行中的作用

（1）物流是社会经济大系统的动脉系统，是联结社会生产各个部门成为一个有机整体的纽带。

任何一个社会（或国家）的经济都是由众多的产业、部门、企业组成的。这些企业又分布在不同的地区、城市和乡村，它们之间互相供应产品，用于对方的生产性消费和个人生活消费。它们互相依赖而又互相竞争，形成极其错综复杂的关系。物流就是维系这些关系的纽带。尤其是在现代科学技术的发展已经引起和正在引起经济结构、产业结构、消费结构的一系列变化的情况下，物流像链条一样把众多不同类型的企业、复杂多变的产业部门以及成千上万种产品联结起来，成为一个有序运行的国民经济整体。

（2）物流的发展对商品生产的规模、产业结构的变化以及经济发展速度具有制约作用。

一方面，流通规模必须与生产发展的规模相适应，这是市场经济运行的客观要求。流通规模的大小在很大程度上取决于物流效能的大小。例如，只有在铁路运输、水运和汽车运输有了一定发展的情况下，煤炭、水泥等量大、体重的产品才有可能成为大量生产、大量消费的产品，这些商品的生产规模才有可能扩大。另一方面，物流技术的发展，能够改变产品的生产和消费条件，从而为经济的发展创造了重要的前提。例如，肉、奶、蔬菜、水果等农产品，在没有物流技术作保证时，往往只能保存几天到十几天的时间，但当物流技术有了充分发展时，这类商品就能在较短时间内进入更为广阔的市场和消费领域。随着物流技术的快速发展，物品流转速度将会大大加快，从而加速经济的发展。

（3）物流的改进是提高经济效益的重要源泉。

物流组织的好坏直接影响着生产过程能否顺利进行，决定着物品的价值和使用价值能否实现，而且物流成本已成为生产成本和流通成本的重要组成部分。物流作为一块"未被完全开垦的处女地"，将是"大幅度降低成本的宝库"。因此，通过采取合理组织运输、减少装卸次数、提高装卸效率、改进商品包装和装卸工具来减少物品损耗等措施，降低物流费用，将真正成为企业"第三利润"的源泉。

第二节　物流管理概述

一、物流管理的含义及特点

（一）物流管理的含义

物流管理是在生产力水平高度发展之后才产生的。它首先在工业技术发达的美国形成，并且很快被日本和西欧各国引进。在发达国家，物流科学的研究已具有很高的水平，在社会经济和工业生产中得到了越来越普遍的应用，并且取得了极为显著的成果。也就是说，一定水平的社会经济是产生物流业的基础，而先进的物流业又对社会经济的发展起到促进作用。先进的物流管理是一个国家社会经济发展的基础之一。任何一个国家的社会经济都是由许多部门和企业组成的，它们分布在不同地区，分属于不同的所有者，这些企业向社会供应其产品，同时也从社会获得其他企业生产的原材料和消费品。企业之间相互依赖、相互竞争的错综复杂关系是依赖物流系统加以维持的，社会经济的发展变化要靠物流系统的调整才能实现。物流业发展的水平已成为世界各国社会经济发展的基础之一。对于发展中国家，其社会经济的发展变化幅度较大，重视物流系统的建设和完善，这无疑会避免许多损失。

在2006年颁布的《物流术语》中，物流管理是指为了以最低的成本达到客户所满意的服务水平，对物流活动进行的计划、组织、协调与控制。换句话说，物流管理是根据物质实体流动的规律，应用物流管理的基本原理和科学方法，对物流活动进行计划、组织、指挥、协调、控制和监督，使各项物流活动实现最佳协调与配合，通过降低物流成本和满足市场需求来提高社会效益和经济效益的过程。现代营销之父菲利普·科特勒在《市场营销管理》一书中对物流管理做了这样的表述：物流是物的流通过程，是指计划、执行与控制原材料和最终产品从产地到使用地的实际流程，并在盈利的基础上满足顾客的需要。综上所述，物流管理是为实现商品的价值，使物质实体从供应地到接受地转移的物理性经济活动。具体地说，物流是通过对采购、运输、保管、搬运、包装、流通加工、回收、信息活动等过程的计划、组织、指挥、协调与控制，使这一过程实现物的价值增值和组织目标。

（二）物流管理的特点

物流管理具有以下三个特点：

1. 物流管理是战略管理的重要方面

从企业的市场需求和经济效益出发，通过合理的、科学化的管理达到降低成本、提高物流效率的目的，是对再生产过程中的资源的整体配置和利用，是考虑到企业总体价值增长的长远大计，也是企业可持续发展的根本问题之一。通过物流管理解决这一问题具有战略意义。

2. 物流管理是系统化管理

物流管理是从生产到销售的一体化管理，要对生产、仓储、运输、销售等不同过程中的物流、商流、信息流进行统一组织和构建，使它们之间有机衔接和匹配，形成一个有计划、有目的的大系统。

3. 物流管理要运用现代化的手段和工具

随着现代化大生产的发展和企业经营的全球化，物流的规模和空间也在迅速发生变化，物流所传递的内容日益复杂化，仅仅依靠原始的联系工具，如人搬肩扛、手工记录等方式已经远远不能适应现代物流的需要，必须使用现代化的技术手段。目前信息编码和电子商务等新技术、新方法已经成为物流管理中被广泛使用的工具和手段。随着科学技术的发展，新的技术与方法还将不断地被应用于物流管理领域。

二、物流管理的研究对象及内容

（一）物流管理的研究对象

就物流管理理论的整体而言，可以认为物流管理的主要研究对象是社会物流。社会物资流通网络是国民经济的命脉，其中流通网络分布的合理性、渠道是否畅通至关重要。对社会物流必须进行科学管理和有效控制，采用先进的技术手段，保证高效率、低成本运行，这样做才能带来巨大的经济效益和社会效益。物流管理理论对宏观国民经济的重大影响是物流管理理论受到高度重视的主要原因。无论是制造企业还是流通企业，生产经营活动自始至终都包含着物流活动。工商企业是物流服务的需求者，同时也需要向产品的用户提供物流服务，尽管对外提供的物流服务不一定全部要由企业自己来承担。但无论是企业自己承担的物流活动还是由专业物流企业承担的物流活动，这部分投入都要与其他生产活动一样，要投入物质资源和人力资源，计入产品的成本。同时，作为物流活动的产出，物流服务必须符合用户的需求。对现代物流服务的要求可以用这样一句话来表达，即在需要的时间，将所需要的物品按照指定的时间送达到需要的场所。物流管理最基本的目标就是以最低的成本向用户提供满意的物流服务。

（二）物流管理的内容

现代物流具有广泛性，涵盖各行各业，涉及社会经济的各个领域，既有微观的问题又有宏观的问题，既有经济性问题又有社会性问题。

1. 工商企业的物流管理

最一般的物流问题直接来自工商企业的经营，企业物流是物流研究和实践最为重要的一个领域。企业物流问题的起因，首先是在经营活动中存在着过剩的物流成本，通过物流活动的合理化和效率化可以降低物流成本，从而为企业的利润增长做贡献。在物流管理意识还没有建立起来之前，人们将降低成本的努力主要集中在生产和销售领域，物流领域的管理尚未走上科学化的道路。这主要表现在物流只是作为生产和销售的附属活动而存在，物流管理停留在对各个功能要素的个别管理阶段，构成物流的各个功能活动之间缺乏有机联系，企业没有专门的物流管理职能部门，物流成本无法正确把握和控制等方面。物流问题的发现，为企业发掘"第三利润的源泉"提供了机会。在经历了降低物流成本的阶段以后，物流管理的任务开始进入促进企业收益增长的阶段，即通过向顾客提供满意的物流服务，带动销售收入的增长。物流系统的目的已不仅局限在物流费用的最小化上，而是通过提供最为适宜的物流服务，实现（收益——费用）的最大化。进入 20 世纪 90 年代，企业的物流管理进入战略管理阶段，即从长远的和战略的观点去思考物流在企业经营中的定位，将物流作为提高企业竞争能力的战略资源，物流管理已成为供应链管理的重要内容，将企业的物流职能以对外委托的形式交给第三方物流企业去完成的新型的物流运作方式在一些先进企业出现，并且逐步扩大。尽管发达国家的物流管理已经进入战略管理阶段，但对中国的绝大多数企业来说，降低物流成本仍然是其物流管理的基本任务。为此需要建立起物流管理组织，对企业的物流活动实施系统化管理，并运用物流合理化原则优化企业物流系统。

2. 物流企业的物流管理

现代物流问题的另一个主要来源是物流企业的经营。在工商企业的物流观念转变以后，作为社会化物流服务的提供方如何以企业的物流需求为市场开展现代物流经营事业成为物流企业要面对的现代物流问题。物流企业对现代物流问题的认识程度直接关系到企业的发展战略。以日本为例，站在物流企业的立场去观察和注意物流问题、形成现代物流意识是在 20 世纪 60 年代中期以后 10 年间的事情，物流企业物流意识的普遍化是在 1973 年石油危机以后的长期衰退过程中出现的；而工商企业在 20 世纪 60 年代中期便十分明确地意识到物流问题，并且积极致力于物流问题的解决。显然，作为物流服务供给方的物流企业的步伐明显滞后于工商企业。这种认识上的差异是影响物流企业事业的收益性和安定性的重要因素。尽管物流问题的不断深化与物流企业的意识程度无关，但与物流企业现有的经营上的问题的关联度却在不断加深。换言之，现代物流意识的强弱关系到物流企业经营方向和发展战略的制定，如果物流企业的认识早一些就可以占据市场的主动权；否则，将处于被动地位。物流企业的竞争除了行业内部同行之间的竞争以外，还有需求方的货主企业的竞争。尽管这种竞争不像同行竞争那样明显，但对于物流企业的影响却是巨大的。如果物流企业不能提供货主企业所需要的物流服务，货主企业就会自行开展物流活动和建立一套系统，特别是大型企业，这意味着物流企业失去了物流市场。

在中国，准确地讲，传统物流企业对于现代物流的认识并不迟于工商企业，以中国物资储运等一批国有企业、股份企业和民营企业为代表的现代物流企业正在崛起。但是，无论是数量上还是经营质量上，它离现代物流的需求还相差甚远。应该说，现代物流市场的潜力是非常巨大的，现在正是向现代物流业转型的大好时机。

3. 政府方面的物流管理

（1）物流基础设施的规划和建设。

近十几年来，中国加大了对交通基础设施的投资，投资主体多元化的格局已经形成。以公路、铁路、港口、航空港等为对象的物流基础设施的建设进展迅速，运输线路，特别是高等级道路和电气化铁路的通车里程大幅度提高，综合运输网络正得到逐步改善。但是，我们在重视物流线路建设的同时，也应该加强物流节点设施建设。这是因为物流活动的形态包括线路部分的活动和节点部分的活动，大部分的物流功能要通过节点设施来发挥。只有将线路功能与节点功能有机地结合起来，才能满足物流合理化的要求。另外，由于物流基础设施建设需要大量的资金投入；同时由于公共物流设施具有一定的公益性，并且收益性较差，投资回报期长，因此需要政府在土地使用、融资、税收等方面予以支持，才能实现国内物流企业的长远发展。

（2）创造现代物流发展的宏观环境。

政府主管部门在发展现代物流的问题上首先要有一个明确的战略发展思路，建立健全各项政策法规，协调物流相关行业和部门的行动，才能从整体上为物流产业的发展提供一个宽松的宏观发展环境。

（3）培育和发展物流市场，鼓励竞争，支持企业联合。

竞争是搞活物流市场、提高物流企业经营水平最有效的方式。但同时也应该看到，物流市场的准入条件较低，物流服务产品的技术含量也相对较低，企业之间容易产生过度竞争。因此，适当提高市场准入条件，严格行业服务标准，有利于维持正常的市场秩序。要重点培育一批具有一定资金实力和技术实力、业已形成比较广泛的物流网络的现代物流企业，使它们成为国家发展现代物流事业的推手，推动国内现代物流事业水平的提高。此外，通过合资的方式，引进国外先进物流企业的管理经验和运作模式也是提高物流企业经营水平的有效途径。

（4）要解决好物流与环境和城市发展的矛盾。

物流作业活动的核心是货物运输，随着消费需求的多样化和个性化，物流需求也朝着高度化方向发展，现代物流呈现出多品种、小批量、高频次的特点，卡车运输成为实现物流目的的主要运输手段。区域内、城市内商品运输配送活动的频繁发生给环境和城市交通带来一定的负面影响，交通环境的恶化反过来也会影响到物流效率的提高。因此，必须搞好物流节点设施的规划，并将其作为城市规划的一部分充分加以重视。通过物流节点设施的合理布局，将干线运输和支线末端配送有机地结合起来，在保证物流效率的同时，减少物流对于城市功能的负面影响以及对于环境的破坏。

第三节 准时制生产方式

一、准时制生产概述

（一）准时制生产的定义

准时制（just-in-time，JIT）生产方式，指保持物质流和信息流在生产中的同步，实现以恰当数量的物料，在恰当的时候进入恰当的地方，生产出恰当质量的产品。这种方法可以减少库存，缩短工时，降低成本，提高生产效率。JIT生产方式是第二次世界大战以后最重要的生产方式之一。它起源于日本的丰田汽车公司，曾被称为"丰田生产方式"，后来由于这种生产方式的独特性和有效性，它被越来越广泛地认识、研究和应用。

JIT生产方式的基本思想是"只在需要的时候，按需要的量，生产所需的产品"，也就是追求一种零库存或库存达到最小的生产系统。JIT生产方式以准时生产为出发点，首先暴露出生产过量和其他方面的浪费，然后对设备、人员等进行淘汰、调整，达到降低成本、简化计划和提高控制的目的。在生产现场控制技术方面，JIT的基本原则是在正确的时间，生产正确数量的零件或产品，即准时生产。

（二）准时制生产的目标

JIT生产方式将"获取最大利润"作为企业经营的最终目标，将"降低成本"作为基本目标。在福特汽车时代，降低成本主要是依靠单一品种的规模生产来实现的。而在多品种中小批量生产的情况下，这一方法是行不通的。因此，JIT生产方式力图通过"彻底消除浪费"来达到这一目标。所谓浪费，在JIT生产方式的起源地丰田汽车公司，被定义为"只使成本增加的生产诸因素"，也就是说，不会带来任何附加价值的诸因素。任何活动对于产出没有直接的效益便被视为浪费。这其中，最主要的有生产过剩（即库存）所引起的浪费，如搬运的动作、机器准备、存货、不良品的重新加工等；同时，在JIT生产方式下，浪费的产生通常被认为是由不良的管理所造成的。比如，大量原物料的存在可能便是由于供应商管理不良所造成的。因此，为了排除这些浪费，就相应地产生了适量生产、弹性配置作业人数以及保证质量这样三个子目录。

（三）准时制生产的核心思想

用一句话概括准时制生产方式的核心思想，就是"在需要的时候，生产数量正好的需求产品"。为了达到这一目标，企业必须对生产过程进行规划和控制，加强企业各生产环节之间的衔接，将各工序之间的零部件大批量、低频率的流通方式调整为小批量、高频率的流通方式，减少零部件和中间半成品的库存数量，甚至将库存积压数量降低到零。所有的零部件在制造完成后都能迅速投入到下一道工序的使用当中，库存中毫无积聚，是准时制生产方式所追求的理想状态。这种生产方式的产生是为了弥补福特式生产方式的缺陷。在福特式生产方式当中，物流不合理的问题十分严重，经常会出现库存的积压或者短缺，造成了严重的资源浪费。准时制生产方式则对这些问题进行了改善和优化。JIT 生产方式能够帮助企业达到生产利润最大化，降低企业的生产成本，避免企业的资源浪费。

（四）准时制生产的基本原则

准时制生产要遵循以下五个基本原则：① 物流准时原则，即每道工序生产出来的零部件或者中间产品，都要在 15~30 分钟内运送到下一个环节，由下一道工序在指定的地点提取物品，在物流运送之前，要确保零部件或中间产品的数量、规格、质量符合下一道工序的生产要求；② 管理准时原则，即在生产管理过程中，管理人员能够遵照管理制度进行信息数据的搜集、分析、处理和应用，以便发布各种指令，控制生产流程；③ 财务准时原则，即企业的财务部门要在企业进行财务开支的时候，及时调拨足够的资金，确保企业的生产能够正常进行；④ 销售准时原则，即企业要在用户所要求的供货时间内，完成产品的生产，按照订单的数目、种类、规格向用户交付产品；⑤ 准时生产原则，即企业要实行柔性化的劳动组织管理，提高员工的生产能力，确保企业能够顺利完成生产任务，满足客户的需求。

二、准时制生产下的物流管理

（一）准时制生产下物流管理的特点

1. 适时适量生产

为了降低零部件和中间产品的库存，企业决定只有在市场有需求的时候才会进行准时制生产。这就导致了现代企业的生产过程向着均衡化、同步化的方向发展。生产过程的均衡化，就是指不能将各种产品的生产加工分开，不能逐步地生产每种产品，而是要均衡地使用各种零部件，同时生产多种产品，让企业的生产从"单线式"转变为"多线式"。生产过程的同步化，就是在前一道工序结束之后，迅速将零部件或中间产品转入到下一工序中，工序与工序之间不设置库存。通过这种方式，能够避免零部件或中间产品的积压浪费及其产生的大量成本。为了实现这一目标，企业要将按照专业分工布置机械设备的做法，调整为按照生产工序布置，让相邻机械设备共同构成一条完整的生产线；根据市场预测和用户订单来制定每天生产的产品数量，进行人员、设备和材料的分配，提高人员、设备和材料的使用效率；实行后工序领取的生产流程，也就是说，后一道工序只有在需要的时候才向前一道工序领取零部件或者中间产品，根据生产计划逐步向前进行推算，确定原材料的需求数量。适时适量生产的具体方法有：

（1）生产过程的均衡化。

生产过程的均衡化指总装线在向前面的工序领取零部件时，应均衡地使用各种零部件，混合生产多种产品。为了实现生产过程均衡化，一般采取制订合理生产计划，控制产品投产顺序；设备通用化，即在专用设备上增加一些工夹具使其能够加工多种不同的零部件或产成品；制订作业标准，即制订合理操作顺序和操作规范等措施来实现。

（2）生产过程的同步化。

所谓同步化，指前一道工序的加工结束后，立即转入下一道工序，工序间不设置库存（仓库），尽量使工序间的在制品库存接近于零。实现生产过程的同步化是 JIT 生产方式的基本原则,因为只有这样,才能避免生产过程的各种浪费,达到降低成本获取利润的目的。而传统方法是：各个工序之间相互独立、各工序的作业人员在加工出来的零部件积累到一定数量后再运送到下一道工序或在制品仓库。同步化的理想状态是零部件在工序间一件一件生产、一件一件往下一道工序传送,直至装配线。这种方式在装配线和机械加工等工序容易实现,但铸造、锻造、冲压等工序不得不以批量形式生产。因此应实现生产过程中的批量极小化,同时缩短工序间的作业更换时间。为了实现生产过程同步化,一般采取下列措施：

① 合理布置设备。机械制造企业的设备布置,通常是按专业化分工采用机群式的布置方法,即把同一类型的机床设备布置在一起。在这种布置方式下,工序之间没有任何联结,各个工序生产出来的工件堆积在机床旁边,容易导致生产过剩,并且使工序之间的生产联系和管理工作复杂化。同时,后工序所需要的工件在前工序尚未全部按批量加工完毕之前,是不可能开工的,这势必造成等待,延长生产周期。在 JIT 生产方式下,设备是根据加工工件的工艺顺序布置的,形成相互衔接的生产线(原理同成组技术/群组技术)。

② 缩短作业更换时间。作业更换时间通常指作业完毕后的停机更换,或不停机状态下工夹具、模具的整理和准备以及作业更换后为保证加工质量而进行的调整、检查等时间。缩短作业更换时间是减少生产批量的前提,通常主要依靠改善工夹具和提高操作人员的操作技能,加快更换速度,改善作业方法来实现。例如,对于在开机状态下所做的一些准备工作,尽量在停机之前做完;将更换时间需要的东西按顺序整理好;制定标准更换程序,使更换过程简单化;加强操作人员的训练等。只有缩短了作业更换时间,才有可能缩小生产批量,降低在制品库存,实现接近零库存的生产。达到这样的目的,不一定必须引进先进的高性能设备,只要在生产实践中,多动脑筋,想些巧妙的办法,是可以做到的。

③ 制订合理生产节拍。生产节拍指生产一个产品所需要的时间,即：生产节拍=一天的工作时间/一天所需要的生产数量。其中,一天所需要的生产数量是由市场预测和用户订单确定并由生产计划反映出来的。由于需求的变化性,生产节拍是不固定的。控制合理的生产节拍,是为了生产所需产品,以充分利用现有的人员、设备和材料,使生产能力适应生产量的需要。而传统方法是生产量适应生产能力,容易造成产品过剩,其损失更大。

④ 采取"后工序领取"的控制流程。后工序领取的控制流程指后面的工序只在需要的时候才到前面的工序领取所需要的工件,前面的工序只按照被领走的数量和品种进行加工生产。因此,制造过程中的最后一道工序通常是生产的出发点,生产计划只下达到最后一道工序;作为生产的起点,在需要的时候,向前面的工序领取必要的加工工件,而前面的工序提供工件后为了补充生产领走的量,必然向更前一道工序领取必要的加工工件。这样诸工序向前领取,直至到粗加工或原材料。该生产控制流程将各个工序有机地联系在一起,从而实现生产过程的同步化。

2. 生产物流计划与控制

在 JIT 生产方式下,企业要根据自身的经营方针和生产能力预测来制订企业生产的年度计划、季度计划和月度计划,再根据月度计划来制订企业的物流控制计划。在生产物流计划的制订中,生产指令要发给最后一道工序,而不是第一道工序,对于其他工序,只需要计划每个月生产产品的种类和大致数量即可。另外,企业要制订合理的生产计划,安排各种中间产品的生产顺序,保持各个工序的作业速度大致相同。这样既能避免中间产品数量不足导致的下一道工序停工，也能够避免中间产品数量过多，大量积压在库存当中，造成额外的储存成本。

（二）准时制生产下采购物流管理的特点

采购活动是企业进行生产的前提。在准时制生产方式中，对于企业的采购物流管理也有所涉及。在这种生产方式下，企业的采购活动也要为了实现"零积聚、零库存"的目标服务，降低原材料的库存积聚量。据科学调查统计，在美国、欧洲、日本等国，一些实行准时制生产方式的企业，原材料在企业中的库存率比实行福特式生产方式时降低了40%~85%，这说明准时制生产方式在降低原材料库存量方面的效果极为显著。

准时制生产方式下的采购物流管理的关键点有如下三个。

1. 供货商选择要合理

为了降低原料的库存积聚数量，企业的供货商数量越少越好，最理想的状况是单源供应，也就是只从一个供货商处采购原料。在单源供应的状况下，供应商为了和企业建立长期的合作关系，会提供相对低廉的采购价格，同时还能够确保原材料的供应质量，企业和供应商之间的依存关系大大增强。调查显示，日本企业实行单源供应的数量已经达到了企业总数量的90%以上，这极大地促进了日本企业的能源高效利用。但是，在单源供应的状况下，企业必须慎重选择供应商，综合考虑供应商的产品质量、交货期限、原料价格、技术水平、地理位置等因素，从多个角度来进行审核。在准时制生产方式下，企业与供货商之间要形成完整的物流供应链，实现双方的利益共享。

2. 实行小额采购

根据库存理论，企业进行采购的批量越小，库存积压量就越低，运输费用就越高。所以，企业必须将大批量的采购策略调整为小额采购，同时对物流系统进行改善，尽可能地降低运输费用。实行小额采购之后，企业也要确保原料的采购质量，除了要选择合适的供应商，还要缩短原料从采购到第一步加工的间隔时间。

3. 原料的运输

在准时制生产方式下，企业中不设置仓库，采购的原料不能进行储存，所以必须要立刻投入生产之中。如果采购的原料不能够及时运送到第一道加工环节，就会延误生产，给企业带来经济损失。所以，企业必须加强与供应商的沟通，在采购合同上明确规定原料的交货时间和由于突发原因导致原料不能按时送达的补救措施。

本章小结

现代物流作为一种社会经济活动，对社会生产和生活生产能够产生时间效用和空间效用，因而既能在微观经济运行方面又能在宏观经济运行方面发挥出独特的作用。

准时制生产是一种新型的生产方式，其目的是降低各道工序之间零部件或中间产品的库存积压量，降低企业由于储存零部件或者中间产品而产生的成本，帮助企业达到生产利润的最大化。

思考练习题

1. 什么是物流?
2. 物流的功能有哪些?
3. 简述物流管理的重要意义。
4. 简述物流管理的核心思想以及基本原则。
5. 谈谈你对准时制生产方式理解以及结合我国物流企业的现状以一个实例阐述准时制生产方式在其中的应用。

案例分析

一家饺子馆的物流管理

胡×在南肖埠开了家饺子馆,如今生意还算火爆。周围的小区住户常来光顾小店,有些老顾客一口气能吃半斤饺子。胡经理说:"别看现在生意还不错,开业这一段时间,让我头疼的就是每天怎么进货,很多利润被物流吃掉了。"

刚开始卖出 10 个饺子,定价为 5 元钱,直接成本为饺子馅、饺子皮、调料和燃料,每个饺子成本大约 2 角钱。虽然存在价差空间,可是胡经理的小店总是赚不了钱,其原因在于每天都有大量剩余原料,这些采购的原料不能隔天使用,算上人工、水电、房租等经营成本,饺子的成本就接近 4 角钱了。

如果一天卖出 1 000 个饺子,同时多余 500 个饺子的原料,相当于亏损了 100 元左右,每个饺子的物流成本最高时有 1 角钱,加上今年年初粮食涨价,因此利润越来越薄。

分析得知,问题的关键在于控制数量,准确供货。其实做饺子的数量很难掌握。做少了,有的时候人家来买没有,也等不及现做,眼看着要到手的钱飞走了;做多了,就有剩余,浪费较多。

从理论上说,一般有两种供应方式:每天定量供应,一般早上 10:00 开始,晚上 9:00 结束,这样可能会损失客流量;另一种是根据以往的经验预测,面粉每天的用量比较大,因为不管包什么馅儿都得用面粉,所以这部分的需求量相对比较固定。

随着饺子馆的规模逐步扩大,原料供货就更需统筹安排了:饺子馅的原料可根据前一天用量进行每日预测,然后根据原料清单进行采购。一日采购两次,下午根据上午的消耗进行补货,晚上采购第二天的需求量。

对于经营规模有限的小店来说,要做到这点很难。所以,有些人建议想办法调整顾客的需求以配合有限的生产能力,用物流专业名词说,叫作"平衡物流"。例如,用餐高峰期大概在每天 12:00—13:00 和 19:00—20:00 这两个时段,胡经理就选择在 11:00—11:45 和 18:00—18:45 推出 9 折优惠计划,吸引了部分对价格比较敏感的顾客,有效分散了需求。如果碰到需求波动比较大的情况,即某一种饺子的需求量非常大的时候,比如客户要的白菜馅儿没有了,胡经理就要求店员推销牛肉馅儿或者羊肉馅儿,同时改进店面环境,安装空调,提供报纸杂志,使顾客在店里的平均等待时间从 5 分钟延长到 10 分钟。

胡经理做了三年的水饺生意，从最初每个饺子分摊大约 1 角钱的物流成本，到去年的 5 分钱，而今年成本就更低了。由于做饺子的时间长了，需求的种类和数量相对固定下来，每个饺子的物流成本得到有效控制，在 2 分钱左右，这主要就是采购人工、运输车辆的支出。

思考讨论题：
简要分析饺子馆是如何进行物流管理的。

实训设计

分组收集资料，对顺丰、韵达、圆通、京东物流等几家快递企业的发展历程进行分析，制作成PPT，并对他们的商业模式进行讲解。

第九章 项目管理与质量管理

> **学习目的**
> 1. 解释什么是项目以及项目是如何组织的
> 2. 利用网络计划模型来分析项目
> 3. 利用实现价值管理来衡量项目
> 4. 理解公司全面质量管理的范围
> 5. 理解提高质量和生产率的六西格玛质量管理

第一节 项目与项目管理

一、项目

（一）项目的概念

现代项目管理认为，项目是一个组织为实现既定的目标，在一定的时间、人员和其他资源的约束条件下，所开展的一种有一定独特性的、一次性的工作。项目是人类社会特有的一类经济、社会活动形式，是为创造特定的产品或服务而开展的一次性活动。因此，凡是人类创造特定产品或服务的活动都属于项目的范畴。项目可以是建造一栋大楼，或者开发一个油田，或者建设一座水坝，如国家大剧院的建设、大庆油田的建设、三峡工程的建设都是项目；项目也可以是一项新产品的开发，或者一项科研课题的研究，或者一项科学试验，如调频空调的研制、艾滋病新药的研究、转基因作物的实验研究都是项目；项目还可以是一项特定的服务，或一项特别的活动，或一项特殊的工作，如组织一场婚礼、安排一项救灾义演、开展一项缉毒活动、创建一个企业等也都是项目。对于项目，人们从不同的角度给出了许多不同的定义，其中有代表性的有如下几种。

1. 美国项目管理协会的定义

项目是为创造特定产品或服务的一项有时限的任务。其中，时限是指每一个项目都有明确的起点和终点；特定是指一个项目所形成的产品或服务在关键特性上不同于其他的产品和服务。

2. 麦克·吉多的定义

项目就是以一套独特而又相互关联的任务为前提，有效利用资源，为实现一个特定的目标所做的努力。

从上述定义可以看出，项目可以是一个组织的任务或努力，它们小到可以只涉及几个人，也可以大到涉及几千人；项目也可以是多个组织的共同努力，它们甚至可以大到涉及成千上万人。项目的时间长短不一，有的在很短时间内就可以完成，有的需要很长时间甚至很多年才能够完成。实际上，现代项目管理所定义的项目包括各种组织所开展的各样一次性的、独特性的任务与活动。现代项目管理所定义的项目的典型类别有：

（1）新产品或新服务的开发项目，例如新型家用电冰箱、空调器的研制开发项目和新型旅游服务开发项目等。

（2）技术改造与技术革新项目，例如现有设备或生产线、生产场地的更新改造项目和生产工艺技术的革新项目等。

（3）组织结构、人员配备或组织管理模式的变革项目，例如一个企业的组织再造项目、一个政府机构的职能转变与人员精简项目等。

（4）科学技术研究与开发项目，例如纳米技术与材料的研究与开发项目、生命科学的技术与理论研究和开发项目等。

（5）信息系统的集成或应用软件开发项目，例如国家金税工程、金卡工程等经济信息系统等信息系统的集成与开发项目；企业的管理信息系统、决策支持系统的集成与开发项目；会计软件、游戏软件、办公软件、操作软件、教育软件等各种各样的软件的开发项目等。

（6）建筑物、设施或民宅的建设项目，例如政府的办公大楼，学校的教学和行政管理大楼，商业写字楼、大型旅馆饭店、民用住宅、工业厂房、商业货栈、水利枢纽、物流中心等的建设项目。

（7）政府、政治或社会团体组织和推行的新行动，例如希望工程项目、光彩工程项目、农村经济体制改革项目、对外开放项目、申办奥运会项目、国庆阅兵项目等。

（8）大型体育比赛项目或文娱演出项目，例如奥运会比赛项目、世界杯比赛项目、国庆晚会演出项目、春节晚会演出项目、救灾义演项目、巡回演出项目、系列大奖赛项目等。

（9）开展一项新经营活动的项目，例如有奖销售活动、降价促销活动、大型广告宣传活动、新型售后服务推广活动等。

（10）各种服务作业项目，例如替客户组织一场独特的婚礼、为客户提供一项独特的旅游、为客户安排一份特殊的保险等。

（二）项目的特性

不同专业领域中的项目在内容上可以说是千差万别的，不同项目都有各自的特性。但是从本质上说，项目是具有共性的，不管是科研项目、服务项目还是创业项目，它们的根本特性是相同的。项目的这些特性可以概括如下。

1. 目的性

项目的目的性是指任何一个项目都是为实现特定的组织目标服务的。因此，任何一个项目都必须根据组织目标确定出项目的目标。这些项目的目标主要有两个，一是有关项目工作本身的目标，二是有关项目产出物的目标。前者是对项目工作而言的，后者是对项目的结果而言的。例如，对一栋建筑物的建设项目而言，项目工作的目标包括项目工期、造价、质量和安全等方面的目标，项目产出物的目标包括建筑物的功能、特性、使用寿命和使用安全性等方面的目标。又如，对于一个软件开发项目而言，项目工作的目标包括软件开发周期、开发成本、质量、软件开发的文档化程度等方面的目标，项目产出物（软件产品）的目标包括软件的功能、可靠性、可扩展性、可移植性等方面的目标。在大多数情况下，项目的目的性是项目最为重要和最需要项目管理者关注的特性。

2. 一次性

项目的一次性也被称为"时限性"，是指每一个项目都有自己明确的时间起点和终点，都是有始有终的（不是不断重复、周而复始的）。项目的起点是项目开始的时间，项目的终点是项目的目标已经实现，或者项目的目标已经无法实现，从而中止项目的时间。项目的一次性与项目持续时间的长短无关，不管项目持续多长时间，一个项目都是有始有终的。例如，树立一座纪念碑所用的时间是短暂的，各种计算机操作系统的开发时间相对较长，但是它们都有自己的起点和终点。这就是项目的一次性特性，项目在其目标确立后开始，项目在达到目标时终结，没有一种项目是不断地、周而复始地持续下去的。项目的一次性是项目活动不同于一般日常运营活动的关键特性。

3. 独特性

项目的独特性是指项目所生成的产品或服务与其他产品或服务都有一定的独特之处。通常一个项目的产出物，即项目所生成的产品或服务，在一些关键方面与其他的产品和服务是不同的。每个项目都有某些方面是以前所没有做过的，是独特的。例如，每个人的婚礼都是一个项目，任何一个人的婚礼总会有许多独特的（不同的）地方，虽然按照一定的习俗，婚礼会有一些相同的成分，但是这并不影响个人婚礼的独特性。又如，人们建造了成千上万座办公大楼，这些大楼在某个或某些方面都有一定的独特性，这些独特性包括不同的业主、不同的设计、不同的位置和方位、不同的承包商、不同的施工方法和施工时间等。许多社会生产或服务业务项目都会有一定的共性，即相同的东西，但是这并不影响项目的独特性这一重要特性。

4. 制约性

项目的制约性是指每个项目都在一定程度上受客观条件和资源的制约。客观条件和资源对于项目的制约涉及项目的各个方面，其中最主要的制约是资源的制约。项目的资源制约包括人力资源、财力资源、物力资源、时间资源、技术资源、信息资源等各方面的资源制约。因为任何一个项目都有时间限制，也都有预算限制；而且一个项目的人员、技术、信息、设备条件、工艺水平等也是有限制的。这些限制条件和项目所处环境的一些制约因素构成了项目的制约性。项目的制约性也是决定一个项目成败的关键特性之一。通常，一个项目在人力、物力、财力、时间等方面的资源宽裕，制约很小，那么其成功的可能性就会非常高；否则，项目成功的可能性就会大大降低。

二、项目管理

（一）项目管理的概念

现代项目管理认为，项目管理是指在技术、费用、时间等约束下，运用各种知识、技能、方法与工具，对资源（人员、机器和原材料）进行计划、协调和控制，满足项目有关各方对项目的要求与期望所开展的各种管理活动。其中，一般项目的有关各方需要满足的要求与期望主要涉及下述方面。

1. 对项目本身的要求与期望

这是所有的项目有关各方共同要求和期望的内容，因为这方面的要求和期望是项目全体有关各方的共同利益所在。例如，对一个项目的范围、工期（时间）、造价（成本）和项目质量等方面的要求与期望就属于对于项目本身的要求和期望。

2. 项目有关各方不同的需求和期望

这是项目有关各方与自己相关利益的需求和期望，它包括项目的业主/客户、资源供应商、项目承包商、协作商、项目团队、项目所在社区、项目的政府管辖部门等各个方面的要求与期望，这种项目有关各方的需求和期望有些是相互矛盾的。

3. 项目已识别的需求与期望

这是已经由项目的各种文件明确规定出的项目需求和期望，是项目有关各方达成共识的需要和期望，例如已经明确的项目工期、项目成本和项目质量等方面的要求与期望，以及对于项目工作的一些要求和期望。

4. 项目尚未识别的要求和期望

这是项目各种文件没有明确规定的，又是项目有关各方想要和追求的需求和期望，例如潜在的环保要求、残疾人的特殊要求、更低的项目成本、更短的项目工期、更高的项目质量要求等。

（二）项目管理的特征

1. 普遍性

项目作为一种创新活动，普遍存在于我们人类的社会、经济和生产活动之中，人类现有的各种文化物质成果最初都是通过项目的方式实现的。现有各种运营活动是各种项目的延伸和延续，人们的各种创新的想法、建议或提案或迟或早都会转化成项目，并通过项目的方式得以验证或实现。项目的这种普遍性，使得项目管理也具有了普遍性。在人类社会中，小到个人的婚礼，大到阿波罗计划都是项目，都需要项目管理。同时，不管是企业、政府、社团、个人的项目（住宅建设）都需要开展项目管理。

2. 目的性

项目管理的另一个重要特性是它的目的性，一切项目管理活动都是为实现"满足或超越项目有关各方对项目的要求与期望"这一目的服务的。其中"有关各方对于项目的要求"是一种已经明确和清楚规定的项目目标，而"有关各方对于项目的期望"是一种有待识别、未明确的、潜在的项目追求。项目管理的目的性表现在，不但要通过项目管理活动去保证满足或超越那些项目有关各方已经明确提出并清楚地规定出的项目目标，而且要通过项目管理去识别和满足、超越那些尚未识别和明确的潜在需要。例如，一个私人别墅的建设项目，业主/客户会提出一些要求和目标，但是由于业主/客户并不是建筑专业人士，所以他提出的要求会在一些方面存在着疏漏或不足，但是他期望房子建的尽量好，尤其在房子的结构和功能方面，这就要求项目的设计者和施工者要努力运用自己的专业知识和技能去找出这些期望的内容，并设法满足甚至超越这些期望。

3. 独特性

项目管理的独特性是指项目管理既不同于一般的生产、服务的运营管理，也不同于常规的行政管理，它有自己独特的管理对象、自己独特的管理活动和自己独特的管理方法与工具，是一种完全不同的管理活动。虽然项目管理也会使用一些一般管理的原理和方法，但是项目管理同时也有许多自己独特的管理原理与方法。如项目计划管理中所使用的关键路径法、工程项目设计管理中的三段设计法、项目造价管理中的全造价管理方法等，就是项目管理自己独特的管理方法。

4. 集成性

项目管理的另一个特性是它的集成管理特性。项目管理的集成性是相对于一般运营管理的专门性而言的。在一般运营管理之中，分别有生产管理、质量管理、成本管理、供应管理、市场营销管理等各种各样的专业管理，它们是针对一个企业或组织的不同生产、经营活动所开展的管理，这种专业管理是由于一般运营的重复性和相对确定性，运营管理的详细分工而形成的。虽然项目管理也有一定的分工要求，但是项目管理要求充分强调管理的集成性。例如，对于项目工期、造价和质量的集成管理，对于项目、子项目的集成管理等都是十分重要的。

5. 创新性

项目管理的创新性包含两层含义：一是指项目管理是对于创新（项目所包含的创新之处）的管理；二是指任何一个项目的管理都没有一成不变的模式和方法，都需要通过管理创新去实现对于具体项目的有效管理。在现实生活中，即使是一个工业或民用建设项目，但是由于新的建设地点、新的业主/客户、新的建设材料与施工方法等各种新的因素，仍然需要各种各样的管理创新。对于像企业新产品的研究与开发之类创新性强的项目就更需要管理创新。

另外，尽管项目管理有许多特性，但是它与一般运营管理也有一些共性。例如，项目管理的科学性与一般运营管理的科学性是一致的，只是在内容和方法上不同，其中项目管理的科学性主要体现在对于项目的集成性管理、工程性管理、客观性管理等方面。项目管理的艺术性与一般运营管理的艺术性也是一致的，只是在内容和方法上有所不同，它主要体现在对于项目相关利益者的利益和要求的协调与沟通方面、项目团队的建设与领导方面等。

（三）项目团队的组织结构

在项目开始以前，高层管理者必须先确定采用何种组织结构：纯项目型、职能型项目和矩阵型项目。接下来，我们将讨论这三种主要形式的优点和缺点。

1. 纯项目型组织结构

汤姆·彼得斯曾预测："世界上绝大多数工作将成为'脑力劳动'，在暂时建立的工作网中，这些工作由一些负责完成项目的小组承担，每个小组都是相对独立的工作机构；这些工作小组尤其需要速度和灵活性，这就意味着我们和我们祖先一直沿用的层次型管理结构注定要被淘汰。"因此，在这三种基本项目组织结构中，彼得斯倾向于纯项目型组织这种形式，在该形式中，一个独立的项目小组负责该项目的全部工作。其结构如图 9-1 所示。

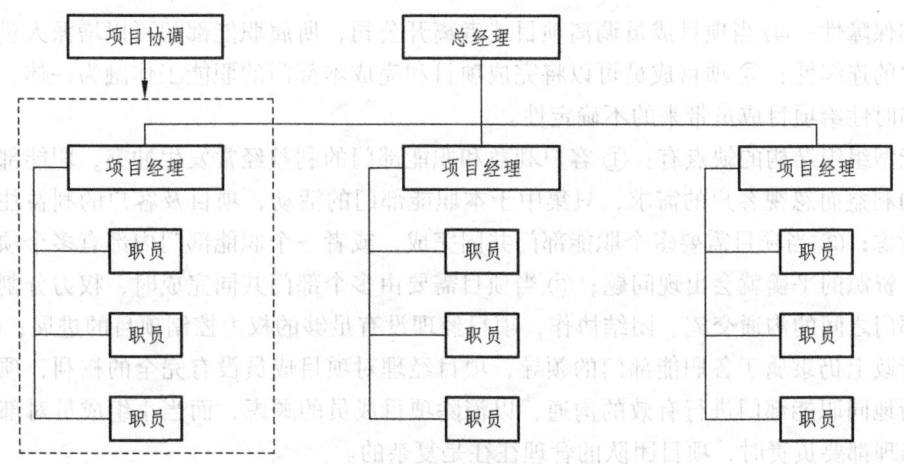

图 9-1　纯项目型组织结构图

纯项目型组织结构的优点主要有：① 项目经理对项目拥有很大的权利；② 小组成员只向一个上司汇报，他们不必担心还需对职能方面的管理者负责；③ 沟通线路缩短，便于迅速做出决策；④ 小组成员的自豪感、士气以及投入程度都很高。

纯项目型组织结构的缺点主要有：① 资源重复配置、设备和人员不能跨项目共享；② 忽视了组织目标和企业政策，小组成员无论在心理上还是在实质上都与组织发生了偏离；③ 由于削弱了职能方面的权力，组织在更新技术知识的方面都很落后；④ 小组成员缺乏安全感，他们会为项目结束后的生计而担忧，并且由此导致项目结束时间的延迟。

2. 职能型项目组织结构

采用这种组织结构时，项目是以部门为主体来承担的，一个项目由一个或者多个部门承担，一个部门也可能承担多个项目，有部门经理也有项目经理，所以项目成员有两个负责人。这个组织结构适用于主要由一个部门完成的项目或技术比较成熟的项目。其结构如图 9-2 所示。

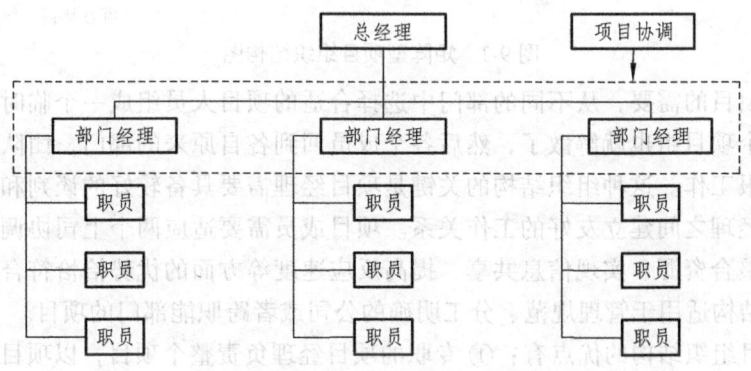

图 9-2　职能型项目组织结构图

职能型组织结构优点有：① 以职能部门作为承担项目任务的主体，可以充分发挥职能部门的资源集中优势，有利于保障项目需要资源的供给和项目可交付成果的质量，在人员的使用上具有较大的灵活性；② 职能部门内部的技术专家可以被该部门承担的不同项目共享，节约人力，减少了资源浪费；③ 同一职能部门内部的专业人员便于交流、相互支援，对创造性地解决技术问题很有帮助，同部门的专业人员易于交流知识和经验，项目成员在事业上具有连续性和保障性；④当项目成员调离项目或者离开公司，所属职能部门可以增派人员，保持项目技术的连续性；⑤项目成员可以将完成项目和完成本部门的职能工作融为一体，减少因项目的临时性给项目成员带来的不确定性。

职能型组织结构的缺点有：① 客户利益和职能部门的利益经常发生冲突，职能部门会为本部门的利益而忽视客户的需求，只集中于本职能部门的活动，项目及客户的利益往往得不到优先考虑；② 当项目需要多个职能部门共同完成，或者一个职能部门内部有多个项目需要完成时，资源的平衡就会出现问题；③ 当项目需要由多个部门共同完成时，权力分割不利于各职能部门之间的沟通交流、团结协作，项目经理没有足够的权力控制项目的进展；④ 项目成员在行政上仍隶属于各职能部门的领导，项目经理对项目成员没有完全的权利，项目经理需要不断地同职能部门进行有效的沟通，以消除项目成员的顾虑，而当小组成员对部门经理和项目经理都要负责时，项目团队的管理往往是复杂的。

3. 矩阵型项目组织结构

矩阵型项目组织结构是职能型项目组织结构和纯项目型组织结构的混合体，既具有职能型组织的特征，又具有纯项目型组织结构的特征。其结构如图9-3所示。

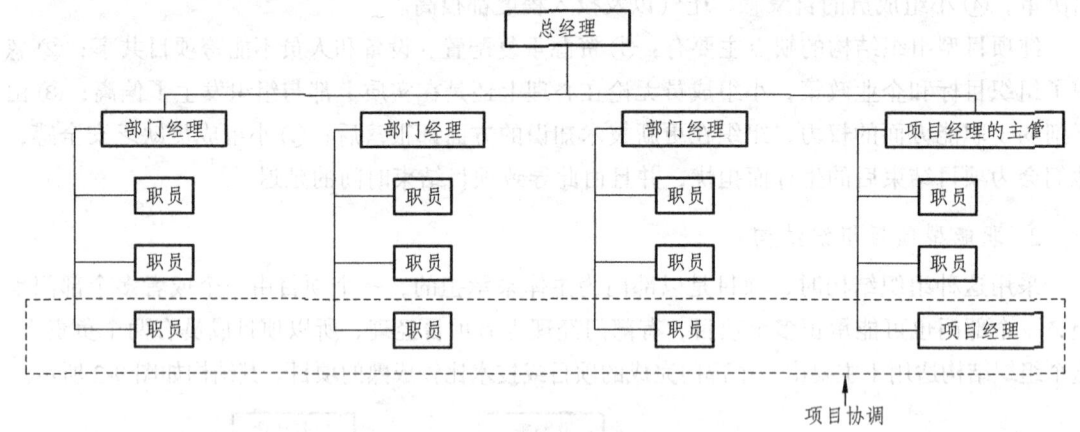

图 9-3　矩阵型项目组织结构图

它是根据项目的需要，从不同的部门中选择合适的项目人员组成一个临时项目组，项目结束之后，这个项目组也就解散了，然后各个成员回到各自原来的部门，团队的成员需要向不同的经理汇报工作。这种组织结构的关键是项目经理需要具备较好的谈判和沟通技能，项目经理与职能经理之间建立友好的工作关系。项目成员需要适应两个上司协调工作。加强横向联结、充分整合资源、实现信息共享、提高反应速度等方面的优势恰恰符合当前的形势要求。这种组织结构适用于管理规范、分工明确的公司或者跨职能部门的项目。

矩阵型项目组织结构的优点有：① 专职的项目经理负责整个项目，以项目为中心，能迅速解决问题，在最短的时间内调配人才，组成一个团队，把不同职能的人才集中在一起；② 多个项目可以共享各个职能部门的资源，在矩阵管理中，人力资源得到了更有效的利用，减少了人员冗余；③ 既有利于项目目标的实现，也有利于公司目标方针的贯彻；④ 项目成员的顾虑减少了，因为项目成员后，他们仍然可以回到原来的职能部门，不用担心被解散，而且他们能有更多机会接触自己企业的不同部门。

矩阵型组织结构的缺点有：① 有双重领导者，容易引起职能经理和项目经理权力的冲突；

②资源共享可能引起项目之间的冲突;③项目成员有多位领导,即员工必须要接受双重领导,因此经常有焦虑与压力。

无论采用哪一种组织形式(结构),项目经理都是与顾客接触的最主要的人员。由于项目经理必须负责项目的成功完成,因此很大程度上加强了项目中的沟通和执行过程的灵活性。

(四)组织项目任务

项目以工作描述(Statement of Work,SOW)作为开始。工作描述是对工作任务的书面描述,包括对工作的简短描述以及开始和完工时间的日程安排。它也可以包含预算和完工步骤形式的绩效评价指标以及需要提交的书面报告。任务是项目的进一步细分,在时间跨度上一般不长于几个月,并且通常由一个小组完成。如果需要,可以对任务进一步细分,即分成更有实际意义的子任务。工作包是合并在一起分配给某一组织单元完成的一组活动,它也同样符合所有项目管理遵循的共同模式。工作包提供了应该做什么、何时开始、何时结束、工作预算、工作评价指标以及某一特定时间所要达到的特定目标,这些特定目标就称之为项目里程碑(Project Milestones)。典型的里程碑可能是设计工作的完成、样机的制成、样机检测的完成以及控制路线的确定等。工作分解结构(Work Breakdown Structure,WBS)定义了项目任务的层次结构,从上到下依次分为项目、任务、子任务和工作包。一个或多个工作包的完成标志着子任务的完成;一个或多个子任务的完成标志着任务的完成;最后所有任务的完成就表示整个项目的完成。该结构可用图 9-4 来表示。

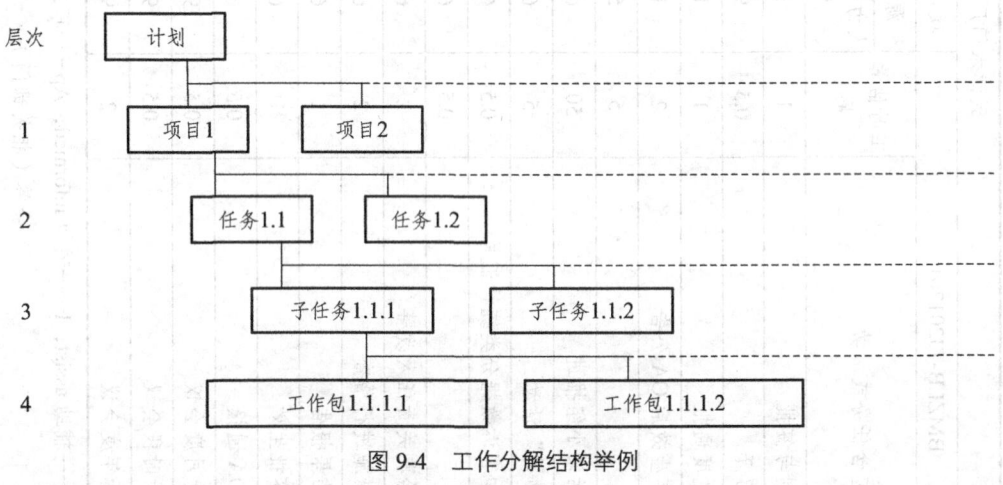

图 9-4 工作分解结构举例

工作分解结构在组织项目的时候是非常重要的,因为它把项目分解成若干块可管理的模块。根据项目的不同,其分解的层数也会不一样。分解得如何细致或者分解成几个层次参照以下的规则:①在完成工作包的过程中,个人或组织承担的职责和义务的程度;②在项目过程中所需要的预算和成本的程度。

对于任何一个项目,其正确的工作分解结构都不是唯一的。对同一个项目,两个不同的项目小组可能会设计出不同的工作分解结构。一些专家认为,与其说项目管理是一门科学,倒不如说它是一门艺术。因为同一个项目可以有很多不同的方法来完成。寻找一个正确的途径来完成项目依赖于完成每一个特定任务积累起来的经验。天津木门厂各车间质量改善项目工作的分解结构,如表 9-1 所示。

表9-1 天津木门厂各车间质量改善项目工作分解结构表

项目名称：天津木门厂各车间质量改善项目
项目标号：BMZLB-TJ201701

分解代码	子项目名称	包含任务或活动	工时估算(周)	资源估计 人力资源/人	责任分配								
					毛×××	王××	陈×	魏×××	于×××	董×	郭×××	占××	王××
1.1	启动会议	项目计划书编制与签批	1	1	AP	AS	R	AS	AS	AS	AS	I	I
1.2		项目启动会议召开	0.5	9	AS	AS	R	AS	AS	AS	AS	AS	AS
2.1	进度通报	定期编制项目进度通报	1	1	AS	AS	R	AS	AS	I	AS	AS	AS
2.2		部门负责人签字生效后OA公告	2	1	AP	AS	R	AS	I	AS	I	AS	I
3.1	关键措施	专项培训	5	5	AS	AS	R	AS	AS	AS	AS	R	AS
3.2		专项"QCC"活动小组推进	50	6	AP	AS	R	AS	AS	AS	I	AS	AS
3.3		召开"质量活动月"活动	5	6	AP	AS	R	AS	AS	I	AS	I	AS
4.1	数据分析及改善	质量检测数据和客诉数据分类统计汇总	0.5	6	AS	AS	R	AS	AS	AS	AS	AS	I
4.2		汇总数据生效	0.5	6	AP	AS	R	R	R	R	R	AS	I
4.3		统计数据发送给相关责任人改善	2	6	AS	AS	R	I	I	I	I	I	I
5.1	过程稽查	对各回复整改措施进行稽查	2	6	I	I	R	I	I	I	I	R	I
5.2		编制稽查相应结果报告	1	6	AS	I	R	I	I	I	I	I	I
5.3		相应稽查结果签批生效	1	6	AP	AS	R	AS	I	I	I	I	I
5.4		相应稽查结果OA通报	0.5	6	I	I	R	I	I	I	I	I	I
6.1	项目总结	月度总结：召开月度会议	0.5	9	I	I	R	AS	AS	AS	AS	AS	AS
6.2		时段总结：召开时段段会议	0.5	9	I	AS	R	AS	AS	AS	AS	AS	AS
6.3		年度总结：召开年度会议	2	9	AP	AS	R	I	I	I	I	I	I

说明：R——负责 responsible；AS——辅助 assist；I——通知 informed；Ap——审批 to approve

编制（项目组长）：   会签（相关部门）：
审核（上一级）：   批准（部门/公司负责人）：

第二节 网络计划模型

最著名的两种网络计划模型,即关键路径法和计划评审技术法都产生于19世纪50年代。关键路径法是杜邦公司旗下的化工厂在制定停机期间的维护计划时发明的。由于这个行业经常要进行维护项目,所以应该事先获得这些维护活动较为准确的时间预计。关键路线法的假设前提是项目中各项活动的所需时间都能准确预计,且这些时间都不发生变化。计划评审技术法是由美国海军特别计划委员会制订北极星导弹研制计划时开始发展起来的。这是一个涉及3 000个承包商的特大型项目,由于其中大部分的工作以前都没有做过,计划评审技术法就用来解决不确定时间的估计问题。随着时间的推移,关键路径法和计划评审技术法之间的差异逐渐消失,在这里我们都称之为关键路径法。从某种意义上讲,这两种技术的发展都应归功于甘特图的广泛应用。对于小项目,运用甘特图可以直观地将各种活动和时间联系起来,但对于超过25个活动组成的项目,其可视性就变得极差,操作起来也十分困难。

在一个项目中,关键路径是一连串的活动,表示在项目完成过程中花费时间最长的一条路线。如果关键路径上的某一项活动延期,整个项目就将延期。确定项目中每一个活动的时间是关键路径法的主要目标。这个技术要计算出每一个活动的开始和结束时间,以及该活动是否为关键路径的一部分。

一、关键路径法

我们假设时间都是已知的,因此给出了活动时间的唯一估计值,但是在后面我们将在活动的时间上引入不确定性。我们为一个非常简单的项目安排时间,来说明关键路径法这一基本的方法。现假设有一个团队需要你作出决定:是否应该投资于某家公司。投资顾问建议你通过下面的四步来进行分析:

A. 选择一家公司。
B. 获得这家公司的年报并作出比率分析。
C. 收集技术股票价格数据并建立表格。
D. 独立审核这些数据并决定是否应该买这些股票。

你们小组的四个成员决定按照老师的建议将这个项目分成四个活动。你决定要所有的成员都参与选择公司,并且这项任务要在一个星期之内完成。你们将在周末碰头,决定你们小组想要投资的公司。在这次会议上,你们将进行分组:两人负责年报和比率分析,其他两人负责技术数据和建立表格。你的小组希望花费两周时间取得年报并作出比率分析,花费一周时间来收集技术数据并作出表格。你同意让这两个小组独立地开展工作。最后你们将在一起决定是否购买该公司的股票。但在此之前,每一个小组成员都要花费一周的时间对所有的数据进行审核。这是一个简单的项目,下面就是相应的步骤。

1. 确定项目中每一个需要完成的活动,并估计出完成每一个活动需要的时间

这一点很简单,你可以从投资顾问那里得到信息。我们可以按照下面的形式确定出每一个活动:A(1)、B(2)、C(1)、D(1),括号中的数字就是活动所需要的时间。

2. 确定活动之间的次序，建立起能够反映活动次序的网络

首先要确定每个活动的紧前活动，紧前活动指在进行这个活动之前必须要完成的活动。在进行活动 B 和 C 之前要完成活动 A，在进行活动 D 之前要完成活动 B 和 C，这些关系如表 9-2 所示。

表 9-2　活动关系表

活动	表示符号	紧前活动	时间（周）
选择公司	A	没有	1
得到年报并作出比率分析	B	A	2
收集股票价格数据并作出表格	C	A	1
审核数据并作出决定	D	B、C	1

根据以上信息，制作一个描述前后次序关系的网络图，如图 9-5 所示。

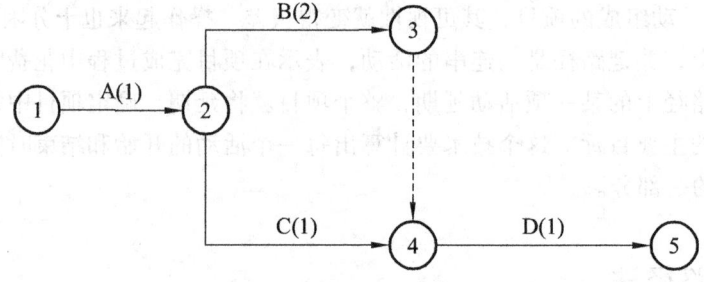

图 9-5　活动关系网络图

3. 确定关键路线，计算工期

认真分析项目中每一个从开始到结束的活动序列。对于这个项目来说，有两条路线：A—B—D 和 A—C—D。关键路径就是活动时间总和最长的一条路径，总时长就是完成该项目的工期。A—B—D 路线的时间为四周，而 A—C—D 路线的时间为三周。因此路线 A—B—D 就是关键路线，如果在这条关键路线上的任何活动延期，整个项目都将延期。

4. 确定最早开始/结束时间以及最迟开始/结束时间

为了安排整个项目，就要找出每一个活动的开始时间和结束时间，但是对于大多数活动来说，在活动开始和结束的时候会存在一个时间上的延迟，这个延迟称自由时差。对于项目中的每一个活动，我们要确定出四个时间：最早开始时间（ES）、最迟开始时间（LS）、最早结束时间（EF）以及最迟结束时间（LF）。最早开始和结束时间就是这个活动最早能够开始和结束的时间。同样，最迟开始和结束时间就是这个活动最迟开始和结束的时间。最早开始时间和最迟开始时间之间的差别就是自由时差。为了能够直观地表示出来，我们在表示活动的符号旁边分别添加了事件数据，如图 9-6 所示。

计算最早开始时间，从网络图的起点处算起，A 工作必须在活动 B 和 C 之前完成，从 0 点开始，依次从左到右在各个节点处标注出最早开始时间，在节点④处有两个最早开始时间 3 和 2，选择其中最大值，即 3 周。

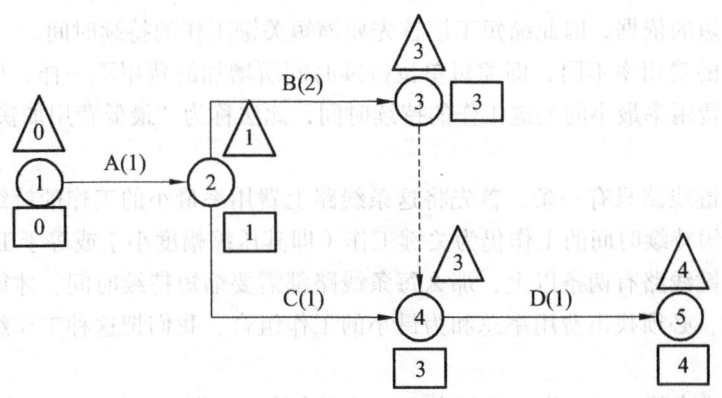

图 9-6 网络图——时间关系图

注：①—A(1)→②表示 A 活动（工作），（1）表示完成 A 活动所需时间为 1 周，①表示 A 工作的起点，②表示 A 工作的终点；③—·—·→④表示虚活动（工作），虚工作不消耗时间和资源，只表示工作之间的逻辑关系；△表示该节点处该工作的最早开始时间；□表示该节点处的最迟完成时间。

计算最迟完工时间，从网络图的终止点开始，到网络图的起始点为止。考虑活动 D，它的最迟完工时间是 4，如果我们不想推迟项目的完成时间，最迟结束时间应为 4，依次从右到左减除该工作的持续时间，节点③处标注的最迟完成时间为 3，节点②处有两个最迟完成时间 2 和 1，选择小的数值，即 1 周。我们注意到活动 A、B、D 并没有自由时差。

各个时间参数的计算公式：

$ES+T$（持续时间）$=EF$　　　　　　　　$LS+T=LF$

TF（总时差）$=LS-ES=LF-EF$　　　　FF（自由时差）$=ES_后-EF$

例如，C 活动的时间参数经计算就有

$EF=1+1=2$　　　$LS=LF-T=3-1=2$

$TF=2-1=3-2=1$　　$FF=3-2=1$

式中：总时差是指一项工作在不影响总工期的前提下所具有的机动时间；自由时差是指一项工作在不影响其紧后工作最早开始时间（$ES_后$）的条件下，本工作可以利用的机动时间。

二、工期—成本优化模型

项目经理对完成项目的成本的关心程度绝不亚于对工期的关心程度。在生产效率一定的条件下，要缩短工期（与正常工期相比），提高速度，就必须投入更多的人力、物力和财力，使项目某些方面的费用增加，却又能使诸如管理费等一些费用开支减少，所以应用网络计划进行工期—成本优化的任务，是同时考虑两方面的因素，寻求最佳组合。

工期—成本优化的目的在于：寻求直接费与间接费总和即成本最低的最优工期，以及与此相对应的网络计划中各工作的进度安排；在工期规定的条件下，寻求与此相对应的最低成本，以及网络中各工作的进度安排。

（一）优化的思路

工期—成本优化，就是要求出不同工期下的最小直接费用总和。由于关键线路的持续时间是决定工期长短的依据,因此缩短工期首先要缩短关键工作的持续时间。

由于各工作的费用率不同,即缩短单位持续时间所增加的费用不一样,所以在关键工作中,首先应缩短费用率最小的关键工作的持续时间,此法称为"最低费用加快方法"。其步骤如下:

(1)如果关键线路只有一条,首先将这条线路上费用率最小的工作的持续时间缩短。此时,应保持被缩短持续时间的工作仍为关键工作(即其压缩幅度小于或等于工作的总时差)。

(2)如果关键线路有两条以上,那么每条线路都需要缩短持续时间,才能使计划工期也相应缩短。为此,必须找出费用率总和为最小的工作组合,我们把这种工作组合称为"最小切割"。

(3)步骤1或步骤2的工作应进行多次,以逐步缩短工期,使计划工期满足规定的要求,并计算出相应的直接费总和以及各工作的时间参数。

(二)案例分解

基于上面的案例,每个活动都产生了相应的费用,如表9-3所示。现在由于时间紧迫需要压缩工期1周,其具体步骤如下:

表9-3 活动关系与费用表

活动	表示符号	紧前活动	时间/周	费用/元
选择公司	A	没有	1	300
得到年报并作出比率分析	B	A	2	200
收集股票价格数据并作出表格	C	A	1	150
审核数据并作出决定	D	B、C	1	150

(1)绘制一张关键路径网络图。
(2)确定关键线路,并计算工期。本案例中的关键线路为A—B—D,工期为4周。
(3)确定对每项活动的赶工费用进行压缩。

由于本案例中A、B、D是关键工作,应该首先选择对其进行压缩,压缩过程中A工作的成本为300元/周,B工作的成本为100元/周,D工作的成本为150元/周,故而压缩成本最小的D工作,压缩后的关键线路为A—B—D和A—C—D两条。

三、管理项目

学习了项目计划中的运算之后,现在我们来看看项目是如何管理的。图表和各种类型的标准框架是非常有用的,这些图表和框架看起来更加容易理解。

(一)甘特图

甘特图又称为横道图、条状图,是通过条状图来显示项目进度和其他时间相关的系统进展的内在关系随着时间进展的情况。以提出者亨利·L.甘特(Henry L. Gantt)先生的名字命名。

在甘特图中,横轴表示时间,纵轴表示项目的活动,线条表示期间计划和实际完成情况。

甘特图直观表明计划何时进行，进展与要求的对比，便于管理者弄清项目的剩余时间，评估工作进度。甘特图是以作业排序为目的，将活动与时间联系起来的最早尝试的工具之一。图9-7即为某项目的甘特图。从图中可以看出，提前采购和生产计划是两个相互独立的活动，可同时进行，而其他所有的活动必须从上到下依次进行。

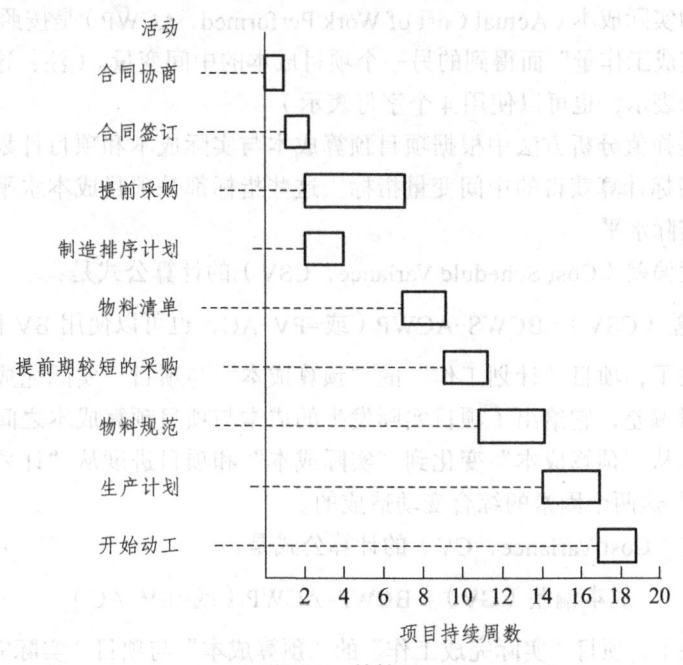

图 9-7 甘特图

（二）实现价值管理

实现价值管理（EVM）是一种客观衡量项目进度的方法。EVM 可以综合衡量项目的范围、进程和成本。只要运用得当，EVM 就可以测出项目在某一时点上已成功完成的部分。项目成本控制中，其关键是经常及时地分析项目成本状况，尽早地预测和发现项目成本差异与问题，努力在情况变坏之前采取纠偏措施。实现价值管理是实现这一目标的重要方法，这一方法的基本思想是通过引入一个中间变量即"挣值"，来帮助项目管理者分析项目成本的变动情况，并给出项目成本与工期相关变化的信息，以便对项目成本发展趋势做出科学的预测与判断以及正确的决策，因而也称挣值分析方法。

1. 挣值的定义

挣值有多种不同的定义表述。一般表述为：挣值是一个表示"已完成工作量的计划价值"的变量，是一个使用"计划价格"或"预算成本"表示在给定时间内已完成实际工作量的一个变量。这一变量的计算公式如下：

挣值（EV）= 实际完成的作业量 × 已完成作业的预算成本（计划价格）

2. 挣值分析方法的内涵

挣值分析方法通过对三个变量的测量说明一个项目运行的状态。这些测量指标分别是：应该做什么，即计划成本（PV）；已经做了什么，即挣值（EV）；投入的精力或成本（AC）。

计划成本（PV）是项目计划工作的预算成本（Budgeted Cost of Work Scheduled，BCWS），是按照"项目预算成本"（计划价格）乘上"项目计划工作量"而得到的项目成本中间变量。挣值（EV）是项目已完成作业的预算成本（Budgeted Cost of Work Performed，BCWP），它是按照"项目预算成本"乘上"项目实际完成工作量"而得到的一个项目成本的中间变量。项目实际完成工作的实际成本（Actual Cost of Work Performed，ACWP）是按照项目"实际成本"乘上"项目实际完成工作量"而得到的另一个项目成本的中间变量。（注：这三个变量的缩写可以使用2个字母表示，也可以使用4个字母表示）

这些指标都是挣值分析方法中根据项目预算成本与实际成本和项目计划工作量和项目实际完成工作量等指标计算获得的中间变量指标。这些指标都是项目成本水平指标，反映了项目成本的计划和实际水平。

项目成本进度偏差（Cost Schedule Variance，CSV）的计算公式是：

$$成本进度偏差（CSV）=BCWS-ACWP（或=PV-AC，也可以使用BV代表CSV）$$

这一指标反映了，项目"计划工作"的"预算成本"与项目"实际完成工作"的"实际成本"之间的绝对偏差，它给出了项目实际发生的成本与项目预算成本之间的偏差。这种偏差是由于项目成本从"预算成本"变化到"实际成本"和项目进度从"计划工作量"变化到"实际完成工作量"这两个因素的综合变动造成的。

项目成本偏差（Cost Variance，CV）的计算公式是：

$$成本偏差（CV）=BCWP-ACWP（或=EV-AC）$$

这一指标反映了，项目"实际完成工作"的"预算成本"与项目"实际完成工作"的"实际成本"之间的绝对偏差。这一指标剔除了项目作业量（从计划作业量和实际作业量）变动的影响，独立地反映了由于项目"预算成本"和"实际成本"差异这一单个因素对于项目成本变动造成的影响。

项目进度偏差（Schedule Variance，SV）的计算公式是：

$$进度偏差（SV）=BCWP-BCWS（或=EV-PV）$$

这一指标反映了，项目"计划工作"的"预算成本"与"挣值"（项目"实际完成工作"的"预算成本"）之间的绝对偏差。这一指标剔除了项目成本（从预算成本到实际成本）变动的影响，独立地反映了由于项目"计划工作"和"实际完成工作"差异这一单个因素对于项目成本的影响。（虽然指标名称是"项目进度偏差"，但是反映的是成本变化）

成本绩效指数（CPI）的计算公式是：

$$CPI=ACWP/BCWP（或=EV/AC）$$

该指标的含义是：项目"实际完成工作"的"实际成本"与项目"实际完成工作"的"预算成本"的相对数。这一指标以排除项目作业量变化的影响为基础，度量了项目成本控制工作的绩效情况，它是前面给出的"项目成本偏差"指标的相对数形态，可以视为成本效率。

计划绩效指数（SPI）的计算公式是：

$$SPI=BCWP/BCWS（或=EV/PV）$$

该指标的含义是：项目"挣值"（项目"实际完成工作"的"预算成本"）与项目"计划

工作"的"预算成本"的相对数。这一指标以排除项目成本变动因素的影响为基础，度量了项目进度变动对于项目成本的相对影响程度，它是前面给出的"项目进度偏差"指标的相对数形态，所以 SPI 就是已完成的工作效率。

下面我们以图 9-8 为例进行分析，图 9-8 给出了计划工作预算成本（BCWS），以元结算（在 X 阶段末，计划完成工作所需的元数，以千为单位）。完成工作预算成本（BCWP）由实际已完成工作的实现价值加总而得，如图中深色区域所示。

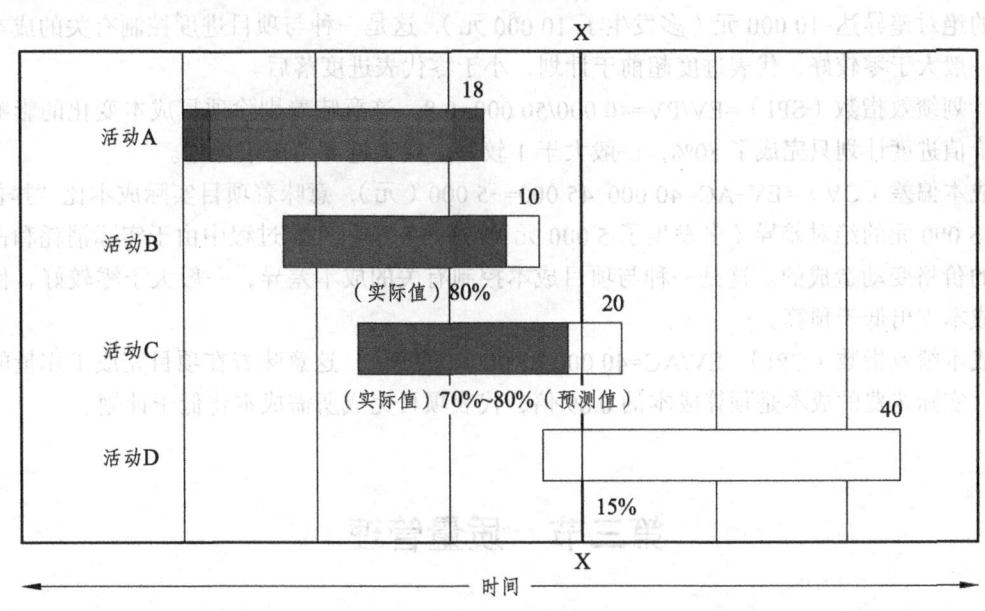

图 9-8　甘特图

解答过程：

如图 9-8 所示，整个项目的预算成本包括：活动 A，18 000 元；活动 B，10 000 元；活动 C，20 000 元；活动 D，40 000 元。这是各个活动在 100%完成的情况下计算出的成本。

项目目前处在日期 X，按照图中的计划，活动 A 的实际情况与计划一致，已全部完成；按照计划，活动 B 应当 100%完成，但实际只完成了 80%；活动 C 计划完成 80%，但实际只完成了 70%；活动 D 应当已完成 15%，但实际上还尚未开始。

第一步：计算目前状态下项目的计划工作预算成本，即项目在时点 X 下的预计成本或价值。

活动 A：100%×18 000＝18 000（元）；
活动 B：100%×10 000＝10 000（元）；
活动 C：80%×20 000＝16 000（元）；
活动 D：15%×40 000＝6 000（元）；
BCWS（PV）=18 000+10 000+16 000+6 000=50 000（元）。

第二步：计算目前状态下项目的完成工作预算成本，即项目在时点 X 下实际发生的成本或价值。

活动 A：100%×18 000=18 000（元）；
活动 B：80%×10 000=8 000（元）；
活动 C：70%×20 000=14 000（元）；

活动 D：0×40 000=0（元）；
BCWP（EV）=18 000+8 000+14 000+0=4 0000（元）。

第三步：求已完成工作部分的实际成本（AC）。这需要查看项目的会计记录。假定项目目前的实际成本支出为 45 000 美元，即 AC=45 000 元。

第四步：计算项目的关键绩效指标。

进度偏差（SV）=EV−PV=40 000−50 000=−10 000（元），即项目成本预算与项目"挣值"之间的绝对差异达−10 000 元（多发生了 10 000 元），这是一种与项目进度控制有关的成本差异，一般大于零较好，代表进度超前于计划，小于零代表进度落后。

计划绩效指数（SPI）=EV/PV=40 000/50 000=0.8，这意味着剔除项目成本变化的影响，项目价值进度计划只完成了 80%，一般大于 1 较好，代表进度超前于计划。

成本偏差（CV）=EV−AC=40 000−45 000=−5 000（元），意味着项目实际成本比"挣值"多出−5 000 元的绝对差异（多发生了 5 000 元）。这是在项目实施过程中由于实际消耗和占用资源的价格变动造成的。这是一种与项目成本控制有关的成本差异，一般大于零较好，代表实际成本支出低于预算。

成本绩效指数（CPI）=EV/AC=40 000/45 000=0.89＜1，这意味着在项目完成工作量的过程中，实际花费的成本是预算成本的 0.89 倍，代表项目完成所需成本将低于计划。

第三节　质量管理

一、质量

在日常生活中，人们每天都要消费各种各样的产品和服务，这些产品和服务有好有坏，它们的好坏代表了它们的质量，也代表了一个企业或组织的质量管理水平。实际上，质量和质量管理是日常生活中天天和事事都会遇到的问题。

对于"什么是质量"有许多不同的说法，对于质量的定义也有许多种。其中美国著名质量管理专家朱兰对于质量的定义和国际标准化组织（ISO）对于质量的定义最具权威性。这两种定义的具体描述与含义如下：

美国质量管理专家朱兰博士认为，质量就是产品的适用性，即产品在使用的时能够满足用户需要的程度。这一定义从两个方面对质量做出了规定：其一，"质量就是产品的适用"，这表明只要产品适用就是好产品，就是达到质量要求的产品。其二，"产品在使用的时能够满足用户需要的程度"，这表明产品质量的高低取决于产品能够在多大程度上满足用户对于该产品的具体需要。满足需要程度高的产品就是高质量的产品，满足需要程度低的产品就是低质量的产品。

国际标准化组织（ISO）在其《质量管理与质量保障术语》中对于质量的定义是："质量是反映实体（产品、过程或活动等）满足明确和隐含的需要能力和特性总和。"

由上述定义可以看出，质量包括如下含义：

所谓实体，是指承载质量属性的具体事物。反映质量的实体包括产品、过程（服务）、活动（工作）三种，其中，产品是指能够为人们提供各种享用功能的有形实物；过程是指为人们带来某种享受的服务；而活动是指人们在生产产品或提供服务中所开展的作业或工作。质量本身的含义是"实体"能够满足用户需求的能力和特性的总和。这表明质量的高低并不取决于"实体"的各种能力特性是否都是最好的，只要"实体"的能力和特性总和能够满足用户的需求即可。当然，这里的"需求"包括用户"明确和隐含"的两类需求。其中，"明确的需求"一般是在具体产品交易合同中标明的；"隐含的需求"一般是需要通过市场或用户调查获得的。

二、质量管理

一个企业或组织为了确保自己产品或服务的质量能够达到客户的要求和期望，就必须开展质量管理活动，通过开展质量管理活动去保障和提高企业或组织的工作质量和产品或服务的质量，完成组织的使命，实现组织的目标。实际上，现在的质量管理是企业或组织在市场经济下的安身立命之本。

对于"什么是质量管理"也有许多不同的说法和许多不同的定义。其中日本的质量管理学家谷津进对于质量管理的定义和国际标准化组织（ISO）对于质量管理的定义，从不同的角度给出了质量管理的诠释。

谷津进认为，质量管理"就是向消费者或顾客提供高质量产品与服务的一项活动。这种产品和服务必须保证满足需求、价格便宜和供应及时"。这一定义给出了质量管理的目的、目标和作用，明确了质量管理的根本目的是向顾客和消费者提供高质量的产品与服务，明确了质量管理的目标和作用就是使产品和服务达到三项要求，一是"满足需求"，二是"价格便宜"，三是"供应及时"。

国际标准化组织（ISO）认为："质量管理是确定质量方针、目标和职责并在质量体系中通过诸如质量策划、质量控制、和质量改进使质量得以实现的全部管理活动。"国际标准化组织对于质量管理定义是从质量管理活动所涉及的内容和方法角度做出的。由这一定义可以看出，质量管理是一项具有广泛含义的企业管理活动，它包括下述方面的内容：

（1）质量管理是涉及从企业质量方针的制定，一直到用户对质量的最终体验这一全过程中的管理活动。质量管理是一项贯穿在企业产品生产和服务全过程中各阶段、各项工作中的一项专门针对质量保障和提高的管理活动。

（2）质量管理是各级管理者的一项重要管理职责。这包括从最高管理者的质量管理决策的制定和中层管理者对于质量管理的实施，以及基层管理者对于质量管理方针政策的贯彻执行。质量管理既涉及对于产品和服务本身功能与特性的管理，同时也涉及对于制造产品和提供服务过程中的工作质量管理。因为工作质量是产品和服务质量的保障，所以只有高水平的工作质量，才会有高水平的产品或服务质量。

三、全面质量管理

全面质量管理（Total Quality Management，TQM）是指一个组织以质量为中心，以全员参与为基础，目的在于通过顾客满意和本组织所有成员及社会受益而达到长期成功的管理途径。

全面质量管理（TQM）被定义为"管理整个组织令它在产品和服务所有方面都具有优势，这些产品和服务对顾客来说都是重要的"。它有两个基本的运作目标，分别是：细致的产品或服务设计、确保组织的系统能持续生产设计。

（一）全面质量管理的基本要求

1. 全员的质量管理

产品质量是企业各方面、各部门、各环节全部工作的综合反映。企业中任何一个环节、任何一个人的工作质量都会不同程度地、直接或间接地影响产品质量或服务质量。因此，产品质量人人有责，必须把企业所有人员的积极性和创造性充分调动起来，不断提高人的素质，上至厂长（经理），下至工人，人人关心产品质量和服务质量，人人做好本职工作，全体参加质量管理，只有经过全体人员的共同努力，才能生产出顾客满意的产品。要实现全员的质量管理，应当做好三个方面的工作：

（1）必须抓好全员的质量教育工作，加强职工的质量意识，牢固树立"质量第一"的思想，促进职工自觉地参加质量管理的各项活动。同时，还要不断提高职工的技术素质、管理素质的政治素质，以适应深入开展的全面质量管理的需要。

（2）要制订各部门、各级各类人员的质量责任制，明确任务和职权，各司其职，密切配合，以形成一个高效、协调、严密的质量管理系统。

（3）要开展多种形式的群众性质量管理活动，尤其是要开展质量管理小组的活动，充分发挥广大职工的聪明才智和当家做主的进取精神。这是解决质量问题、提高管理水平、提高企业素质的一种有效的办法。

2. 全过程的质量管理

全过程的质量管理包括从市场调研、产品的设计开发、生产（作业），到销售、服务等全部有关过程的质量管理。任何产品或服务的质量，都有一个产生、形成和实现的过程，即质量环。要保证产品或服务质量，不仅要搞好生产或作业过程的质量管理，还要搞好设计过程和使用过程的质量管理。把产品质量形成全过程的各个环节和有关因素控制起来，形成一个综合性的质量体系，做到以预防为主，防检结合，重在提高。为此，全面质量管理强调必须体现如下思想：

（1）预防为主，不断改进的思想。优良的产品质量是设计和生产制造出来的，而不是靠事后的检验才决定出来的。事后的检验面对的是已经既成事实的产品质量。根据这一基本道理，全面质量管理要求把管理工作的重点，从"事后把关"转移到"事前预防"上来；从管结果转变为管因素，实行"预防为主"的方针，把不合格品消灭在它的形成过程之中，做到"防患于未然"。

（2）为用户服务的思想。用户有内部与外部之分，外部的用户可以是市场的顾客、产品的经销者、消费者或再加工者；内部的用户即是企业工序之间有下道工序。实行全过程的质量管理，要求企业所有各个工作环节都必须树立为用户服务的思想，这当然包括企业外部的用户。但更具体地说，在企业内部，要树立"下道工序就是用户""努力为一道工序服务"的思想。现代工业生产是一环扣一环，前道工序的质量会影响后道工序的质量。因此，要求每道工序的工序质量，都要经得起下道工序，即"用户"的检验，满足下道工序的要求。有些企业开展的"三工序"活动，复查上道工序的质量，保证本道工序的质量，坚持优质、准时为下道工序服务。这就是为用户服务思想的具体体现。只有每道工序在质量上都坚持高标准，都为下道工序着想，为下道工序提供最大的便利，企业才能目标、致地、协调地生产出符合规定要求，满足用户期望的产品。

3. 全企业的质量管理

（1）从组织管理的角度看，每个企业都可以划分成上层管理、中层管理和基层管理，"全企业的质量管理"就是要求企业各管理层次都有明确的质量管理活动内容。当然，各层次活动的侧重点不同，上层管理侧重于质量决策，制定出企业的质量方针、质量目标、质量政策和质量计划，并统一组织、协调企业各部门、各环节、各类人员的质量管理活动，保证实现企业经营管理最终目的；中层管理要贯彻落实领导层的质量决策，运用一定的方法找出各部门的关键、薄弱环节或必须解决的重要事项，确定出本部门的目标和对策，更好地执行各自的质量职能，并对基层工作进行具体的业务管理；基层管理则要求每个职工都要严格地按标准、按规程进行生产，相互间进行分工合作，互相支持协助，并结合岗位工作，开展群众合理化建议和质量管理小组活动，不断进行作业改善。

（2）从质量职能角度看，产品质量职能是分散在全企业的有关部门中的，要保证和提高产品质量，就必须将分散在全企业各部门的质量职能充分发挥出来。

由于各部门的职责和作用不同，其质量管理的内容也是不一样的，为了有效地进行全面质量管理，就必须加强各部门之间的组强协调，并且为了从组织上、制度上保证企业长期稳定地生产出符合规定要求、满足顾客期望的产品，最终必须要建立起全企业的质量体系，使企业的所有研制、维持和改进质量的活动构成一个有效的整体。建立和健全企业质量体系，是全面质量管理深化发展的重要标志。

全企业的质量管理就是要"以质量为中心，领导重视、组织落实、体系完善"。

4. 多方法的质量管理

随着现代科学技术的发展，对产品质量和服务质量提出了越来越高的要求，影响产品质量和服务质量的因素也越来越复杂：既有物质的因素，又有人的因素；既有技术的因素，又有管理的因素；既有企业内部的因素，又有企业外部的因素。要把这一系列的因素系统地控制起来，全面管好，就必须根据不同情况，区别不同的影响因素，广泛、灵活地运用多种多样的现代化管理方法来解决当代质量问题。其中要特别注意运用统计方法和统计思考方法。在运用这些方法过程中，应注意以下三点：

（1）尊重客观事实，尽量用数据说话。在质量管理过程中，要坚持实事求是，科学分析，尊重客观事实，尽量用数据说话。真实的数据既可以定性反映客观事实，又可以定量描述客观事实，给人以清晰明确的数量概念，可以更好地分析问题、解决问题，纠正过去那种"大概"、"好像"、"也许"、"差不多"、凭感觉、靠经验、"拍脑袋"的工作方法。这样，用事实和数据说话，就可以树立科学的工作作风，把质量管理建立在科学的基础上。

（2）遵循 PDCA 循环的工作程序。这是科学管理的基本方法，进行任何活动都必须遵循"Plan——计划、Do——执行、Check——检查、Action——总结、改善"这一科学的工作程序，使其不断循环，不断提高。这一行之有效的科学方法，不仅适用于质量管理，也适用于其他方面的管理。

（3）广泛地运用科学技术的新成果。全面质量管理是现代科学技术和现代化生产发展的产物，所以应该广泛地运用科学技术的最新成果，如先进的专业技术、检测手段、电子计算机和系统工程、价值工程、网络计划、运筹学等先进的科学管理方法。

可见，"多方法的质量管理"要求的是"程序科学，方法灵活，实事求是，讲求实效"。

（二）全面质量管理的 PDCA 循环

1. PDCA 循环的含义

PDCA 循环又叫戴明环，是美国质量管理专家戴明博士提出的，它是全面质量管理所应遵循的科学程序。全面质量管理活动的全部过程，就是质量计划的制订和组织实现的过程，这个过程就是按照 PDCA 循环，不停顿地周而复始地运转的。在质量管理活动中，要求把各项工作按照作出计划、计划实施、检查实施效果，然后将成功的纳入标准，不成功的留待下一循环去解决。这一工作方法，这是质量管理的基本方法，也是企业管理各项工作的一般规律。

2. PDCA 的四个阶段

（1）P（Plan）计划，包括方针和目标的确定，以及活动规划的制定。

（2）D（Do）执行，根据已知的信息，设计具体的方法、方案和计划布局；再根据设计和布局，进行具体运作，实现计划中的内容。

（3）C（Check）检查，总结执行计划的结果，分清哪些对了，哪些错了，明确效果，找出问题。

（4）A（Action）调整，对总结检查的结果进行处理，对成功的经验加以肯定，并予以标准化；对于失败的教训也要总结，引起重视。对于没有解决的问题，应提交给下一个 PDCA 循环中去解决。PDCA 循环如图 9-9 所示。

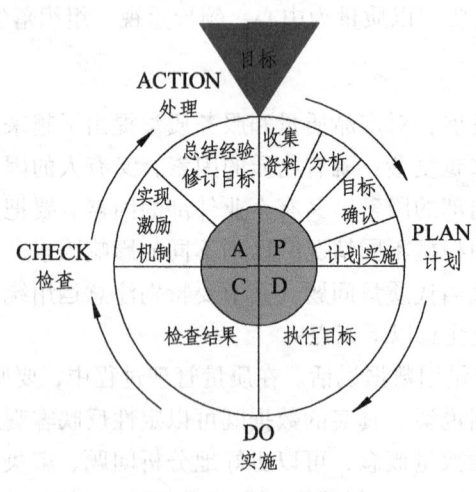

图 9-9 PDCA 循环

3. PDCA 循环特点

PDCA 循环，可以使我们的思想方法和工作步骤更加条理化、系统化、图像化和科学化。它具有如下特点：

(1) 大环套小环、小环保大环、推动大循环。

PDCA 循环作为质量管理的基本方法，不仅适用于整个工程项目，也适应于整个企业和企业内的科室、工段、班组以至个人。各级部门根据企业的方针目标，都有自己的 PDCA 循环，层层循环，形成大环套小环，小环里面又套更小的环。大环是小环的母体和依据，小环是大环的分解和保证。各级部门的小环都围绕着企业的总目标朝着同一方向转动。通过循环把企业上下或工程项目的各项工作有机地联系起来，彼此协同，互相促进。

(2) 不断前进、不断提高。

PDCA 循环就像爬楼梯一样，一个循环运转结束，生产的质量就会提高一步，然后再制定下一个循环，再运转、再提高，不断前进，不断提高。

(3) 门路式上升。

PDCA 循环不是在同一水平上循环，每循环一次，就解决一部分问题，取得一部分成果，工作就前进一步，水平就进步一步。每通过一次 PDCA 循环，都要进行总结，提出新目标，再进行第二次 PDCA 循环，使品质治理的车轮滚滚向前。PDCA 每循环一次，品质水平和治理水平均更进一步，如图 9-10 所示。

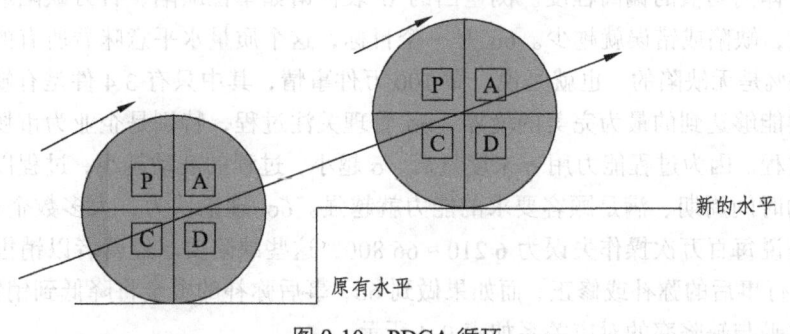

图 9-10　PDCA 循环

四、六西格玛质量管理

(一) 六西格玛管理概述

六西格玛（6σ）是一种改善企业质量流程管理的技术，以"零缺陷"的完美商业追求，带动质量成本的大幅度降低，最终实现财务成效的提升与企业竞争力的突破。六西格玛指的是通用电气和摩托罗拉这样的公司用来消除产品和过程缺陷的思想和方法。其缺陷就是不在顾客规定标准范围中的部件。公司的每个步骤或者活动都是缺陷可能发生的机会，而六西格玛计划试图减少导致这些缺陷产生的过程波动。六西格玛提倡者认为波动是质量的敌人，六西格玛中的许多理论都致力于解决这个问题。六西格玛控制中的一个过程生产每 10 亿单位的缺陷不超过两单位。如果过程在目标标准的一个西格玛范围下运行，那么缺陷率将是每百万中有 4 个。六西格玛思想的优点在于管理者能用过程的波动描述过程的绩效，并能用这个统一的度量来比较不同的过程。这个度量是百万机会缺陷数（DPMO）。这个计算需要三个部分的数据：① 单位，已生产的产品或者已进行的服务；② 缺陷，任何不符合顾客要求的产品或者事件；③ 机会，缺陷发生的机会。

采用下式可以直接计算出结果：

$$DPMO = \frac{缺陷数}{每单位产品出错的机会} \times 1\,000\,000$$

【示例】

一家抵押银行的顾客希望他们的抵押申请过程在十天内完成。在六西格玛术语中被称为关键客户需求（CCR）。假设我们统计了所有缺陷数（在样本月中处理时间超过十天的贷款业务），确定上个月 1 000 份申请中有 150 个贷款不能满足顾客的需求。因此，DPMO=150/1 000×1 000 000，也就是每百万份里有 150 000 份贷款不能满足 CCR。从另一个角度来看，这也意味着每百万里面只有 850 000 份贷款在顾客时间期望值范围里面。据统计，15%贷款是缺陷，85%是合格。这是一个要求贷款处理过程少于十天来满足标准的案例。通常情况下，我们的客户要求同时有上限和下限，而不是只是一个上限要求。

六西格玛（6σ）管理法是一种统计评估法，其核心是追求零缺陷生产，防范产品责任风险，降低成本，提高生产率和市场占有率，提高顾客满意度和忠诚度。6σ 管理既着眼于产品、服务质量，又关注过程的改进。"σ"是希腊字母，在统计学上用来表示标准偏差值，用以描述总体中的个体离均值的偏离程度。测量出的 σ 表征诸如单位缺陷、百万缺陷或错误的概率性，σ 值越大，缺陷或错误就越少。6σ 是一个目标，这个质量水平意味着所有的过程和结果中，99.999 66%是无缺陷的，也就是说，做 100 万件事情，其中只有 3.4 件是有缺陷的，这几乎趋近到人类能够达到的最为完美的境界。6σ 管理关注过程，特别是企业为市场和顾客提供价值的核心过程。因为过程能力用 σ 来度量后，σ 越小，过程的波动越小，过程以最低的成本损失、最短的时间周期、满足顾客要求的能力就越强。6σ 理论认为，大多数企业在 3σ~4σ 运转，也就是说每百万次操作失误为 6 210~66 800，这些缺陷要求经营者以销售额在 15%~30%的资金进行事后的弥补或修正，而如果做到 6σ，事后弥补的资金将降低到销售额的 5%左右。西格玛水平与缺陷率的对应关系如表 9-4 所示。

表 9-4　西格玛水平与缺陷率的对应关系

西格玛水平	缺陷率
1σ	690 000
2σ	308 000
3σ	66 800
4σ	6 210
5σ	230
6σ	3.4

六西格玛管理从"缺陷"及其测量入手，把握经营绩效改进机会的管理方法。与其他管理方法相比较，六西格玛更加强调以下管理原则：

（1）关注过程。六西格玛管理强调，任何工作或活动都是过程，包括经营管理活动在内。

（2）关注相关性。六西格玛管理强调，任何结果的改变都是由于过程而引起的，改进结果的关键是识别、改进和控制这些关键过程的变动。

（3）使用科学方法。六西格玛管理强调了科学方法的应用，比如 DMAIC 方法。

（4）依据数据进行决策。六西格玛管理强调使用支持决策的相关数据并用它们来指导决策过程。

（二）DMAIC方法介绍

六西格玛方法包含许多其他质量运动中也用到的统计工具。这里它们被运用于在以系统项目为导向的定义、测量、分析、改进和控制（DMAIC）循环中。由于六西格玛方法论是使一个生产过程实现利润的钥匙，方法论的关注焦点就是理解和完成顾客想要的。

对需要改进的流程进行区分，找到最有潜力的改进机会，优先对需要改进的流程实施改进。如果不确定优先次序，企业多方面出手，就可能分散精力，影响6σ管理的实施效果。业务流程改进遵循五步循环改进法，即DMAIC模式，对其描述如下。

1. 定义（D）

（1）明确顾客和他们的关键需求并识别需要改进的产品或过程，将改进项目界定在合理的范围内。

（2）基于商业目标、顾客需要及反馈确定适合实现六西格玛的项目。

（3）确定质量关键特征（CTQ），即顾客认为对质量影响最大的因素，并明确什么事缺陷，在此基础上要建立明确的改进目标。

（4）DMAIC方法D阶段主要支持工具有CT分解、排列图和流程图等。

2. 测量（M）

（1）确定如何测量过程及其如何实施测量。

（2）确定影响CTQ的关键内部过程，并测量目前这些过程中相关的缺陷率。

（3）DMAIC方法M阶段主要支持工具有直方图、流程分析和运行图等。

3. 分析（A）

（1）确定可能性最大的缺陷发生原因。

（2）通过明确最可能产生过程波动的关键变量理解缺陷产生的原因。

（3）DMAIC方法A阶段主要支持工具有因果图、方差分析、回归分析等。

4. 改进（I）

（1）确定消除缺陷产生原因的措施。

（2）确定关键变量并量化它们对CTQ的影响。

（3）确定关键变量的最大可接受范围，同时确定一个测量变量偏离情况的系统。

（4）修改过程，使其保持在可接受范围里面。

5. 控制（C）

（1）确定如何维持改进。

（2）将工具设置在适当的位置确保关键变量在过程修改后保持在最大的可接受范围内。

（三）六西格玛分析工具

六西格玛管理过程中使用到的分析工具包括流程图、帕累托（Pareto）图、柱状图、检查表、因果图和控制图等。根据质量管理需要，我们将这些工具根据 DMAIC 目录安排到它们通常会出现的地方。

1. 流程图

流程图（Flow Chart）是用图像的方式表现出索要研究的过程。流程图是通过代表各种活动的图形来了解这个过程。绘制和分析流程图可以对过程进行认识和沟通，识别过程中可能的问题源以及发现改进的机会。

表 9-5 是流程图常用符号的含义。图 9-11 为某个图书馆借阅流程图。

表 9-5 流程图常用符号

图形符号	含义	解释
▭	开始（终止）	表示过程的开始或终止，起点或终点标注在其中
▭	过程（活动）	表示一个过程或过程中的一项活动，其描述写在方框中
→	流程线	表示各个过程、活动间的链接和过程的流向
◇	决策	表示需要决策的点，将需要决策的问题写入其中，对每项决策结果的路径都需要标注出来

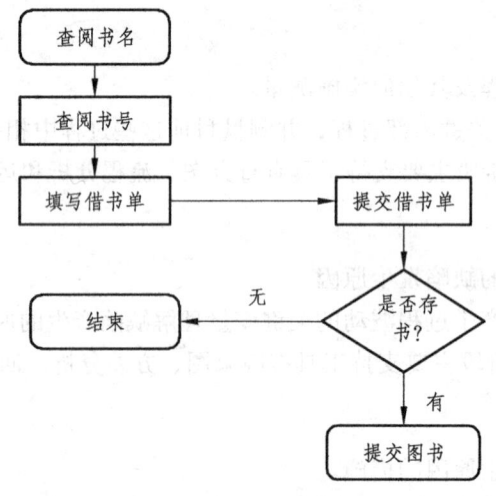

图 9-11 流程图

2. 直方图

在质量管理中，如何预测并监控产品质量状况，如何对质量波动进行分析，直方图可以一目了然地把这些问题图表化处理。它通过对收集到的貌似无序的数据进行处理，来反映产品质量的分布情况，判断和预测产品质量及不合格率。

直方图又称质量分布图，它是将所收集的测定值或数据之全距分为几个相等区间作为横轴，并将各区间内之测定值所出现次数累积而成的面积，用柱子排起来的图形，也称为柱状图。用直方图可以解析出资料的规则性，比较直观地看出产品质量特性的分布状态，对于资料分布状况一目了然，便于判断其总体质量分布情况。

下面我们通过一个案例来对直方图的制作步骤进行解析。

【例 1】某电缆厂有两台生产设备，最近经常有不符合规格值（135～210G）的异常产品出现。现对 A、B 两台设备分别测定 50 批产品。请解析并回答下列问题：

（1）绘制全部数据的直方图；
（2）绘制 A、B 两台设备的直方图；
（3）分析直方图。

表 9-6　A、B 设备分别测得的数据

A 设备（单位：G）					B 设备（单位：G）				
120	179	168	165	183	156	148	165	152	161
168	188	184	170	172	167	150	150	136	123
169	182	177	186	150	161	162	170	139	162
179	160	185	180	163	132	119	157	157	163
187	169	194	178	176	157	158	165	164	173
173	177	167	166	179	150	166	144	157	162
176	183	163	175	161	172	170	137	169	153
167	174	172	184	188	177	155	160	152	156
154	173	171	162	167	160	151	163	158	146
165	169	176	155	170	153	142	169	148	155

步骤一：将搜集数据进行记录，找出最大值（X_{max}）及最小值（X_{min}），并计算极差（$R=X_{max}-X_{min}$），确定组数（一般取 5 或 10 的倍数）。本例中的全体数据中最大值为 194，最小值为 119，极差为 75（=194-119）。

步骤二：确定组数（K）和组距（H）。组数、组距的确定需要综合极差考虑，使分组结果能包括全部数值，一般情况下，一组数据所分的组数不应小于 5 组且不宜多于 15 组，实际应用时，可以根据数据的多少和特点及分析要求来确定组数，如本例 K=10，比较合适，组距=R/K=75/10=7.5≈8。H 要进一位，避免分组后不能包括所有数值。

步骤三：根据分组整理成频数分布表。采用补充不漏原则以及上组限不在内原则将相应的数据统计在对应的组距内，本例中组距取 8。最小一组的下组界=最小值-测定值的最小位数/2=119-1/2=118.5，最小一组的上组界=下组界+组距=118.5+8=126.5。绘制的表格如 9-7 所示。

表 9-7　频数分布表

序号	组距	全体 频数	A 设备 频数	B 设备 频数
1	118.5～126.5	2		2
2	126.5～134.5	1		1
3	134.5～142.5	4		4
4	142.5～150.5	8	1	7
5	150.5～158.5	17	2	15
6	158.5～166.5	21	8	13

续表

序号	组距	全体 频数	A设备 频数	B设备 频数
7	166.5～174.5	23	16	7
8	174.5～182.5	14	13	1
9	182.5～190.5	9	9	
10	190.5～198.5	1	1	
合计		100	50	50

步骤四：以频率为纵坐标，以横轴为分组数据，绘制直方图，根据表9-7制作直方图，如图9-12和9-13所示。

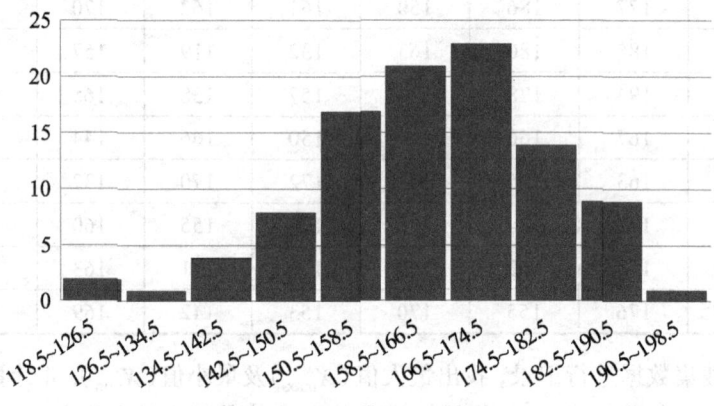

图9-12 全部数据的直方图

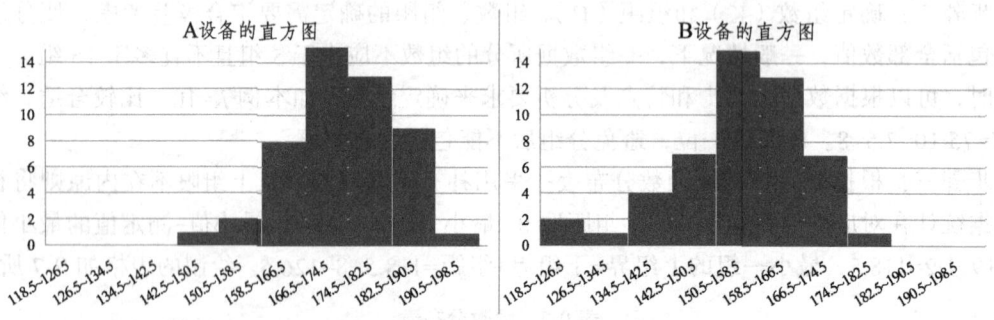

图9-13 全部数据的直方图

步骤五：根据绘制的直方图进行数据质量分析。本例中，全体数据的分布中心与规格中心值相比较，稍为偏左。若出现较大波动，则会超出规格下限。A设备为正常，全部在规格界限以内，没有不良品出现。B设备分布中心与规格中心值相比较，稍为偏左，若出现较大波动，则会超出规格下限。所以比较得知B设备发生超出规格下限的不良品，须要加以改善，使数据平均值右移到规格中心。

直方图与标准界限比较如表9-8所示。

表 9-8 全部数据的直方图

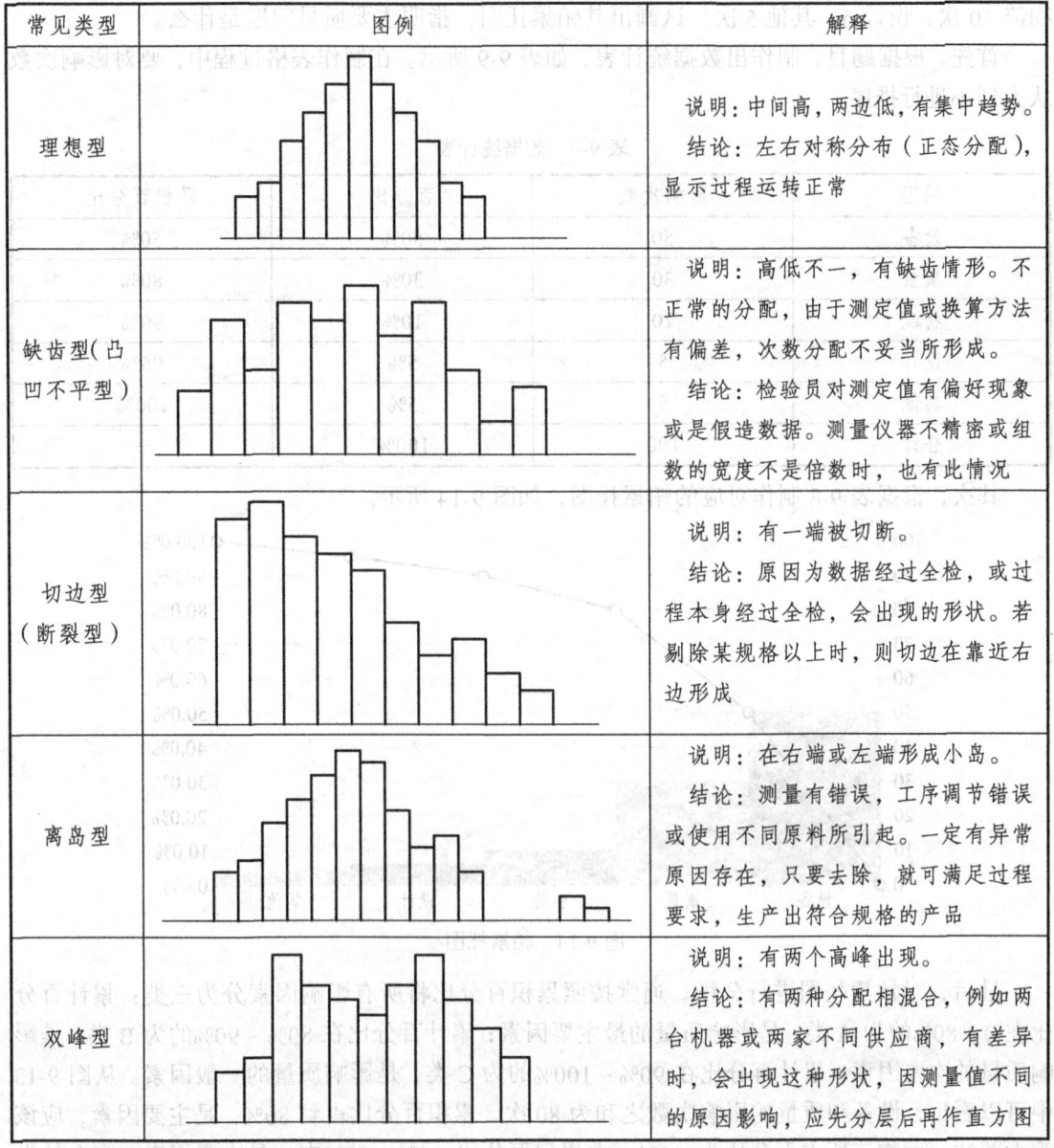

常见类型	图例	解释
理想型		说明：中间高，两边低，有集中趋势。 结论：左右对称分布（正态分配），显示过程运转正常
缺齿型（凸凹不平型）		说明：高低不一，有缺齿情形。不正常的分配，由于测定值或换算方法有偏差，次数分配不妥当所形成。 结论：检验员对测定值有偏好现象或是假造数据。测量仪器不精密或组数的宽度不是倍数时，也有此情况
切边型（断裂型）		说明：有一端被切断。 结论：原因为数据经过全检，或过程本身经过全检，会出现的形状。若剔除某规格以上时，则切边在靠近右边形成
离岛型		说明：在右端或左端形成小岛。 结论：测量有错误，工序调节错误或使用不同原料所引起。一定有异常原因存在，只要去除，就可满足过程要求，生产出符合规格的产品
双峰型		说明：有两个高峰出现。 结论：有两种分配相混合，例如两台机器或两家不同供应商，有差异时，会出现这种形状，因测量值不同的原因影响，应先分层后再作直方图

3. 帕累托图

帕累托图是将出现的质量问题和质量改进项目按照重要程度依次排列而采用的一种图表。以意大利经济学家 V. Pareto 的名字而命名的。帕累托图又称排列图、主次图，是按照发生频率大小顺序绘制的直方图，表示有多少结果是由已确认类型或范畴的原因所造成。排列图用双直角坐标系表示，左边纵坐标表示频数，右边纵坐标表示频率。分析线表示累积频率，横坐标表示影响质量的各项因素，按影响程度的大小（即出现频数多少）从左到右排列，通过对排列图的观察分析可以抓住影响质量的主要因素。帕累托图在项目管理中主要用来找出产生大多数问题的关键原因，用来解决大多数问题。

下面以一道例题为例，对帕累托图进行分析。

【例2】 某厂在生产过程中，统计了某月生产线停线原因统计：设备 50 次，质量 30 次，物流 10 次，设计 5，其他 5 次。试画出其帕累托图，指明主要质量问题是什么。

首先，根据题目，制作出数据统计表，如表 9-9 所示。在制作表格过程中，要对影响次数从大到小进行排序。

表 9-9 数据统计表

原因	影响次数	百分比	累积百分比
设备	50	50%	50%
质量	30	30%	80%
物流	10	10%	90%
设计	5	5%	95%
其他	5	5%	100%
合计	100	100%	—

其次，根据表 9-8 制作对应的帕累托图，如图 9-14 所示。

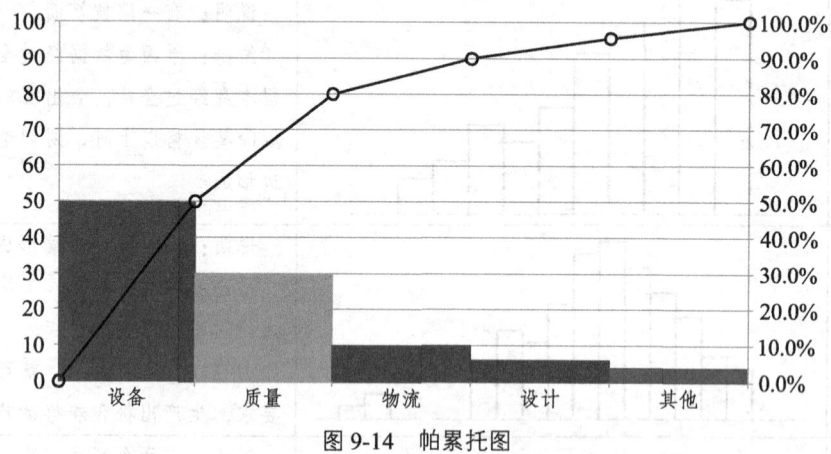

图 9-14 帕累托图

最后，对帕累托图进行分析。通常按照累积百分比将所有影响因素分为三类：累计百分比在 0~80%的为 A 类，是影响质量的最主要因素；累计百分比在 80%~90%的为 B 类，是影响质量的次要因素；累计百分比在 90%~100%的为 C 类，是影响质量的一般因素。从图 9-13 中可以看出，设备和质量的影响次数之和为 80 次，累积百分比占到 80%，是主要因素，应该重大关注。而物流所占百分比为 10%，在累积百分比 80%~90%内，是次要因素。剩余的设计和其他占比 10%，在累积百分比 90%~100%内，属于一般因素。

本章小结

本章对项目、项目管理的内容进行了介绍，并结合项目计划，详尽介绍项目的时间管理、成本管理等内容。

产品质量是企业的生命。本章在对质量、质量管理及其全面质量管理进行了介绍，并结合各种质量管理的思想与质量管理的工具对产品质量控制进行了详尽的介绍。

思考练习题

1. 定义某个项目包含以下的活动，所需完成时间如表 9-10 所示。

表 9-10　某项目的活动和完成时间

活动	持续时间/天	紧前活动	活动	持续时间/天	紧前活动
A	1	—	F	2	C、D
B	4	A	G	7	E、F
C	3	A	H	9	D
D	7	A	I	4	G、H
E	6	B			

（1）用关键路径法画出网络图。
（2）标出最早开始时间和最迟结束时间，并计算 D 活动的 TF 和 FF。
（3）找出关键路线。
（4）假如把活动 F 的时间从 2 改为 4，将会发生什么情况？

2. 使用实现价值管理技术来计算某项目的成本绩效指标。项目到目前为止已进行了 20 天，表 9-11 总结出了项目目前的状况。

表 9-11　项目状况

活动	预算/元	持续时间/天	预计开始日期	预计完工日期	预计完工百分比/%	实际完工百分比/%	实际支出/元
启动	100 000	10	0	10	100	100	105 000
建造	325 000	14	8	22	12/14=85.7	90	280 000
完工	50 000	12	18	30	2/12=16.7	25	2 500

计算出该项目的计划偏差、计划执行指标和成本执行指标。

3. 某百货公司连续 40 天的商品销售额如表 9-12 所示。

表 9-12　商品销售额　　　　　　　　　　　　　　　　　　　　单位：万元

41	25	29	47	38	34	30	38	43	40
46	36	45	37	37	36	45	43	33	44
35	28	46	34	30	37	44	26	38	44
42	36	37	37	49	39	42	32	36	35

要求：根据上面的数据进行适当的分组，编制频数分布表，并绘制直方图。

案例分析

全面质量管理：联合汽车公司

联合汽车公司高层管理者长期关心的问题是，零部件车间和汽车最后装配线车间的工人对他们的工作缺乏兴趣，使得产品质量不得不由检验部门来保证。

对那些在最后检查中不合格的汽车，公司找到的唯一办法是在装配车间内设置一个由高级技工组成的班组，在生产线的最后解决问题。公司之所以这么做，主要是因为质量问题大多是装配零部件和汽车本身的设计而导致的，但这种做法费用很高，引起了人们的担心。

在公司总裁的催促下，分公司总经理召集主要部门领导开会，研究这个问题如何解决。生产经理比尔·伯勒斯断言，有些问题是工程设计方面的原因造成的。他认为，只要工程设计上充分仔细地设计零部件和车辆，许多质量问题就不会出现。他又责怪人事部门没有仔细挑选工人，并且没有让工会地企业代表参与到这个问题中来。他特别指出装配工人的流动率每月高达5%以上，且星期一的旷工率经常达到20%。他的见解是：用这样的劳动力，没有一个生产部门能有效运转。

总工程师查利斯·威尔逊认为，零部件和车辆设计没有问题。如果标准要求再高一点，装备就更加困难和费时，必将使汽车成本提高。

人事经理查利斯·特纳从多方面说明人事问题。首先，她指出鉴于本公司有强有力的工会，人事部门在公司员工雇佣和留用方面很少或没有控制权；其次，她观察到装配工作是单调、苦得要命得工作，公司不应该期望人们除了领取工资以外对这种工作有更多的兴趣。

但是特纳女士说，公司可以提高工人的兴趣。她认为，如果降低装配工作的单调性，肯定会降低缺勤率和流动率，提高工作质量。为此，她提出建议：工人必须掌握几道工序的操作，组成小组进行工作，而不只是做些简单的工作；小组间每星期轮流换班，从装配线的一个位置换到另一个位置，目的是给他们创造更具挑战性的工作。

特纳的建议被采纳并付诸实施。令每个人意外的是，工人对新计划表示极大不满。一星期后，装配线关闭罢工。工人们认为新计划只是管理上的一种诡计：训练他们替代其他工人，要他们完成比以前更多的工作，却不增加任何工资。分公司经理和人事部门都觉得惊奇，当分公司经理问人事经理发生了什么事情时，特纳女士只是说："这对我是不可思议的。我们要使他们工作更有兴趣，而他们却罢工！"

资料来源：吴奇志. 运营管理[M]. 北京：中国人民大学出版社，2016.

问题：
1. 从全面质量管理出发，你认为这个计划存在什么问题？
2. 你认为应采取什么程序和办法来解决这一产品质量问题？

实训设计

以小组为单位，人数 6～10 人最佳，创建项目团队，运用项目管理的思维，完成一份创业计划书。

第十章　商业模式与财务计划

学习目的

1. 了解商业模式、财务计划的概念
2. 理解商业模式的七个要素、财务计划的内容
3. 理解商业模式与财务计划的关系
4. 掌握财务计划的原则和步骤

第一节　商业模式

一、商业模式概述

（一）商业模式的含义

商业模式是企业创造价值的内在逻辑及其整体解决方案的基因结构，是企业为客户创造价值的差异化样本。企业创造价值的内在逻辑与整体解决方案，在忽略掉细节因素后，提炼出创造价值的必备基因及其核心结构，归结到理论高度，就是商业模式。广泛的讲，它是指为实现客户价值最大化，把能使企业运行的内外各要素整合起来，形成一个完整的高效率的具有独特核心竞争力的运行系统，并通过最优实现形式满足客户需求、实现客户价值，同时使系统达成持续赢利目标的整体解决方案。

企业创造价值的内在逻辑与整体解决方案包括客户——价值需求、产品——价值载体、运营——价值创造、渠道——价值传递、经营者——价值选择、管理机制——价值驱动、竞争壁垒——价值保护等七大因素，这七大因素相互影响、相互依赖，共同形成企业创造的内在逻辑与完整的价值创造系统。如图10-1所示。

商业模式的七大因素的每一个因素都是实现企业商业价值不可或缺的，但是具体到某一个商业模式，每一个因素在商业模式创造价值和形成商业模式具体特征方面并非平起平坐。那些在商业模式创造价值过程中占有绝对优势或者成为商业模式突出特征的因素，导致商业模式的价值创造能力产生飞跃时，这一因素往往就成了本企业的商业模式，如美国戴尔公司的直销渠道或者供应链。

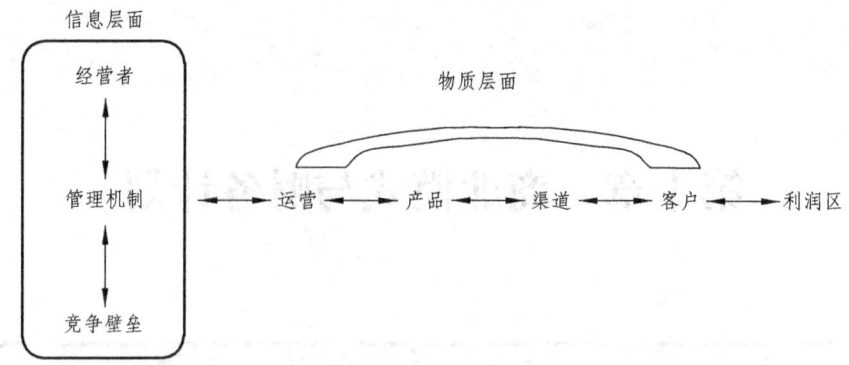

图 10-1 商业模式两个层面、七大因素与利润区的关系

（二）商业模式的本质

商业模式的本质，是企业的核心竞争力，是企业资源与能力的配置模式。商业模式的因素结构不同，资源与能力配置结构不同，就会形成不同的商业模式。那些在商业模式创造价值过程中占有绝对优势或者成为商业模式突出特征的因素，并非独立创造了商业模式的全部价值，而是这种绝对优势和突出特征决定了商业模式的因素结构，因素结构的背后则是商业模式的资源与能力的配置结构。

认识不清商业模式的本质，就无法真正解释、设计和创新商业模式。对于绝大多数成功的商业模式来说，由于某一因素的突出特征和绝对优势有多重组合，就会形成"某一因素+某一因素"的组合商业模式，例如，吉利的"刀架+刀片"的基础产品模式，乐视移动的"硬件+内容"模式等。

商业模式的因素决定了企业的生存、成长、扩张和转型等重要过程，使企业裂变出分公司、子公司，并通过因素的创新突变，改变企业自身的环境适应于成长特性。

二、商业模式的七大因素

要了解商业模式制胜的因素，就需要分析一个完整的商业逻辑和价值创造系统由哪些商业因素构成，包括两个层面七大因素，如图 10-1 所示。

物质层面包括四大因素：客户——价值需求因素，产品——价值载体因素，运营——价值创造因素，渠道——价值传递因素。

信息层面包括三大因素：经营者——价值选择因素，管理机制——价值驱动因素，竞争壁垒——价值保护因素。

（一）客户——价值需求

客户是商业模式的起点。一个完整的商业逻辑和价值创造，必须厘清企业满足谁的需求、满足什么需求这一根本问题。企业的客户及其需求，以及选择目标客户的定位活动是商业模式的"客户因素"，从创造价值内在逻辑角度，客户因素也可以称为价值需求因素。

商业模式的客户因素之所以重要，是因为对客户定位小小的变化，就可以对商业模式价值创造能力产生惊人的影响。

案例 10-1

情侣苹果

有一天,某高校附近,一位老人守着两筐大苹果叫卖,因为天寒,问者寥寥。一位教授见此情形,上前与老人商量了几句,然后走到附近商店买来节日扎花用的红彩带,并与老人一起将苹果两两一扎,接着高声叫道"情侣苹果,两块钱一对"经过的情侣们甚觉新鲜,用红彩带扎在一起的一对苹果看起来很有趣,因而买者甚众,没多久苹果就被售完,老人收获颇丰,感激不尽。

同样是卖苹果,为什么开始卖不掉,后来卖掉了?关键就是客户定位不同。

通过改变客户定位,把苹果定位于"情侣苹果",也就把苹果的客户对象定位于情侣和准情侣了,客户定位改变,看似缩小了市场范围,但却触及了客户消费主题,为情侣和准情侣,甚至那些想表白却不知如何表白的情侣提供了一个"媒介"和彼此身份的确认。

客户定位的变化,也使产品发生了变化,它卖的不是价格,卖的是价值,卖的是情感消费的体验。如果光卖产品,那消费者对产品有需求时才会买,没需求就不会买。

这种仅仅改变了客户因素,就摆脱了企业不死不活的状态,是企业重生的案例比比皆是,如百度将客户定位从为网站大客户提供搜索服务,调整到为众多企业客户提供关键词竞价排名服务,结果销售收入和利润大增,成为中国互联网的龙头企业。与此相反,很多企业商业模式的价值需求因素不健全,功能不完善,缺乏准确、专注的客户定位或需求定位,不清楚客户需求、企业价值,不清楚客户哪些需求没得到满足,无法形成一批稳定的忠诚客户,使企业始终无法达到更高的利润区间。

(二)产品——价值载体

一个完整的商业逻辑和价值创造循环,必须回答企业用什么产品或者服务来满足客户需求这一根本问题。企业的产品或服务是商业模式的价值载体,是由产品定位等相关活动构成的。

放眼全球,一切产品的产销总是有原因的,其中一个最重要的原因就是产品或服务具有独特价值。独具特色的产品,是成功的商业模式最重要的角色。

案例 10-2

2017年11月30日,香飘飘食品股份有限公司在上交所挂牌上市,证券简称"香飘飘",股票代码"603711",成为国内奶茶行业第一家上市的企业。香飘飘创始人蒋建琪表示,要将"香飘飘"打造成中国奶茶行业的经典和标杆品牌,并推动奶茶成为世界主流时尚消费饮品。香飘飘食品股份有限公司2005年8月成立后,伴随着"一年卖出10亿杯,杯子可绕地球三圈"的经典广告,香飘飘经典系列奶茶走进千家万户。在专注聚焦杯装奶茶市场之后,香飘飘保持了快速增长,把实力强劲的对手甩在了身后。香飘飘奶茶销量从2008年的3亿多杯跃升到2009年的7亿多杯,2010年又跃升到10亿多杯,并保持持续领先。

公开资料显示,在业绩方面,香飘飘营业收入和净利润均呈现稳定增长,且维持在较高水平。2014—2016 年，香飘飘营业收入分别为 20.65 亿元、19.26 亿元和 23.64 亿元；净利润分别为 1.85 亿元、2.03 亿元、2.66 亿元，同比分别增长 0.54%、9.73%、31.03%。杯装奶茶的营收占比均在 95%以上，其中椰果和美味系列杯装奶茶产品更是达到七成的营收。

根据 AC 尼尔森数据，香飘飘 2014 年到 2016 年在杯装奶茶市场的占有率分别达到 57.00%、56.40%以及 59.50%，位居杯装奶茶细分市场第一的位置，且市场占有率呈现上升的趋势，显示出"香飘飘"品牌的强大竞争力及消费者对"香飘飘"品牌的认可。

香飘飘不断推出符合市场大众口味的新产品，具有很强的产品研发创新能力。2005 年，率先用椰果包代替奶茶里的"珍珠"，受到市场欢迎；2011 年末，率先推出红豆口味奶茶，获得热销；2014 年，相继推出升级版红豆、芝士燕麦、黑米椰浆、焦糖仙草四种口味，2015 年推出全新的蓝莓、芒果布丁两种口味以及新一代红豆、芝士燕麦、雪糯椰浆、焦糖仙草四种口味。

香飘飘的杯装产品种类不断丰富，满足了不同消费群体的个性化需求。同时，公司利用在杯装奶茶产品研发领域的技术积累，积极研发液体奶茶项目，成功研发了"MECO"牛乳茶和"兰芳园"丝袜奶茶两款液体奶茶产品。

此外，香飘飘先后通过了 ISO9001：2008 质量管理体系、ISO14001：2004 环境管理体系、ISO22000：2005 食品安全管理体系、GB/T 27341—2009 危害分析与关键控制点（HACCP）体系、诚信管理体系（CMS）、计量检测体系、标准化良好行为企业的认证；并且作为中国杯装奶茶行业相关技术标准的制定者，先后通过了 HACCP 食品安全管理体系等多项国家级权威认证，产品品质及良品率控制始终居于行业领先。

资料来源：根据年报以及网络资料整理而得。

差异化战略落实到产品上，就是要打造独具特色的产品。当企业开发了独特产品就会从这种产品的溢价获利。可以应用独特产品的行业包括制药、专业化工及服务行业等。这些行业的产品周期从 8 年到 15 年不等，随着时间的推移，由于专利到期或者竞争因素，独特产品的收益开始下降，这些企业的关键任务就是明智的选择研究和开发新项目，准备将来的独特产品。

而在消费品行业和其他服务行业，随着市场竞争国际化、白热化，随着产品的供大于求，创造差异化产品和服务，占领独特产品制高点，也成为现代市场竞争的。

（三）运营——价值创造

一个完整的的商业逻辑和价值创造循环，离不开一系列运营活动创造产品和服务。运营是商业模式价值创造过程，解决企业通过什么方式制造、提供产品的问题，它包括资金、技术、原料、生产工艺、信息系统、资本运作、供应链和价值网络打造等一系列活动。在产品已经明确的情况，企业的产品是否有价值、是否能为企业带来利润，主要靠企业运营的结构与运营的效率。企业产品的价值，从直接的因果关系来看，主要是企业运营系统创造的，这也就是为什么我们将它称为价值创造。

案例 10-3

吴晓波在《腾讯传》里把腾讯的发展总结为三个阶段：创业期 1998—2004 年，定位期

2005—2009 年，巨头期 2010 年至今。

从 1998 年创立到 2004 年在香港上市，是腾讯的创业期。这一时期腾讯完成了产品仿制、应用创新到盈利模式探索的全过程。马化腾在创业之初提出 2 个产品规划：一个是无线网络寻呼系统，一个是虚拟寻呼系统，都建立在人们继续使用寻呼机的基础上，但是到 1998 年年底，摩托罗拉的寻呼机部门整体被裁掉，这个前提也就不复存在了。

这一时期，中国互联网是新浪、搜狐和网易三巨头的时代，腾讯的贡献是 1999 年发布的 OICQ，这个产品最早是模仿以色列人做的 ICQ，真正具有创新色彩的互联网产品是 QQ2000 版，不过这个东西虽然用户规模庞大，却一直不能单独产生收益，每天都需要不断的输血才能活下去。后来只能给通信运营商的"移动梦网"业务提鞋，这才实现了盈利，但是腾讯却始终没有自己的江湖地位，不被正统互联网人认可。这一时期，腾讯的战略定位是一个即时通信服务商，营业收入严重依赖"移动梦网"。直至 2004 年腾讯上市前一天，运营商业务整顿，直接威胁到腾讯的生死存亡。

2005 年到 2009 年期间是腾讯定位的阶段。2005 年马化腾提出"在线生活"的新战略主张，把腾讯定位为"全方位满足人们在线生活不同层次的需求"的互联网公司，在此基础上把公司 30 个混乱的部门重新组合，梳理出 5 个业务模块，同时引进了一批有跨国企业经历的高管人才，给腾讯带来规范化气息，在腾讯内部掀起不小的波澜。

在此期间，QQ 面临网易、新浪以及雅虎等门户公司的"围剿"，同时对抗微软的 MSN。QQ 空间则出击了 51.com、人人网和开心网。腾讯网游出击了北京联众、广州网易、上海盛大等大型网络游戏霸主。与此同时，拍拍网、财付通进军电子商务领域对抗马云的阿里，腾讯搜搜则进入搜索领域对战李彦宏的百度。这一时期腾讯成为"全民公敌"，经历大小数百战，腾讯越来越成熟，也为中国互联网的三足鼎立打下基础。

2010 年至今，是腾讯成为三巨头的阶段。2007 年之后，平台模式崛起，百度、阿里、腾讯分别从搜索、电子商务、即时通信三个领域出发，到 2010 年形成新的三巨头。2010 年"360 与 QQ 之争"，腾讯虽然在法律上赢了判决，但是在商业上却输给了 360。

这一场血战改变了马化腾的脾气，他开始思考，我们不仅要做好产品，还要做能够让人接受的产品。腾讯 12 周年纪念日，马化腾给员工写了一封公开信《打开未来之门》，从此以后马化腾开始变得爱跟人交流了。腾讯也变得开放了，其战略调整为：一个开放的平台。

随着 2011 年张小龙团队发布微信，新浪微博独步天下的局面被打破，从此以后，微信几乎成为中国互联网的标志性应用。腾讯也因此成为无可替代的互联网霸主。

回顾腾讯的发展史，在腾讯上市前五岁半的生命中，曾经有一半时间在找不到赚钱的盈利模式中，从表面上看，QQ 迅速占领市场的原因是其采用了屡试不爽的"免费"策略和良好的用户体验，占领了免费产品制高点。但是 QQ 之所以持续免费，还在于其成功的资本运营，以支持 QQ 找到盈利模式为止，如果没有社会资本的注入，没有上市的资本运作，可以说就没有今日的腾讯。

资料来源：http://m.sohu.com/a/211723641100084833/.

（四）渠道——价值传递

企业需要用什么分销渠道和传播方式把为客户创造的价值传递给目标客户，以便目标客户便捷地了解和获取所需价值，渠道，即为企业的价值传递因素。很多商业模式，仅仅是在渠道方面的一点点创新，就突出重围，占领了渠道制高点。

自 2005 年开始，香飘飘就选择一直是中国杯装奶茶的开创者和领导品牌，更已成为杯装奶茶的代名词，牢牢占据广大消费者尤其是年轻人的消费心智。经过十年的市场开拓，香飘飘目前已经建立了基本覆盖国内大中型城市及县区的全国性销售网络，销售渠道稳定通畅。截至 2017 年 9 月末，香飘飘在全国共有 1095 家经销商，渠道健全，现已覆盖全国各省市县区 80%以上的零售终端。

再加之香飘飘强大的销售团队和优异的品牌营销策略，保证了其销售业绩的稳定增长，不仅连续多年保持业内排名第一的地位，而且近年来的市场份额和品牌知名度也在稳步的提升。

面对未来发展，作为中国杯装奶茶开创者和领导者，飘飘将继续专注奶茶品类，承担起行业领导者的责任，推动奶茶行业标准化、健康化发展，用创新化的文化营销、可靠的品质、大责任的情怀，将奶茶这款兼具牛奶和茶的双重营养的健康饮品，打造成中国奶茶产业"榜样"，将奶茶发展成为中国乃至世界级的主流饮品。

通过打造强有力的渠道价值传递而取得成功的案例比比皆是，人们耳熟能详的戴尔的"直销模式"、洋河"蓝色经典"及"加多宝"凉茶等，都是构建了强有力的分销渠道和沟通渠道取得成功。大量商业模式实践表明，在商业模式其他因素大体相当的情况下，占领价值传递的制高点，就可以使企业脱颖而出。

（五）经营者——价值选择

一个完整的商业逻辑和价值创造循环，必须解决谁来设计商业逻辑、谁对商业模式各个因素的资源配置做出选择，并确定其优选顺序这一根本问题。我们把企业的经营者及其价值活动称为商业模式的"经营者因素"，从价值创造内在逻辑角度也可以称为"价值选择因素"。

话说"兵熊熊一个，将熊熊一窝"。商业模式经营者是商业模式中最重要的因素，经营者的优劣往往决定了商业模式其他因素的优劣。商业模式事实上的经营者，除了创业者和高层职业经理人外，还包括企业基层业务或产品的商业模式设计者。

经营者作为商业模式的核心要素，通过一系列价值选择与资源配置，可以决定如何最大限度地发挥商业模式某一因素的功能，并且限制其他因素的发展，以实现商业模式总体价值最大化。杰克·韦尔奇凭借其独到的价值选择和资源配置能力，分别可提出"群策群力"和"不是第一，就是第二"的商业模式再造策略，分别强化了商业模式的价值驱动和价值载体因素，锻造了当今最具竞争力的商业模式。同样，戴尔公司是戴尔在学校做电脑直销取得成功经验的基础上，打造当时业界最为强大的价值传递，成就了无可匹敌的直销商业模式，可见，在通用电气和戴尔电脑的特定历史时期，杰克·韦尔奇和戴尔无疑是各自商业模式最具竞争力的因素之一。

案例 10-4

1946 年，在战后的一片残垣断壁上，38 岁的井深大和 25 岁的盛田昭夫凭着四处筹措的 19 万日元现金，成立了"东京通信工业株式会社"。索尼人说：正是这两位天才的联袂，才有了今天的索尼。"东京通信工业株式会社"就是今天大名鼎鼎的 Sony 的前身。1955 年，井深和盛田，又一次做出了伟大的决定，为了让公司走向世界，制作了新的产品商标——Sony，并最终将公司名称也改为 Sony。这四个容易发音、世界通用的字母，继承了井深在《公司成立主旨》中所表述的"自由豁达"精神，其语义为"一个活泼调皮的小孩"。它没有局限于电气或者哪个特定的行业，也与创业者的名字无关。这个名字在当时的日本被视为异类，但它充分显示了井深和盛田的远见和魄力。

索尼在创业之初，名声很小。当时，美国的钟表公司布洛瓦公司声言，如果索尼用他们的商标出售索尼产品，就订购 10 万台半导体收音机。当时对于举步维艰的索尼来说，这无疑是一笔求之不得的大买卖，但是盛田先生断然拒绝了，并断言：50 年后 Sony 会和贵公司一样驰名。

Sony，这个诉诸视觉的商标，在有意识地创造企业形象的同时，其知名度也越来越高。索尼并没有请有名的设计师或代理公司做公司标识、歌曲，也不做单纯改变公司名称之类的表面事情。索尼注重的是实实在在的商品，注意的是企业风貌，是要集企业活动之大成，一步一桩踏踏实实地树立起 Sony 的品牌形象来。

索尼立足于电子领域，又不断超越电子领域，开展多元化经营，不断向新制度挑战，做"别人所未做"的"挑战型企业"。索尼的品牌形象被不断强化，其 CI 即是在长期的有形无形的企业活动中逐步确立起来的。

2003 年 7 月，根据哈里斯互动调查的最新结果，索尼连续第四次荣登"最佳品牌"评选榜首。如今，Sony 四个字母已经遍及全球，索尼的产品受到各国人民的普遍喜爱，索尼的企业文化也得到了很高的评价，这是几代索尼人辛勤努力的结果。索尼人永远不会忘记索尼先辈创业之初的艰苦奋斗的精神。

创业之初，两位前辈便将公司目标定位于：建立一个自由豁达的理想工厂，以技术为本，成为一个真正具有活力的公司。这一宗旨至今仍被公司脉脉传承着并被不断地充实完善。

当时，与其说是公司，还不如说是一个明快、乐观的年轻人团体，他们夜以继日，不辞辛劳地紧张工作。工作场所只是一间"任凭野风肆虐的简陋小屋"，条件异常艰苦。1946 年 5 月公司正式挂牌时，总共二十几名职员，机械设备一点没有，材料奇缺，工具完全自制，焊枪自不必说，改锥是用从战争废墟里捡来的摩托车弹簧做成的，购买线圈这样的事连想都不敢想，只能自己缠。最大的问题是资金，这方面多亏了盛田昭夫的父亲以及各方友人的帮助才得以运作起来。公司正式成立了，租赁厂房又是件难事，因为处于战后的混乱之时，寻找出租的房屋是十分困难的。为此，工厂几易其所，每次搬迁都能构成一幅悲惨的画面，最终定居在位于品川御殿山的一个破旧不堪的简易厂房里，那里一直被"日本汽化器"公司当作职工食堂——这就是现在的索尼总公司所在地。不知道那几位先辈当时是否想到几十年之后这里会矗立起令世人瞩目的索尼大厦！

（六）管理机制——价值驱动

我们把驱动商业模式各个因素目标一致、高度协同的组织、制度与文化及其相关活动称为商业模式的管理机制；从价值创造内在逻辑的角度，也可以称为"价值驱动因素"。

价值驱动因素由企业核心价值观、企业文化、组织结构、管理机制等与此相关的管理活动所构成，但与传统的管理相比，它不是关注管理上的完善，而是关注于管理机制质的改变。成功的商业模式必须建立相应的组织模式，建立对商业模式利益相关者的激励机制，培育有利于本企业商业逻辑的商业文化，才可以使商业模式高效、循环往复地持续运转。很多商业模式之所以取得成功，恰恰因为商业模式的管理机制与众不同，成为企业的核心竞争优势。

案例 10-5

海尔首席执行官张瑞敏总结为"人单合一双赢"的管理机制。通过科学的管理机制，实现了激励与约束的平衡，每个人都有自己的市场目标，这个目标不是领导定的，是自主经营体定的。海尔管理机制里设定 A、B、C 竞争目标，对应目标有不同的分配制度，每个人都会抢大目标，因为对他有利。在零库存下的即供即需，在市场不打价格战，要货马上提供，不要货也不会存货、不断货不压货。海尔现在的现金周期天数是负 10 天，而国内企业平均数是正的几十甚至上百天，由此产生的大量自有资金，为海尔带来了强有力的资金保障，提升了应对各种危机的风控指数。

传统企业的核算体系以资本和资产为中心，追求利润最大化；海尔的"人单合一双赢"商业模式创新，将传统的财务报表变为自主经营体的三张表——损益表、日清表、人单酬表。这种核算体系是以员工为中心，将用户价值最大化与员工利益最大化紧密结合，大大提高了一线员工的活力和创新力，更好地适应了互联网时代营销碎片化和需求个性化的特点。

可见，当商业模式的价值驱动因素——管理机制成为商业模式七个因素中最为突出的因素，占领了产业制高点，在竞争中拥有绝对优势时，它成为企业核心竞争力的主要来源，就成为某一成功商业模式的代名词。

除了海尔的"人单合一双赢"的商业模式看，国内外依靠占领管理机制制高点而大获全胜的商业模式比比皆是，例如美国的全食超市、惠普、3M、戈尔科技等等。

（七）竞争壁垒——价值保护

企业构建的阻止企业价值流失的竞争壁垒及其相关活动称为竞争壁垒因素，从价值创造内在逻辑角度，也可称为价值保护因素。商业模式的生存和发展，必须构建阻碍竞争者掠夺的竞争壁垒，以防止目标客户流失，企业价值消亡。竞争壁垒被巴菲特称为企业的城墙，是商业模式的一系列无形的屏障，这道屏障由市场领导地位、专利、版权、技术领先、企业文化、客户关系、产品领先和成本领先等诸多要素以及各种形态的无形资产组成的。竞争壁垒的本质是建立模仿的隔离机制。

根据国内外学者的研究，企业可选择的竞争壁垒有很多，除了上面我们提到的那些要素，还有一些要素也是国内外专家学者普遍公认的竞争壁垒如 1~2 年的产品开发提前期、20%的成本优势、控制价值链（原料供应商、分销渠道、产品体系等）、独特的管理机制。每一种竞争壁垒都有助于使企业更长时间地留在高利润区。

在实践中，每一个行业竞争壁垒的选择都不会有不同的侧重。品牌不一定对所有行业都适用，如基础资源行业和垄断行业；控制价值链对某些行业也可能是难以做到甚至是没有必要的，如供不应求的商品供应商。因此，在决定如何建立竞争壁垒之前，须对相关竞争壁垒的作用强度进行划分。各种竞争壁垒保护价值强度详见表 10-1。

每一个优秀的商业模式都至少有一个竞争壁垒，卓越的商业模式往往都有两个以上的竞争壁垒。例如：英特尔建立了技术领先、领导地位、2年产品提前期、控制价值链、品牌等竞争壁垒；可口可乐公司建立了品牌、专利配方、控制价值链、领导地位等竞争壁垒；通用电气公司建立了品牌、低成本优势、客户关系，向用户提供完备的服务和解决方案等竞争壁垒；微软公司建立了行业标准、领导地位和品牌等竞争壁垒。对于上市公司来说，竞争壁垒尤为重要，因为证券分析师在评价股票时，最重要的一个准则是可预测性。竞争壁垒强度越高，业绩的可预测性也就越高，可预测性越高，对其股票的评价也就越高，越能得到股民的青睐，预期股价看好。

表10-1 竞争壁垒保护企业利润的强度指数

保护强度	指数	竞争壁垒
高	10	法令限制；建立行业标准；资源控制与垄断
	9	控制价值链；渠道控制与垄断；客户控制
	8	领导地位；技术领先；规模经济；网络经济
	7	战略适配、独特的管理机制和企业文化；客户关系
中	6	品牌；版权；专利
	5	先发优势；速度领先：2年的产品提前期
低	4	速度领先：1年的产品提前期
	3	成本的领先：10%～20%的成本优势

一个好的商业模式还要符合五个标准：定位准、市场大、扩展快、壁垒高、风险低。

定位最重要的目的就是找到细分市场，为这个市场提供满足顾客需要的、有价值、独有的产品，让顾客愿意为此付费。在设计你准备提供的产品或服务时，最关键的是：你的产品满足了顾客哪些方面的需要？产品本身为客户创造了怎样的价值？顾客为什么愿意认可该价值而付费？这是产品设计的核心所在，也是定位分析之后的最重要成果。

市场不是随意找一个细分市场提供所需的产品和服务就算一个优秀的市场定位，关键在于，要寻找一个快速、大规模、持续增长的市场，这是确定是否为优秀市场定位的一个关键标准。

收入扩展这是很多商业模式在设计时最容易被忽略的一个问题，也是决定该模式是快速增长还是平滑缓慢的最关键环节。任何一个公司的收入规模根本上都是取决于客户数量及平均客户贡献两个因素。要想快速增长，就要设计能快速增加付费客户数量的各种策略，或者是提高平均客户贡献额。从商业实践的角度来看，真正起到关键作用的是客户数量的扩展速度。因为如果不能够大规模复制，从单一客户身上即使获得再高的收入也是枉然。

壁垒即使具备了上述三点，但发现有很高的行业壁垒无法攻破，那也只能是黄粱一梦、望洋兴叹；或者谁都可以进入这个让人摩拳擦掌、前途无限的市场，那凭什么你会取得成功呢？所以，一定要打心自问：为什么是你而不是别人？好的商业模式一定要和自身独有的优势紧密结合。很多企业之所以发展到一定阶段就出现问题，就是没有考虑到后进者的壁垒，很容易被人赶超。

风险就是要综合评估可能面临的各种风险。特别值得注意的是，应当设计最大的可能性使企业成为所要进入领域的排头兵。如果从一开始就要采取追赶策略，而且还很难确保成为第一，那么最好的决策就是放弃这个目标定位，重新确立新的细分市场。优秀的商业模式应当具有发展成为龙头和链主的最大可能性，而不是在开始发展时就受制于人。评估风险的目的并不是回避所有风险。评估风险的最终目标是要识别出所有可能的风险、制定相应的应对策略，使得风险都能够可控和被管理。一个优秀的商业模式需要考虑的方面有很多，但是这五条应该是最基本和最重要的。优秀的商业模式既不是一蹴而就的，也不是一成不变的。一方面，一个优秀的商业模式需要在实践中不断尝试、不断修正甚至是不断试错才会变得日益完美；另一方面，一个已经十分完美成熟的商业模式也许会随着产业环境和竞争态势的变化而显得不适应，因此需要进行新的设计和调整。

第二节 财务计划

财务计划说明企业的资金应该如何获得，以及如何在各个生产要素和生产环节之间进行配置，实际上是企业事先编制的财务报表，以企业财务预算为主。

一、财务计划的内容

（一）业务预算

经营业务预算经营预算作为下一个年度的业务计划的组成部分，一般由各个单个预算合并而成。它既可以用来协调企业的业务活动，又可以作为控制参数来测度企业的效率。制定经营预算一般有以下步骤：① 编制销售预算。这是预算中最重要也是最困难的部分，因此，必须分析考察包括整体经济情况、行业情况、企业设备利用率、产品价格及成本费用等在内的大量因素。② 编制生产预算。通常企业的生产目标有两个：一是满足预算期内预期的销售需要。二是保证预算期末有足够的成品库存。生产预算就是说明如何实现这两个目标，同时指出两个目标各自的生产成本。③ 将销售预算和生产预算进行合并，计算出企业的预期毛利水平。

（二）现金预算

现金预算是企业在未来某个经营时期内现金的收支计划。一般情况下，企业的现金预算是以一个年度为周期编制的，再把年度预算分解成每个月的子预算。现金预算主要用于确定企业短期资金的需求以及通过何种手段来满足这一需求。在确定企业短期资金需求的同时，也确定企业是否有短期资金盈余，后者往往可以用来进行有价证券投资。因此，企业的现金预算是企业短期财务管理中最重要的一个工具。与经营预算的功能相同，现金预算也可以用于控制和协调的目的。其制定步骤如下：① 估算现金收入，现金收入直接取决于销售预测。② 确定现金支出，或者各种到期的现金支付。③ 确定一个合适的月初现金平衡数。它通常取决于经营业务的性质、特点、税法、以及银行的有关规定

（三）预计财务报表

预计财务报表包括预计利润表和预计资产负债表。
预计利润表是以货币形式综合反映计划期内，企业经营活动成果（包括利润总额、净利

润)计划水平的财务预算。该计划在销售预算、产品成本预算应交税金及附加预算、制造费用预算、期间费用预算等日常业务预算基础上编制。

预计资产负债表是依据当前的实际资产负债表和全面预算中其他预算所提供的资料编制而成的总括性预算表格,可以反映企业预期期末的财务状况。

(四)财务计划工作的组织

财务计划(预算)工作的组织(表10-2)包括决策层、管理层、执行层和考核层。

表10-2 财务计划(预算)工作的组织

负责机构	具体任务、权利和职责	
董事会、经理办公会或类似机构	对企业预算管理负总责,并对企业法定代表人负责	决策层
预算委员会或财务管理部门	拟订目标、审议、平衡预算方案;组织下达预算,协调解决问题,组织审计、考核	管理层和考核层
财务管理部门	跟踪管理,监督执行,分析差异及原因,提出改进管理的意见与建议	
企业内部各职能部门	其主要负责人参与企业预算委员会的工作,并对本部门预算执行结果承担责任	执行层
企业所属基层单位	其主要负责人对本单位财务预算的执行结果承担责任	

二、财务计划分类

(一)长期计划

长期计划是指1年以上的计划,通常企业制订为期5年的长期计划。制订长期计划应以公司的经营理念、业务领域、地域范围、定量的战略目标为基础,长期财务计划是实现公司战略的工具。

长期财务计划编制包括以下程序:编制预计财务报表;确认需要的资本;预测可用资本;建立控制资本分配和使用体系;制订修改计划的程序;建立激励报酬计划。

(二)短期计划

短期计划是指一年一度的财务预算。财务预算是以货币表示的预期结果,它是计划工作的终点,也是控制工作的起点,它把计划和控制联系起来。各企业预算的精密程度、实施范围和编制方式有很大差异。预算工作的主要好处是促使各级主管人员对自己的工作进行详细的思考和确切的计划。

三、财务计划的编制方法

(一)固定计划

固定计划又称静态计划,即按照计划期某一固定的经营水平或业务量(生产量、销售量等）作为唯一基础来编制的财务计划。

（二）弹性计划

弹性计划又称动态计划，即按计划期内若干经营水平编制的具有伸缩性的财务计划；是在成本性态分析的基础上，依据业务量、成本和利润之间的联动关系，按照预算期内可能的一系列业务量（如生产量、销售量、工时等）水平编制的系列预算方法。

（三）滚动计划

滚动计划，即用不断延续的方式，使计划期始终保持一定长度的财务计划；将预算期与会计期间脱离开，随着预算的执行不断地补充预算，逐期向后滚动，使预算期始终保持为一个固定长度（一般为12个月）的一种预算方法。

（四）零基计划

零基计划，即对计划期内指标不是从原有基础出发，而是以零为起点，考虑各项指标应达到的水平而编制的财务计划。也就是说，不考虑以往会计期间所发生的费用项目或费用数额，而是一切以零为出发点，从实际需要逐项审议预算期内各项费用的内容及开支标准是否合理，在综合平衡的基础上编制费用预算的方法。

（五）增量计划

增量计划指以基期成本费用水平为基础，结合预算期业务量水平及有关降低成本的措施，通过调整有关费用项目而编制预算的方法。

四、财务计划的编制原则和步骤

（一）财务计划的编制原则

（1）企业主要财务收支活动，应当体现国家计划对企业指导，符合国家政策、法令的各项规定。

（2）各项指标既要能够调动职工增产节约、改善经营管理的积极性，又要有切实措施保证其实现。

（3）财务计划中各项指标要与企业的全部生产经营活动相适应，要与其他各项计划协调一致。

（4）要按年度、季度和月度分别编制财务计划，以月保季、以季保年。

西方国家实行企业财务计划，还包括长期、短期投资计划，以及筹集资本和发放股利、支付公司债券利息计划。

（二）财务计划编制的步骤

（1）确定计划并编制预计财务报表，运用这些预测结果分析经营计划对预计利润和财务比率的影响。

这些预测结果还能用于监督实施阶段的经营情况。实施情况一旦偏离计划，管理者能否很快得知，是控制系统好坏的重要标准，也是公司能否在一个变化迅速的世界取得成功的必要因素。

（2）确认支持长期计划需要的资金。

它包括购买设备等固定资产以及存货、应收账款、研究开发、主要广告宣传需要的资金。

（3）预测未来长期可使用的资金。

它包括预测可从内部产生的和向外部融资的部分。任何财务限制导致的经营约束都必须在计划中体现。这些约束包括对负债率、流动比率、利息保障倍数等的限制。

（4）在企业内部建立并保持一个控制资金分配和使用的系统，目的是保证基础计划的适当展开。

（5）制订调整基本计划的程序。

基本计划在一定的经济预测基础上制订，当基本计划所依赖的经济预测与实际的经济状况不符时，需要对计划及时做出调整。例如，如果实际经济走势强于预测，这些新条件必须在更新的计划里体现，如更高的生产计划额度、更大的市场份额等，并且计划调整得越快越好。因此，此步骤实际上是"反馈环节"，即基于实际情况的变化对财务计划进行修改。

（6）建立基于绩效的管理层报酬计划。

奖励管理层，按照股东的想法（即股东价值最大化）经营非常重要。

五、商业模式与财务计划

商业模式通过财务契约关系锁定关键生产要素资本所有者，借以实现要素资本的集中和互补，在共享市场中要素资本被激发出来的要素价值的过程中，提高企业整体价值，从而塑造企业自身所有的要素资本。由于商业模式改变了企业要素资本的投入和利用效率，所以，商业模式形成的企业与市场之间的社会财务关系表现为人力资本财务关系、技术资本财务关系、知识资本财务关系、信息资本财务关系等新要素资本财务关系。可见，资本关系仍将在企业财务关系中占有重要位置，只不过由原来的财务资本关系和货币资本关系拓宽为新要素资本关系。

一份商业计划概括地提出了在筹资过程中风险企业家需做的事情，而财务计划则是对商业计划的支持和说明。因此，一份好的财务计划对评估风险企业所需的资金数量，提高风险企业取得资金的可能性是十分关键的。如果财务计划准备得不好，会给投资者以企业管理人员缺乏经验的印象，降低风险企业的评估价值，同时也会增加企业的经营风险，如何制订好财务计划，这首先要取决于风险企业的远景规划，是为一个新市场创造一个新产品，还是进入一个财务信息较多的已有市场。

着眼于一项新技术或创新产品的创业企业不可能参考现有市场的数据、价格和营销方式。因此，它要自己预测所进入市场的成长速度和可能获得纯利，并把它的设想、管理队伍和财务模型推销给投资者。而准备进入一个已有市场的风险企业则可以很容易地说明整个市场的规模和改进方式。风险企业可以在获得目标市场的信息的基础上，对企业头一年的销售规模进行规划。

企业的财务计划应保证和商业计划书的假设相一致。事实上，财务计划和企业的生产计划、人力资源计划、营销计划等都是密不可分的。

六、财务计划在商业模式中的作用

一份内容完备的财务计划可以在创业者寻求资金帮助的过程中发挥以下作用：

（1）一个好的财务计划不仅能够说明创业企业预期的资金需求量，还能提出创业企业的资金需求计划。这些资料对提高创业者取得资金的可能性是十分关键的。资金需求量可以让投资者了解其投资成本，资金需求计划让投资者明确创业者何时需要资金，分别需要多少。因为很多投资者可能希望能逐渐的投入资金而不是在公司刚建立的时候大量投入资金。因此有计划的资金需求量的数据提供就更能吸引投资者的关注。也更有利于投资者做出投资决策。

（2）好的财务计划可以让投资者增强投资的信心。财务计划可以让投资者了解企业经营状况，把握投资的财务风险。通过分析财务计划提供的财务报表，投资者可以更清楚地了解企业的财务状况、经营成果；了解企业的资本结构；了解企业的现金流量；了解企业销售收入的增长速度；了解企业有哪些渠道可以获得收入，要哪些必要的支付，所能得到的现金流入是否可以满足其日常的现金流出等，进而从整体上把握投资的财务风险。

（3）好的财务计划书能反映企业良好的管理水平。清晰明确的财务数据只有一个结构完整，职责划分明确的财务体系才能够提供。因此一个好的财务计划可以从另一个侧面反映创业者的管理水平，相反如果财务计划准备的不好，会给投资者以企业管理人员缺乏经验的印象，降低风险企业的评估价值，这不但会增加企业融资的难度，同时也会增加企业的经营风险。

（4）好的财务计划可以支持商业计划书为企业的发展所定下的具体方向和重点，这不仅可以使员工了解企业的经营目标，激励他们为共同的目标而努力，还可以使企业的出资者以及供应商、销售商等了解企业的经营状况和经营目标，说服出资者（原有的或新来的）为企业的进一步发展提供资金。

本章小结

成功的商业模式各有其制胜点，只要符合行业和本企业特点、能让企业在竞争中获利，就是适合企业的商业模式。成功的商业模式可以复制，但不是人云亦云，而是创造性模仿、超越和再创造。

财务计划是企业商业模式成功中的基本面因素分析，是商业模式不可或缺的财务规划指导。

思考练习题

1. 商业模式的七大要素各是什么？
2. 简述财务计划的内容、原则。
3. 简述商业模式与财务计划的关系。

案例分析

荣欣房地产公司财务计划

回顾过去,展望未来,RX房地产公司财务部在保证工作顺利进展并取得长足的进步的同时,更要戒骄戒躁,继续持续20××年的昂扬斗志,同时不断发现并弥补工作中的不足,在保证作为公司核心的财务机构正常运作的前提下,将财务的管理提高到一个新的层次!因此,财务部对充满激情的20××年做出了如下展望和规划:

一、进一步加强员工的成本控制意识,严格控制借支的审批流程,层层把关,当然,这个工作与各个部门的直接分管经理的管理是分不开的;同时,财务部将加强对新职工的成本费用报销和控制的宣传,老职工带新职工,严格借支,节约费用,7天冲账的优良作风延续下去;对于项目的请款严格执行审批制度、经理一支笔制度,对项目的冲账报销严格按照借支明细审批,超出借支范围的请款除个别批准外,财务一律不得核销负责人借支,并按公司规定收回借款或从工资扣除。

二、加强往来款项的催收力度,需要各项目总监极力配合财务的此项工作,对各个项目的正常回款,按照公司财务部制定的佣金结算管理办法,严格要求各项目部销售秘书按时报交销售报表和佣金结算表,除法定节假日外,财务部每月5日左右对各项目所报数据归总,向董事办上报当月资金收付计划。

三、配备财务人员:财务部工作量日渐加强,鉴于目前财务工作运作尚好,本着为公司节约人力资源成本的原则,财务推荐至少增加一名主管会计,负责日常账务处理及成本费用报销审核把控,出纳除负责日常收支及资金收付计划外,加强往来款项的催要工作,成本会计负责按照公司的绩效考核方案进行公司人力资源成本提成的核算,另协助往来款项的清欠工作。

四、配备金蝶升级版财务软件及多端口:至少配备三个财务软件端口,董事办一个端口,主管会计一个端口,出纳一个端口,各司其职,出纳负责现金银行流水账记账核查兼负凭证审核,会计负责收、付、转全盘内、外账务处理,董事办设置查询功能,实时进入账务系统,进行现金银行查询,这样就务必具备一个条件,所有收支发生时,由经手人将手续完备的单据直接传递给会计、出纳同时记账。

这样就均衡了日常工作量,避免出现平时出纳忙,月底会计忙,并且会计出纳同时做了相当一部分重复工作,月底核对账务也很烦琐费时的状况,工作起来更加高效有序,时效性和监控性更强。由此,财务管理更加规范,分工更明确,并且董事办透过自己的查询端口能够随时了解公司资金状况,便于董事长统筹安排和临时资金调配。

五、日常工作:认真完成每月原始凭证审核、纳税申报,凭证装订和财务档案、代理策划等合同管理,现金银行收支,提成核算发放,账务核对和往来款项催收等日常工作,保证不出差错,做好资金安排,保证公司资金正常运作。

六、其他:配合其他部门完成公司交给的其他工作。

为了使财务工作更好地为统计事业的发展服务,加强财务管理,完财务制度,做到财务工作长计划、短安排,使财务工作在规范化、制度化的良好环境中更好地发挥作用。

问题：
一份好的企业财务计划应具备哪些特点？

实训设计

选择一家企业，分析该企业现用的商业模式的优缺，并提出改进的意见；并为该企业草拟一份简要的财务计划。

参考文献

[1] 彼得·德鲁克. 德鲁克原理[M]. 北京：机械工业出版社，1998.
[2] 吕爱权. 论企业家精神的内涵及其培育[J]. 商业研究，2006（7）：92-95.
[3] 方虹. 企业家精神与领导艺术[M]. 北京：中国人民大学出版社，2012.
[4] 欧雪银. 公司企业家精神的内涵与构成[J]. 社会科学家，2011（2）：67-70.
[5] 张林桂. 谈企业家精神[J]. 印刷工业，2011（1）：72.
[6] 丁栋虹. 什么是企业家精神[J]. 青年记者，2011（16）：9.
[7] 李杏. 企业家精神对中国经济增长的作用研究——基于 SYS-GMM 的实证研究[J]. 科研管理，2011（1）：97-104.
[8] 王阳，曹受军. 企业概论[M]. 兰州：兰州大学出版社，2005.
[9] 乔瑞中，刘方斌. 企业管理学[M]. 哈尔滨：哈尔滨工业大学出版社，2004.
[10] 罗珉. 管理学原理[M]. 2版. 北京：科学出版社，2016.
[11] 斯蒂芬·P. 罗宾斯. 管理学[M]. 11版. 李原，孙健敏，等，译. 北京：中国人民大学出版社，2012.
[12] 徐学军，等. TQM、TPM与准时制生产实施的关系及对绩效的影响[J]. 工业工程与管理，2010（6）.
[13] 叶洪姚. 准时制采购模式下的供应商管理策略分析[J]. 经营管理者，2012（16）.
[14] 胡洪. JIT准时制采购战略[J]. 铁路采购与物流，2016（1）.
[15] 李苏剑，等. 准时制生产方式下的物流管理[J]. 物流技术，2000（5）.
[16] 李创，王丽萍. 物流管理[M]. 北京：清华大学出版社，2011.
[17] 李严锋，张丽娟. 现代物流管理[M]. 大连：东北财经大学出版社，2016.
[18] 舒辉. 物流学[M]. 北京：机械工业出版社，2015.
[19] HIROSHI ITAGAKI. The Japanese Production System[M]. London: Macmillan Publishers，2012.
[20] [日]片山修. 丰田生产方式[M]. 北京：华夏出版社，2013.
[21] 马士华，林勇. 供应链管理[M]. 北京：机械工业出版社，2014.
[22] 王道平，物流管理信息系统[M]. 北京：机械工业出版社，2014.
[23] 陈心德，吴忠. 生产运营管理[M]. 北京：清华大学出版社，2005.
[24] 丁宁. 运营管理[M]. 北京：清华大学出版社，2017.
[25] 盖起军. 生产运营管理[M]. 北京：经济科学出版社，2008.
[26] 韩炜. 运营管理[M]. 北京：经济科学出版社，2009.
[27] 胡川. 运作管理[M]. 武汉：武汉大学出版社，2005.

[28] 靳志宏, 关志民. 运营管理[M]. 北京: 机械工业出版社, 2007.
[29] 柯清芳. 生产运作管理[M]. 北京: 北京理工大学出版社, 2009.
[30] 杨汉涛. 生产运营管理[M]. 武汉: 武汉理工大学出版社, 2007.
[31] 吴奇志, 赵璋, 金茂竹. 运营管理[M]. 北京: 中国人民大学出版社, 2016.
[32] 李勇建, 张建勇. 企业运作管理[M]. 上海: 华东师范大学出版社, 2010.
[33] 陈心德, 吴忠. 生产运营管理[M]. 北京: 清华大学出版社, 2005.
[34] 彭俊松. 工业 4.0 驱动下制造业数字化转型[M]. 北京: 机械工业出版社, 2016.